Margaret Ehrenberg

Die Frau in der Vorgeschichte

Aus dem Englischen von Kurt Reinhuber

Verlag Antje Kunstmann

Danksagung

Ich möchte allen Freunden und Kollegen danken, die mir bei der Entstehung des Buches zur Seite gestanden haben, auch wenn sie hier nicht ausdrücklich genannt sind. Für alle Fehler, die eventuell noch vorhanden sind, ist niemand verantwortlich außer mir selbst. Danken möchte ich insbesondere: Tom Forrest von der University of North Carolina, Charlotte, dessen Seminar über die Soziologie der Geschlechterrollen ich 1984 besuchte und der mein Interesse für die archäologische Untersuchung der Geschlechterrollen geweckt hat; meinen Kollegen aus der Archäologie für deren Ratschläge und Kommentare – Jennifer Prides von der University of Leeds, Janet Levy von der University of North Carolina und vor allem Catherine Johns vom British Museum, ohne deren Unterstützung ich dieses Buch nicht geschrieben hätte; zahlreichen Fachleuten aus den unterschiedlichsten Fachrichtungen – u. a. Harold Mattingly von der University of Leeds für die Hilfe bei den klassischen Texten über die europäische Eisenzeit, Leslie Fitton vom British Museum für die Auskünfte über die Minoer und Andrew Sherratt vom Ashmolean Museum, Oxford, für seine Hinweise über das Neolithikum; Erica Mattingly, Sue Hardman und vor allem Ingrid Lawrie für die kritische Begleitung des Manuskripts; all jenen, die mir bei der Bildbeschaffung behilflich waren; dem Audio-Visual Service und dem Interlibrary Loan Service der University of Leeds; und schließlich Teresa Francis von British Museum Publications für ihre Geduld und Hilfe.

Inhaltsverzeichnis

Einleitung

Dieses Buch wendet sich an zwei unterschiedliche Zielgruppen, deren Interessen sich hoffentlich zunehmend überschneiden werden. Als Archäologin schreibe ich für alle, die sich für die Geschichte der Frauen interessieren; als Feministin schreibe ich für Archäologen, besonders für die, die anscheinend übersehen haben, daß es in der Steinzeit auch Frauen gab, nicht nur Männer.

Ich habe einen Teil des archäologischen Materials nochmals überprüft, um zu sehen, was es über das Leben, die gesellschaftliche Rolle und den Status der Frau im vorgeschichtlichen Europa aussagen kann. Ich verfolge, indem ich es hier vorstelle, zwei Ziele: Erstens möchte ich Lesern, die vor allem an der Frauenthematik interessiert sind, etwas von der Arbeitsweise der Archäologie vermitteln. Viele neuere Studien zur Geschichte der Frauen, die den Ursprung ihrer gegenwärtigen Rolle und ihres Status in den westlichen Gesellschaften zum Thema haben, beginnen mit einer Betrachtung der Vor- und Frühgeschichte. Meistens aber fehlen den Autoren präzise Kenntnisse über archäologisches Material, dessen Grenzen und Anwendungsmöglichkeiten. Dafür können sie nichts, denn es liegt an den Archäologen, die, bis auf wenige Ausnahmen, die Fragen feministischer Wissenschaftlerinnen nicht aufgenommen haben, für deren Beantwortung sie aber eigentlich zuständig wären.

Ich möchte auch etwas von der Faszination und Aufregung vermitteln, die von einer solchen Interpretation archäologischen Materials ausgeht. Es ist deswegen notwendig, zuerst die Methoden, das Gebiet und die Grenzen der Archäologie darzustellen, soweit sie für unser Thema relevant sind.

Viele Leute haben von der Archäologie die Vorstellung, daß Löcher in den Boden gegraben werden und nach verborgenen Schätzen gesucht wird; andere haben vielleicht schon einmal eine Ausgrabungsstelle besichtigt, wissen aber nicht, wie man Funde deuten kann. Um zu zeigen, was die Archäologie zur Erhellung des Lebens der Frauen in der Vorgeschichte beitragen kann, ist es notwendig, vorher viele Aspekte moderner archäologischer Methoden zu erklären, die z.B. Umweltarchäologie und Paläo-Osteologie einschließen. Da diese Techniken für fast alle Arbeitsgebiete der Archäologie eine Rolle spielen, sollte ihre Betrachtung für alle interessant sein, die verstehen wollen, wie Prähistoriker und Archäologen arbeiten.

Aber ich wende mich mit diesem Buch auch an meine Kollegen, Prähistoriker und Archäologen, die die Anwendung feministischer Theorien auf die Archäologie noch nicht in Erwägung gezogen haben. Wozu müssen Prähistoriker etwas über Frauen in der Vergangenheit wissen? Im Kontext der Themen, die in den Fachbereich der theoretischen Archäologie gehören, scheint es fast ein zufälliges Versehen, daß über Rolle und Stellung der Frau nicht geforscht wird, wenn dies nicht ein Teil der generellen Unsichtbarkeit von Frauen in fast allen akademischen Disziplinen wäre.

In den letzten zehn Jahren haben sich Archäologen nicht gescheut, die Erforschung von prähistorischen Macht- und Glaubenssystemen in ihre Arbeit einzubeziehen, was die Wissenschaftlergeneration vor ihnen weder für möglich noch für passend gehalten hätte. Natürlich wird jeder Archäologe sofort zugeben, daß diese Thematik schwierig zu untersuchen ist. Die Hauptarbeit besteht darin, theoretische Modelle zu erstellen, die an archäologischem Material verifiziert werden müssen. Diese Modelle stützen sich oft auf Nachbardisziplinen, wie die Ethnologie, Soziologie und Geographie. Andererseits beziehen einige der besten neueren archäologischen Arbeiten, zum Beispiel über Ernährung und Tausch, die genaue Untersuchung von Material aus neuen Ausgrabungen mit ein oder untersuchen bereits gefundenes Material noch einmal und wenden dabei oft Techniken an, die aus der Physik oder Biologie stammen. Von dem einen oder anderen Ansatz aus werden alle Aspekte des prähistorischen Lebens und Verhaltens umfassend untersucht, es werden Arbeitshypothesen konstruiert und Beweise gesucht, auch wenn nicht immer befriedigende gefunden werden. Das einzige, was dabei anscheinend wegfällt, von wenigen wichtigen, hier zusammengetragenen Ausnahmen abgesehen, ist der Aspekt der Geschlechterrollen und -beziehungen ein Thema mit zentraler Bedeutung für das Leben heute. Die Vermutung, daß dieses Thema wohl auch in der Vergangenheit wichtig war und deshalb einer Untersuchung wert ist, ist sicher nicht unvernünftig. Fortschritte auf anderen, vorher schwer zu erforschenden Gebieten legen nahe, daß es möglich sein sollte, auch hier Fortschritte zu erzielen.

Ich habe lange dazu gebraucht, um zu erkennen, wie wichtig es ist, über Frauen in der Vorgeschichte zu arbeiten. Meine eigene akademische Grundausbildung erhielt ich in einem sehr traditionellen archäologischen Institut, wo man auf die genaue Auswertung des Materials achtete und auch darauf, daß die Grenzen archäologischer Erkenntniss immer bewußt blieben. Theorie und die damals »neue Archäologie« wurden mit einigem

Mißtrauen betrachtet. Wenn ich als Studentin gefragt hätte, was die Frauen wohl taten, während der neolithische Mann damit beschäftigt war, Pfeilspitzen aus Stein herzustellen oder der Mann der Eisenzeit ausgedehnte Höhensiedlungen baute, wäre meine Frage als vorlaut und nichtig abgetan worden. Ganz gewiß hätte man mir gesagt, daß eine solche Frage eine archäologische Untersuchung nicht zulasse. Obwohl ich immer Interesse an theoretischer Archäologie hatte und mich mit der Lage der Frauen in unserer eigenen Gesellschaft beschäftigte, dauerte es lange, bis mir klar wurde, daß das Studium der Frau in früheren Gesellschaften, insbesondere der Vorgeschichte, Gegenstand ernsthafter akademischer Forschung sein kann. Es war mir weder klar, daß die konsequente Übertragung der Frauenforschung auf mein Spezialgebiet Vorgeschichte bedeutete, eine Vorgeschichte der Frauen zu schreiben, noch war mir klar, daß meine sorgfältige Vermeidung von geschlechtsbezogener Sprache in meinen Arbeiten über die Menschen der Vorgeschichte nicht ausreichte, um eine langjährige Forschung, die auf die Aktivitäten der Männer in der Vergangenheit ausgerichtet war, auszugleichen.

1984 gab ich meine Stelle als Lektorin für Archäologie an einer englischen Universität auf und ging an eine amerikanische Universität, wo Archäologie im Fachbereich von Soziologie und Anthropologie unterrichtet wurde. Ich hielt dort den Grundkurs für Anthropologie. Gleichzeitig besuchte ich selbst eine Veranstaltung über die »Soziologie der Geschlechterrollen«. Durch meine Lehrtätigkeit in Anthropologie und durch Diskussionen mit meinen neuen Kollegen wurde ich auf das weit verbreitete Interesse an Frauen in anderen Kulturen, vergangenen und heutigen, aufmerksam. In den Vereinigten Staaten wurde diese Thematik allmählich als wissenschaftlich anerkannt. Das wäre ohne die Anstrengungen und den Einsatz von Vorkämpferinnen, vor allem in den 70er Jahren, nicht möglich gewesen. Frauen hatten an den Universitäten Terrain verloren, weil ihre Veröffentlichungen sich nicht mit traditionell männlich- orientierten Themen befaßten und deswegen von ihren männlichen Kollegen wissenschaftlich nicht ernst genommen wurden. (1) Als ich mich in diese Thematik einlas und über mein eigenes Fachgebiet nachdachte, fielen mir nur wenige Beispiele in der europäischen Literatur zur Vorgeschichte ein, wo Frauen überhaupt vorkommen, und systematische Untersuchungen gar nicht. Sogar in den Vereinigten Staaten schien mit einigen wenigen Artikeln über die Evolution des Menschen und oberflächlichen Aufsätzen zu anderen Aspekten des Lebens in der Vorgeschichte das Interesse an Frauen in archäologischen Veröffentlichungen schon erschöpft. Inzwischen hat sich die Situation verbessert.

Als ich nach England zurückkam, interessierte ich mich immer mehr für Möglichkeiten, die Rolle und Stellung der Frau, insbesondere in der europäischen Vorgeschichte, von der Archäologie her zu untersuchen. Das vorliegende Buch ist ein Versuch, einige dieser Möglichkeiten zu erörtern. Der Umfang der Themen, die hier behandelt werden könnten, ist so groß, daß eine Auswahl nötig war, um den Problemen einigermaßen gerecht zu werden. Das geographische Gebiet wurde auf die Alte Welt beschränkt. Der Abschnitt über Methoden ist jedoch auf jeden beliebigen Teil der Welt und auf jede Zeit anwendbar, und der darauf folgende Überblick erstreckt sich, wo es nötig war, über Europa hinaus, besonders in den Erörterungen über das Paläolithikum (Kapitel II) und die Anfänge des Ackerbaus (Kapitel III).

Die Auswahl der Quellen war nicht ohne Probleme. Ich habe nicht versucht, jede Erwähnung von Frauen in der sehr umfangreichen archäologischen Literatur abzuhandeln und habe davon abgesehen, die vielen sexistischen Vorurteile, die sich darin befinden, zu kommentieren. Eine Kritik der gleicherweise fragwürdigen feministischen Literatur, die sich auf ignorante und unkritische Verwendung von archäologischem Material stützt, war ebenfalls nicht mein Thema. Obwohl meine Themen chronologisch geordnet sind und ich versucht habe, einige der Hauptprobleme der europäischen Vorgeschichte zu behandeln, fand ich es nützlicher, einige Gebiete gründlicher zu behandeln, als einen umfassenden, aber dadurch oberflächlichen Überblick zu geben.

Auf der Suche nach der Frau in der Vorgeschichte

Die Vorgeschichte enthält einen Schlüssel zu vielen Fragen, die Frauen heute im Hinblick auf ihren gesellschaftlichen Status, dessen Ursprung und Zukunft beschäftigen. Wer sich für die Geschichte der Frau interessiert, dem stehen für die letzten Jahrhunderte schriftliche Quellen zur Verfügung. Aus diesen erfahren wir, daß das Leben der Frauengenerationen unmittelbar vor uns nicht sehr verschieden von unserem eigenen war, auch wenn es – wie man zunehmend feststellt – bemerkenswerte Ausnahmen gab, deren Biographien von einer patriarchalischen Gesellschaft weitgehend unterdrückt worden sind. (1) Aber war das immer so? Und wie können wir etwas darüber erfahren? Die vorgeschichtliche Periode ist per Definition die Zeit vor dem Entstehen schriftlicher Zeugnisse, d.h. vor dem, was wir Geschichte nennen. In Nordwesteuropa fällt dies mehr oder weniger mit der Entwicklung des Römischen Reiches zusammen, und wir müssen uns für die Zeit davor hauptsächlich auf das Material der Archäologie verlassen – das Studium der physischen Spuren, die in den meisten Fällen zufällig übriggeblieben sind und mehrere Jahrtausende überdauert haben.

Trotz ihrer Grenzen hat die Archäologie als Informationsquelle für die Vergangenheit bedeutende Vorteile gegenüber schriftlichen Zeugnissen. Wenn man genau hinsieht, hinterlassen die meisten Aspekte des Lebens direkt oder indirekt irgendwelche natürlichen Spuren. Archäologische Funde sind als »unbewußt« bezeichnet worden, in dem Sinne, daß die Menschen, die die Gegenstände herstellten, die Gebäude errichteten und den Abfall wegwarfen, dies ohne das Bewußtsein taten, daß irgend jemand in der Zukunft all das »lesen« oder erforschen würde. (2) So kann die Archäologie Informationen über das Verhalten einer Gesellschaft im Ganzen liefern, was z.B. nicht möglich ist, wenn viele schriftliche Zeugnisse von Frauen, die in einer männerbestimmten Gesellschaft als unwichtig angesehen werden, absichtlich unterdrückt werden. Das bedeutet nicht, daß geschlechtsspezifische Unterschiede, die existierten, unbemerkt bleiben müssen. Die Wahl der Form von Artefakten, Gebäuden und anderen Zeugnissen der Zivilisation wird mit dem übereinstimmen, was diese Gesellschaft oder Gruppe für angemessen hielt. Ein einfaches Beispiel:

wenn Frauen und Männer verschiedene Kleidung tragen, beruht dies auf
einer von der Gesellschaft, wenn auch unbewußt, getroffenen Entscheidung und zeigt, daß Frauen und Männer als jeweils eigene Gruppe wahrge-
nommen werden.

Ein anderes Problem im Hinblick auf die Geschichte der Frauen
besteht darin, daß die meisten frühen schriftlichen Zeugnisse von Männern stammen und mehr über ungewöhnliche Ereignisse als über das tägliche Leben berichten und sich gewöhnlich mit dem Leben einer kleinen
Zahl reicher oder herausragender Menschen, meistens Männern, befassen. Das tägliche Leben der Mehrheit der Frauen wurde nie als beschrei-
benswert erachtet. Das ist bei vielen archäologischen Zeugnissen anders.
Die Siedlungsstätten mit ihren Häusern und dem Material, das sie über die
Wirtschaftsform dieser Gesellschaft liefern, können einen vollständigen
Querschnitt einer Gemeinschaft darstellen und geben sicherlich das tägliche Leben besser wieder als die einmaligen Ereignisse, die in meist später
aufgezeichneten Berichten beschrieben werden. Eine ganze Gemeinschaft
kann auf einem besonderen Friedhof begraben sein, und die täglich
benutzten Werkzeuge der Gruppe haben die Zeit überdauert. Sicher haben
in manchen Gemeinschaften gewisse herausragende Personen mehr materiellen Besitz gehabt oder in Häusern gewohnt, die besser gebaut waren als
die von armen Leuten. Sie werden bei archäologischen Ausgrabungen mit
größerer Wahrscheinlichkeit gefunden. Reichere Leute sind vielleicht mit
besseren Grabbeigaben bestattet worden, vielleicht in dauerhafteren Gräbern. Aber der Unterschied zwischen den Belegstücken für reich und arm,
zwischen besonderen Ereignissen und dem täglichen Leben, ist bei weitem
nicht so groß wie bei schriftlichen historischen Zeugnissen, und in vielen
Fällen können wir das Leben der Mehrheit einer Bevölkerung rekonstru-
ieren. Anders als die Geschichtsschreibung, die vor allem über das Leben
von Königen und Königinnen berichtet, gibt die Archäologie Auskunft über
das Leben aller Frauen und Männer in der Vorgeschichte.

Der Anteil der von Frauen in vorgeschichtlichen Gesellschaften ausge-
übten sozialen und politischen Macht ist ein Thema, dem die Archäologen
bisher nur wenig Aufmerksamkeit geschenkt haben, obwohl archäologisches Material Hinweise auf Reichtum und Status und deshalb auf die
soziale Rangordnung innerhalb einer Gesellschaft geben kann. Wie soziale
Hierarchien ursprünglich entstanden sind, ist heute eine Grundfrage der
Archäologie, und im Zusammenhang mit der Analyse der Stellung der
Frau spielt diese Frage auch eine große Rolle in der feministischen Theorie.
Es ist ein komplexes Thema: warum erlauben manche Gesellschaften
manchen Individuen mehr Einfluß und Status als anderen? Wie wird Sta-

tus erworben? Durch den Besitz persönlichen Reichtums oder durch Fähigkeiten auf bestimmten Gebieten? Ist Status innerhalb einer Gesellschaft immer auf die gleiche Weise erworben worden? Konnten, zum Beispiel, manche Individuen Status durch besondere Fähigkeiten bei der Nahrungsproduktion erwerben, andere durch Handel oder vielleicht Spezialisierung auf Riten oder Religion? Und was bedeutete es, Kinder großzuziehen? Warum haben Frauen in den heutigen westlichen Gesellschaften gewöhnlich einen niedrigeren Status als Männer der gleichen Schicht? Welches gesellschaftliche Verhältnis besteht zwischen einer reichen Frau und einem armen Mann und zwischen einer reichen Frau und einem reichen Mann? Das sind entscheidende Fragen, denn, wie wir sehen werden, bedeutet die Existenz einiger weniger mächtiger Frauen noch nicht, daß Frauen allgemein einen höheren Status hatten als Männer. Aber diese Fragen setzen eine Klassengesellschaft voraus. Hat es jemals klassenlose Gesellschaften gegeben, wo jeder gleichen Zugang zu Nahrung und materiellem Besitz hatte und wo jeder, Frau oder Mann, als gleichwertig galt? Ich glaube, die Archäologie kann helfen, diese Fragen zu beantworten, wie wir in den nächsten Kapiteln sehen werden. Ein Aspekt des Problems, der hier erwähnt werden muß, ist die viel diskutierte Frage nach der Existenz von matriarchalischen Gesellschaften, in denen Frauen so viel Macht hatten wie Männer in patriarchalischen Gesellschaften. Obwohl es heute oder in der unmittelbaren Vergangenheit kaum Beispiele eines echten Matriarchats gibt, muß doch die Möglichkeit, daß es sie in der Vorgeschichte gegeben hat, sorgfältig geprüft werden. Zur Zeit der frühesten schriftlichen Zeugnisse im klassischen Europa – dem Beginn unserer Geschichte – war die Gesellschaft patriarchalisch strukturiert. Es ist eine wichtige Frage für viele Frauen, ob das immer so war. Seit wann, und warum begannen Männer, Frauen zu beherrschen? Waren Frauen schon immer auf ihre Rolle im Haus beschränkt? War Hausarbeit schon immer die niedrigste Arbeit? Im 19. Jahrhundert stellten Schriftsteller wie Bachofen, Morgan und Engels die These auf, daß in den frühesten Phasen der Vorgeschichte matriarchalische Gesellschaften existierten und daß diese später von patriarchalischen Gesellschaften abgelöst wurden, die zu Beginn schriftlicher Überlieferung schon allgemein verbreitet waren. Diese These beruhte zum Teil auf der klassischen Mythologie, zum Teil auf der Anthropologie des 19. Jahrhunderts; archäologische Erkenntnisse wurden damals und bis heute nicht ernsthaft als Beweismittel herangezogen. Wenn man bedenkt, wie wichtig das möglicherweise in der Diskussion über heutige und zukünftige Gesellschaftsformen sein könnte, kann es kaum überraschen, daß viele Feministinnen diese These neu untersucht haben und daß sich einige Anthropologen der Debatte angeschlossen haben. Archäologen haben sich bisher noch nicht beteiligt, obwohl die Antworten, wenn sie überhaupt gefunden werden können, sicher in der Archäologie zu suchen sind.

Wie können also Prähistoriker versuchen, solche Fragen zu beantworten? Archäologisches Material kommt hauptsächlich aus der sorgfältigen Ausgrabung von noch vorhandenen Resten von Ansiedlungen, Gräbern und anderen Fundstellen, wo Menschen einige Zeit verbracht und im Boden Spuren oder Abfälle hinterlassen haben. Aber bis ein ehemals bewohntes Haus archäologisches Zeugnis über das Leben seiner Bewohner ablegt, ist es ein weiter Weg. Zum Beispiel: Warum wurde das Haus verlassen? Wenn es abbrannte, überschwemmt oder von Sand verschüttet wurde, dann ist der Besitz der Bewohner vielleicht zurückgeblieben. Aber meistens nehmen die Menschen ihre bewegliche Habe mit, wenn sie das Haus verlassen. Normalerweise lassen sie nichts zurück außer Schutt und Trümmern. Im Laufe der Jahre und Jahrhunderte wird das meiste verrotten, besonders Materialien organischer Substanz, wie hölzerne Möbel, Werkzeuge und Geräte, Stoffe und Korbwaren und die meisten Lebensmittelreste. Selbst die Reste werden noch beeinträchtigt, z.B. durch Pflügen, Bauen und die Aktivitäten wühlender Tiere. So werden nur ganz außergewöhnliche Fundstätten überdauern. Gefunden werden sie oft eher zufällig, manche auch durch systematisches Suchen. Archäologen forschen nach Hinweisen im Boden, nach verändertem Wachstum von Getreide auf angereichertem, früher besiedeltem Boden, oder nach kleinen Erhebungen, die oft am besten von einem tieffliegenden Flugzeug aus erkannt werden. Zeit und Kosten für eine Ausgrabung heute und für die wissenschaftlichen Analysen, die notwendig sind, um eine Fundstelle ganz auszuwerten, führen dazu, daß nur ein kleiner Teil der bekannten Stätten ausgegraben werden kann. Das Ausgraben selbst ist eine hochspezialisierte Angelegenheit, wobei die Archäologen jede kleine Veränderung in der Farbe und Beschaffenheit des Bodens registrieren müssen, weil sie oft der einzige Hinweis etwa auf Gebäudefundamente oder Tätigkeiten sind, die einst in ihnen stattgefunden haben, und sie müssen sorgfältig alle Überreste der Artefakte aufnehmen und bergen. Die Arbeit nach der Ausgrabung dauert gewöhnlich viel länger als die Ausgrabung selbst. Sie umfaßt eine genaue Untersuchung aller an der Fundstelle aufgenommenen Daten: Bodenproben werden auf Spuren von Pflanzensamen und anderen Teilchen untersucht, und die Artefakte werden von Spezialisten begutachtet. Obwohl die meisten Bestattungen und Grabbeigaben ja so unter die Erde gebracht wurden, daß sie 'geschützt' waren, sind auch sie nicht frei von Zerfall und Beeinträchtigung. Daher wird die Archäologie immer nur ein Bruchstück der Information übermitteln können, die wir über eine Gesellschaft der Vergangenheit gerne hätten. Viel hängt von der Qualität und Quantität der Ausgrabung ab, aber noch mehr von der Interpretation des vor Ort gefundenen Materials. (3)

Archäologische Funde allein sagen uns wenig. Sie müssen interpretiert werden. Soweit sind sich Archäologen einig; aber wie weit diese Interpretation gehen kann und worauf sie beruhen sollte, ist sehr umstritten. Manche Archäologen fordern, daß die Archäologie sich auf ganz fundamentale Fragen beschränken sollte, wie etwa auf das Alter einer Fundstätte oder eines Artefakts, seine ursprüngliche Funktion und Herstellung etc., und sie würden daraus vielleicht auf seine Bedeutung für die Wirtschaftsform der Gesellschaft, aus der es stammt, schließen. Aber seit etwa 1960 sehen viele Archäologen ihre Aufgabe darin, die verfügbaren Daten so zu benutzen, daß Fragen im Hinblick auf die Struktur vergangener Gesellschaften mit größter Wahrscheinlichkeit beantwortet werden können. Die meisten Archäologen entscheiden sich für einen Mittelweg und entwickeln Theorien zu einigen Aspekten des sozialen, politischen und vielleicht auch religiösen Lebens der Gesellschaft, sehen aber die Möglichkeit, mit Hilfe der Archäologie noch andere Schlüsse zu ziehen, eher skeptisch. (4) Wie Frauen in Gesellschaften, von denen wir nur archäologische Belege haben, gelebt haben, hätten Archäologen früher zum Beispiel für unerforschbar gehalten, heute ist das im Kontext der heutigen »theoretischen« Archäologie eine echte Herausforderung. (5) Es muß einem allerdings immer bewußt sein, daß fast jede von Archäologen entwickelte Vorstellung mehr eine Theorie oder Hypothese ist als eine gesicherte Tatsache. Gute Archäologen benutzen ein theoretisches Modell, das das vorhandene Material am besten erklärt und das nicht durch relevante Daten, die dem Forscher bekannt oder auch vielleicht nicht bekannt sind, widerlegt wird. Natürlich kann neues Material auftauchen und entweder eine vorher gut belegte Theorie widerlegen oder aber eine Theorie stützen, die vorher auf vergleichsweise wenig Material gegründet war. So sollte und wird auch meine Theorie, wie Frauen im vorgeschichtlichen Europa lebten, danach beurteilt werden, wie gut sie das oft lückenhafte Beweismaterial erklärt.

Und wie bilden sich diese Theorien? Auch da gibt es unter Archäologen keine einheitliche Auffassung. Traditionell geht man davon aus, daß Theorien empirisch aus den Fakten hervorgehen und für jeden, der mit diesen vertraut ist, unmittelbar einsichtig sind. Aber die Skala der Möglichkeiten ist durch die Erfahrung des Archäologen notwendigerweise begrenzt oder zumindest beeinflußt. Viele Theorien über prähistorische Gesellschaften wurden im 19. oder frühen 20. Jahrhundert entwickelt, und wenn wir viele

allseits anerkannte archäologische Annahmen prüfen, können wir die Vorurteile von Forschern erkennen, die eine humanistische Ausbildung hatten
und aus der von einer Männerelite beherrschten Mittel- oder Oberschicht
kamen. Keiner von ihnen hätte je die Frage gestellt, ob Männer oder eher
Frauen die Jäger waren, oder ob vielleicht manche Männer mehr Macht
und Reichtum besaßen als andere. Wenn wir wissen wollen, wie eine vorgeschichtliche Gesellschaft funktionierte, müssen wir zuerst verstehen, wie
Gesellschaften ganz allgemein funktionieren und welche Unterschiede
vorstellbar wären. In der Archäologie beziehen sich viele Theoretiker heute
auf die eine oder andere soziologische Theorie, etwa auf den Marxismus,
Strukturalismus oder Materialismus und überlegen, wie sich ein bestimmtes Verhaltensmuster in archäologischem Material zeigen würde. Andere,
denen bewußt ist, wie begrenzt die Zahl solcher Verhaltensmuster in der
modernen westlichen Gesellschaft ist, die sie ja am besten kennen, suchen
sich Anregungen insbesondere bei den Kulturen, die von Ethnologen
erforscht worden sind.

Aber auch die Ethnologie kann nur in begrenztem Maß Modelle liefern.
Ethnologen, die die Rolle der Frau in anderen Kulturen heute untersuchen, können zum Beispiel eine breite Skala der Verhaltensmuster von
Frauen und Männern und der Aufgaben und Rollen, die jedem Geschlecht
zugewiesen werden, feststellen. Aber man kann daraus nicht ohne weiteres
auf das Leben der Frauen in der Vorgeschichte schließen. Keine Gesellschaft ist in allen Aspekten ihres sozialen, wirtschaftlichen, politischen und
religiösen Verhaltens identisch mit einer anderen; ihre stoffliche Kultur,
Häuser, die sie bauen, Werkzeuge, die sie benutzen, Kunstwerke und
Gebrauchsformen, die sie schaffen, wird jeweils unterschiedlich sein.
Zweifellos gibt es ähnliche Muster, innerhalb bestimmter Regionen
genauso wie innerhalb ähnlicher Subsistenzwirtschaften, und diese Ähnlichkeiten sind die Grundlage für einen großen Teil der Erörterungen in
diesem Buch. Wo das archäologische Material auf Ähnlichkeiten mit heutigen Gesellschaftsformen hindeutet, können sie anerkannt werden, aber wo
dies nicht der Fall ist, müssen wir ebenso bereit sein, zu erkennen, daß in
der Vergangenheit Verhaltensformen existiert haben können, die den heutigen ganz unähnlich sind. Aus ethnologischen Erkenntnissen kann man
zwar nicht definitiv ableiten, wie Frauen in der Vergangenheit gelebt
haben, aber die Vielfalt der Verhaltensformen, die sie beschreiben, könnten
uns neugieriger auf unsere Vorfahren in der fernen Vergangenheit machen.

Ethnologische Zeugnisse

Eine Möglichkeit, die Archäologen zur Verfügung steht, um Hypothesen über das Leben in vorgeschichtlichen Gesellschaften aufzustellen, ist die Beobachtung von heute existierenden vorindustriellen Gesellschaften. Diese Lebensweise könnte der in der Vergangenheit ähnlicher sein als der unseren. Solche Gesellschaften werden hauptsächlich von Ethnologen erforscht, die alle Aspekte einer bestimmten Gesellschaft gründlich untersuchen, und von Sozialanthropologen, die sich dafür interessieren, wie sich ein spezieller Aspekt sozialen Verhaltens in unterschiedlichen Gesellschaften und Gesellschaftstypen unterscheidet. Die Verwendung von ethnologischen und anthropologischen Erkenntnissen in der Archäologie ist jedoch umstritten. (6) Ursprünglich bedeutete dies den einfachen Vergleich von Artefakten aus vorgeschichtlichem Kontext mit Gegenständen, die von einer oder mehreren Gruppen irgendwo in der Welt heute benutzt werden. Man nahm an, daß ein archäologisches Artefakt, das einem aus einer heutigen Wildbeuter-Gesellschaft ähnelte, auch eine ähnliche Funktion hatte und übertrug dann auch andere Erkenntnisse, die man über diese Gesellschaften hatte, auf die prähistorische Gesellschaft. Dieses Verfahren birgt viele Gefahren und muß mit großer Vorsicht benutzt werden. Es ist leicht, ein paar Ähnlichkeiten zwischen einer vorgeschichtlichen Kultur, zum Beispiel den Bewohnern Europas während der Eiszeit, und einem einzelnen ethnologischen Beispiel, etwa den Inuits (Eskimos) festzustellen und dann anzunehmen, daß die beiden Gesellschaften auch andere Dinge gemeinsam haben. Besser aber sucht man in ethnologischen Studien nach allgemeineren und wiederkehrenden Mustern, wie man es in neueren Untersuchungen getan hat und berücksichtigt bei Vergleichen möglichst viele Kriterien. Wenn alle, oder fast alle bekannten Gesellschaften, die eine ähnliche wirtschaftliche und technische Existenzgrundlage haben und die in einer ähnlichen Umgebung leben wie vorgeschichtliche Gesellschaften, gewisse Formen von sozialer Organisation gemeinsam haben, dann scheint es naheliegend, dies als Modell für die Archäologie zu übernehmen. Dennoch muß man bedenken, daß die Gesellschaften und Völker, die von Ethnologen untersucht wurden, eine ebenso lange Entwicklungsgeschichte haben, wie die Menschen der Industrienationen. Selbst wenn es uns als sehr einfach erscheint, wie diese Menschen produzieren und ihren Lebensunterhalt sichern, kann ihr soziales und religiöses Leben doch sehr komplex sein. Das Hauptproblem bei diesen Analogieschlüssen ist die durchaus reale Möglichkeit, daß es in sozialen, politischen oder religiösen Verhaltensmustern keine Gemeinsamkeiten zwischen heutigen oder in der

unmittelbaren Vergangenheit existenten Stammesgesellschaften und vorgeschichtlichen Gesellschaften gibt, selbst wenn sie oberflächliche Ähnlichkeiten etwa in Herstellungstechniken oder wirtschaftlichen Bereichen
haben. Wenn man mögliche Gemeinsamkeiten auch nur annimmt,
beraubt man die Archäologie ihrer Ziele, so wird argumentiert, und macht
sie zu einer Hilfswissenschaft der Anthropologie. Das ist die Lehrmeinung
unter Archäologen in den USA, und sie ist meiner Meinung nach nicht
unberechtigt. Beide Disziplinen versuchen etwas über das Verhalten und
die Lebensweise von Menschen in anderen Gesellschaften zu erfahren; die
Archäologen erforschen allerdings lang vergangene Gesellschaften. Der
Hauptunterschied liegt in den angewandten Methoden. Ein von der Ethnologie abgeleitetes Modell muß streng an archäologischem Material

1: Ein traditionelles Hand-
werk: Eine Frau der
Navajo-Indianer beim
Weben eines Teppichs.

geprüft werden. Je nach Material muß auch die Möglichkeit, daß eine
Gesellschaft der Vergangenheit von allen heute existierenden total verschieden war, erwogen werden. Andererseits tauchen einige Verhaltensmuster so regelmäßig auf, daß es genauso falsch scheint, dies ohne guten
Grund zu übergehen. Ich habe deswegen versucht, die ganzen verfügbaren
unzweideutigen archäologischen Zeugnisse als Grundlage für eine Hypothese zu benutzen, habe aber nicht gezögert, weitgehend auch ethnologische Ergebnisse immer dann heranzuziehen, wenn es darum ging, Verhaltensmuster in Bezug auf Geschlechterrollen und den Status der Frauen in
bestimmten Perioden und Orten der Vorgeschichte zu vervollständigen.

Ethnologisches Material ist natürlich viel vollständiger als archäologisches. Im Idealfall lebt ein Ethnologe bei einem bestimmten Stamm min-

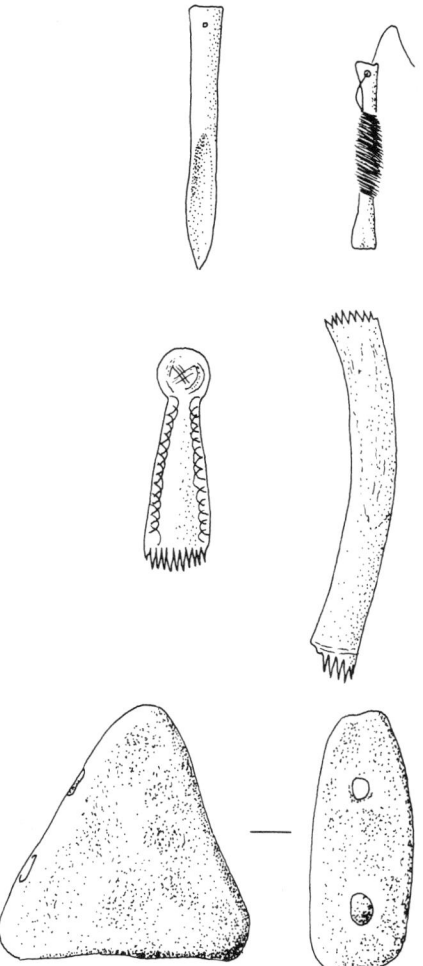

2: *Ein typisch archäologischer Beleg*
für dieselbe Tätigkeit: Knochenna-
deln oder -schiffchen, Knochen-
kämme, um die Schußfäden anzu-
drücken und Webgewichte aus
gebranntem Ton.

destens ein Jahr. Er lernt die Menschen und ihre Sprache kennen und
gewinnt ihr Vertrauen. Man kann Verhaltensformen beobachten und die
Leute befragen, warum sie etwas auf eine bestimmte Weise tun. So kann
man umfangreiches und verschiedenartiges Material zusammentragen,
obwohl sich heute die meisten Ethnologen auf jeweils einen Aspekt des Verhaltens konzentrieren. Aber auch hier können vorgefaßte Meinungen eine
Rolle spielen: zum einen können die Menschen, um die es geht, unbewußt
oder bewußt Informationen zurückhalten, zum anderen, was wahrscheinlich noch häufiger vorkommt, beobachten die Ethnologen vielleicht nur
diejenigen Verhaltensaspekte und halten die schriftlich fest, die sie oder ihn
besonders interessieren, auch wenn sie für das Leben der Gruppe vielleicht
keine große Bedeutung haben. Leider scheint das besonders häufig vorzu-
kommen, wenn es um das Leben von Frauen geht.

Obwohl es auch einige sehr bekannte Ethnologinnen gab, waren die
meisten Ethnologen Männer, besonders vor 1960. Bewußt oder unbewußt
– weil sie aus einer männerbestimmten Gesellschaft kommen – haben sie
sich im allgemeinen überwiegend mit den Aktivitäten der Männer beschäftigt und weibliche Aufgaben und Tätigkeiten übersehen. Dazu kommt, daß
alle Gesellschaften, die man heute untersuchen kann, irgendeinen Kontakt, und sei er noch so gering, mit der »modernen« Welt gehabt haben, und
dies hat ihr Verhalten möglicherweise verändert. Wenn zum Beispiel im 18.
oder 19. Jahrhundert ein westlicher und sicherlich männlicher Forscher,
Missionar oder Ethnologe sich in einem afrikanischen Dorf befand, so
hätte er dort ganz gewiß nur mit Männern gesprochen. Wie auch immer es
vorher gewesen sein mag, nach ein paar Begegnungen hätten diese Männer als »Sprecher« fungiert, sie hätten billigen westlichen »Schmuck«
erworben, der, weil er etwas Neues war, sicher einen hohen Wert hatte und
damit den Status der Männer erhöhte. Nach einem Jahrhundert solcher,
vielleicht nur seltenen Kontakte dieser Art, werden moderne Ethnologen,
mögen sie auch noch so objektiv in ihren Beobachtungen sein, feststellen,
daß eingeborene Männer und Frauen Verhaltensweisen zeigen, die denen
der westlichen Kultur erstaunlich ähnlich sind. Wenn eine Gesellschaft
durch die Haltung von Missionaren oder durch »Entwicklungshilfe« von
nationalen Regierungen beeinflußt worden ist, werden westliche
Geschlechterrollen noch deutlicher nachweisbar sein. Dazu kommt, daß
Berichte über Stammesgesellschaften gewöhnlich von Männern geschrieben wurden, die nur das beschrieben, was sie selbst interessierte oder die
Aktivitäten, die sie sehen durften. Die Frauen der fraglichen Gesellschaft
wollten ihr Verhalten aber vielleicht überhaupt nicht erklären, den eigenen
Männern nicht und schon gar nicht Außenstehenden, und könnten ihre

Tätigkeiten und Rituale dort verrichtet haben, wo sie nicht beobachtet werden konnten. So, und aufgrund von direktem oder indirektem westlichen Druck, sind sie in manchen Fällen vielleicht sogar eingestellt worden. Vergleiche zwischen Stammesgesellschaften, die heute noch existieren oder bis vor kurzem existiert haben und prähistorischen Gesellschaften müssen deswegen gerade in bezug auf Rolle und Status der Frau mit großer Vorsicht behandelt werden. (7)

Seit den frühen 70er Jahren haben immer mehr Frauen an ethnologischer Feldforschung teilgenommen, und besonders amerikanische Anthropologinnen haben Aspekte des Lebens von Frauen und von Geschlechterbeziehungen in Wildbeuter-Gesellschaften untersucht. In der Anthropologie ist die Thematik »Frau« inzwischen allgemein anerkannt und ein eigenständiges Forschungsgebiet. Man hat frühe Aufzeichnungen über Wildbeuter neu analysiert, um auch die flüchtigen Hinweise auf das Leben von Frauen herauszuholen. (8)

Ein zusätzliches Problem für den Archäologen, der ethnologische Ergebnisse verwenden möchte, ist, daß die meisten ethnologischen Feldforschungen sich nicht damit beschäftigt haben, wie sich Aspekte sozialen Verhaltens physisch ausdrücken. Archäologen können also aus rein ethnographischen Aufzeichnungen nicht herausfinden, welche materiellen Spuren ein bestimmtes Verhaltensmuster hinterläßt. Um solche Probleme zu untersuchen, haben Archäologen, die selbst ethnologisch arbeiten, die »Ethno-Archäologie« entwickelt. (9) Eine ethnoarchäologische Untersuchung würde zum Beispiel den Abfall einer heutigen Wildbeutergruppe untersuchen, die sich einige Nächte in einem Basis- oder Nebenlager aufgehalten hat. Man kann die Art des Abfalls und seine Verteilung analysieren, um zu sehen, welches archäologische Muster zurückbleibt, nachdem der meiste organische Abfall zerfallen ist.

Eine der wenigen Arbeiten, die sich mit dem Problem befaßt, wie sich prähistorische Geschlechterrollen aus archäologischem Material nachweisen lassen, beruht auf diesem ethnoarchäologischen Ansatz. Janet Spector (10) benutzt eine Methode, die sie »Geschlechtsbezogene Aufgabendifferenzierung« *(Male/Female Task Differentiation)* nennt. Danach muß, bevor man Unterschiede zwischen den Geschlechtern anhand von archäologischem Material erforscht, vorher das ethnologische Material gesichtet werden, d. h. die Aufgaben, die von Frauen und die, die von Männern erledigt werden, die Gebiete in der Siedlung, wo die jeweiligen Aktivitäten stattfanden, die Geräte und der Wert, der der Aufgabe zugemessen wird, müssen genau aufgezeichnet werden. Wenn diese Informationen im Gesamtzusammenhang einer Gesellschaft geprüft werden, um zu gewährleisten, daß sie sich als Vergleichsmodell für einen bestimmten archäologischen Kontext eignen, sollte es möglich sein, über Geschlechterrollen in der Vorgeschichte viel mehr Einzelheiten zu erfahren als bisher.

So hat zum Beispiel Spector Aufzeichnungen über die Hidatsa-Indianer in den Great Plains von Nordamerika neu analysiert. Der Stamm existiert nicht mehr, aber er wurde im frühen 20. Jahrhundert genau erforscht; Beobachter beschrieben ihre Lebensweise schon in der Mitte des 19. Jahrhunderts, als diese Menschen seßhafte Hackbauer waren und in einfachen Lehmhausdörfern wohnten. Die Berichte sind ausführlich genug, um die Bestimmung zumindest einiger Aufgaben von Frauen und Männern zu erlauben, bzw. festzustellen, wann (in welcher Jahreszeit) und wo (in welchem Teil des Dorfes) diese Arbeiten ausgeführt wurden, und welche Materialien und Geräte damit verbunden waren.

So zum Beispiel besorgten und verarbeiteten die Frauen der Hidatsa alle Nahrungsmittel, schlachteten aber nicht und bauten keinen Tabak an; das besorgten die Männer. Es gab auch wichtige Unterschiede in den Örtlichkeiten, wo weibliche und männliche Aktivitäten stattfanden. Andere Arbeiten, die natürlich auch gemacht werden mußten, wie zum Beispiel das Aufziehen der Kinder, werden in den frühen Berichten nicht erwähnt. Dies zeigt deutlich, daß Archäologen gebraucht werden, die sich für diesen Ansatz interessieren und die die heutigen Stammesgesellschaften erforschen. Spector sieht jedoch selbst, daß eine einzelne Person nur wenige Gruppen erforschen kann, und da die Befunde dann mit den Ergebnissen von anderen archäologischen Untersuchungen verglichen werden müssen, wird es also lange dauern, bis diese vielversprechende Methode zu substantiellen Ergebnissen führt.

Das Verhalten von Primaten und anderen Tieren

Ein anderes Forschungsgebiet, das Anthropologen und Archäologen, die menschliche Verhaltensweisen untersuchen, nützlich sein kann, ist das vergleichende Studium von Tieren, insbesondere von Primaten, deren Physiologie am meisten der unseren ähnelt. Untersuchungen auf diesem Gebiet setzen voraus, daß die Tiere, zum Beispiel Schimpansen und Gorillas, lange Zeit in ihrer natürlichen Umgebung ungestört von Menschen beobachtet werden; sie sind von einigen Wissenschaftlerinnen durchgeführt worden, etwa von Jane Goodall in Kombe (Tansania) und von der inzwischen verstorbenen Dian Fossey in Ruanda. (11) Unterschiede im Verhalten von Männchen und Weibchen, unbeeinflußt von jahrtausendealter menschlicher Konditionierung, haben erhebliche Bedeutung im Hinblick auf natürliche oder genetische Verhaltensunterschiede zwischen den Geschlechtern beim Menschen und liefern eine besonders nützliche Grundlage, auf der Hypothesen über frühes menschliches Verhalten erstellt werden können, wie zum Beispiel über die Bedeutung der Mutterschaft oder den Beginn des Werkzeuggebrauchs. (Siehe Abbildung 8) Auch neuere Untersuchungen des Verhaltens anderer Tiere haben sich bei der Erforschung von charakteristischen natürlichen geschlechtsspezifischen Unterschieden auf der einen Seite und dem angelernten Geschlechterverhalten bei Menschen auf der anderen als nützlich erwiesen. Man weiß heute, daß viele Eigenschaften, die früher als ausschließlich menschliche angesehen wurden, auch bei vielen Tierarten vorkommen. Jagen in Gruppen und Zusammenarbeit findet man zum Beispiel bei Wölfen und Löwen; die Benutzung von Werkzeug bei Drosseln, die Schneckengehäuse öffnen, indem sie sie auf einen Stein schlagen; Vogelmännchen verschiedener Arten helfen dem Weibchen, die Jungen zu füttern, solange sie noch im Nest sind. Studien über das Verhalten der Primaten sind für die frühesten Stadien der menschlichen Evolution besonders relevant und werden in Kapitel II dargestellt.

Schriftliche Quellen

Per Definition befassen sich Prähistoriker mit der Zeit in der menschlichen Vergangenheit vor der Geschichte, also mit der Zeit vor Beginn der schriftlichen Überlieferung. Der Begriff bezeichnet in verschiedenen Teilen der Welt unterschiedliche Perioden, bezieht sich aber immer auf die Zeit vor der Schrift in dem jeweiligen Gebiet. Auch in Europa entwickelte sich die Schrift in verschiedenen Gebieten zu verschiedenen Zeiten, und in vielen Teilen des Kontinents sind bis ins Mittelalter hinein schriftliche Aufzeichnungen selten. Manche der frühesten Inschriften oder schriftlichen Zeugnisse sind für Wissenschaftler bis heute noch nicht zu dechiffrieren oder sie sind unleserlich. Außerdem bestehen die frühesten schriftlichen Aufzeichnungen, die entziffert werden können, oft nur aus Aufzählungen von Herrschern oder Königen, sie vermelden Schlachten oder das Errichten von Gebäuden oder benennen den Hersteller oder Eigentümer des Gegenstandes mit der Inschrift, ohne dabei die Lebens- oder Verhaltensweisen zu beschreiben. In manchen Gebieten kann man zwischen den vorgeschichtlichen Perioden, von denen es keine schriftlichen Zeugnisse gibt und den geschichtlichen, von denen ein ziemlich vollständiges Bild alleine schon aus der schriftlichen Überlieferung erstellt werden kann, eine Reihe von Zwischenstadien erkennen. Nehmen wir zum Beispiel Britannien. Obwohl es durchaus vorstellbar ist, daß es schriftliche Aufzeichnungen auf vergänglichem Material gab, die nicht überdauert haben, gab es, soweit wir wissen, in England keine schriftlichen Zeugnisse in irgendeiner Form vor den Inschriften auf Münzen im 1. Jahrhundert v. Chr., und auch die sind auf wenige Zeichen beschränkt, gewöhnlich auf die Anfangsbuchstaben von Personen- und Stammesnamen. Aber in Ägypten und Mesopotamien war die Schrift schon seit etwa 3000 v. Chr. bekannt, und in Griechenland wurde das Alphabet zum ersten Mal ungefähr um 700 v. Chr. benutzt. Griechische und römische Schriftsteller und Reisende wie Poseidonios und Strabo haben einige Aspekte Britanniens aus dem 2. Jahrhundert v. Chr. beschrieben. Der berühmteste klassische Schriftsteller, der über Britannien geschrieben hat, war Julius Caesar im 1. Jahrhundert v. Chr. Obwohl also die Menschen der Eisenzeit in Britannien nicht schrieben, gibt es schriftliche Zeugnisse von Fremden.

Während des Römischen Reichs hat sich die Lebensweise der Bewohner Europas nicht sehr geändert, aber sie hatten engen Kontakt zu Menschen, die schreiben konnten. Einige Römer, die in den Provinzen lebten, haben Beschreibungen der Lebensweise der Menschen hinterlassen, die schon vor der römischen Eroberung dort lebten. Die Berichte von Tacitus über die germanischen Stämme in *Germania* und *Agricola* sind gute Beispiele dafür. Wenn man annehmen kann, daß die Hauptaspekte des Lebens sich gegenüber der Zeit vorher nicht wesentlich geändert hatten, werfen solche Beschreibungen ein Licht auf vorgeschichtliche sowie etwas spätere Zeiten. Wenn man sie jedoch interpretiert, muß man die Umstände, unter denen sie entstanden, berücksichtigen. In vielen Fällen ist es unwahrscheinlich, daß der Autor das Gebiet selbst besucht hatte oder Zeuge der Ereignisse oder Verhaltensweisen gewesen war, die er beschrieb. So zum Beispiel war es Caesars Hauptanliegen, seine Kämpfe mit den Einwohnern Galliens und den Versuch einer Invasion Britanniens für einflußreiche Leute in Rom darzustellen. Es war in seinem Interesse, seine Feinde möglichst grausam erscheinen zu lassen, auch wenn er ihr Verhalten außerhalb des Schlachtfeldes kaum je gesehen hatte und sich auf Gerüchte und Berichte von Informanten verließ. Andererseits enthalten aber auch Gerüchte oft ein Körnchen Wahrheit, wie entstellt diese auch durch mündliche Weitergabe wird. So muß also ein Archäologe oder Sozialhistoriker die frühen schriftlichen Quellen kritisch lesen und den Informationswert, den sie enthalten, mit der Möglichkeit, daß sie ungenau und manchmal regelrecht falsch sein können, abgleichen.

Spätere Quellen beziehen sich manchmal auf frühere Perioden, und Traditionen können mündlich weitergegeben worden sein, bevor sie aufgeschrieben wurden. Wiederum ist es notwendig, die Zuverlässigkeit solcher Quellen zu prüfen. Vom frühen Mittelalter an, ungefähr ab dem 8. Jahrhundert n. Chr., werden dokumentarische Darstellungen häufiger. So gibt es zum Beispiel eine große Zahl von Dokumenten über Rechte, Mythen und Legenden aus den von Kelten besiedelten Küstengebieten Europas, insbesondere aus Irland, die aus einer umfassenderen mündlichen Überlieferung entstanden sind und nicht vor dem frühen Mittelalter niedergeschrieben wurden. Zu dieser Zeit waren sie schon ergänzt, und durch die Annahme des Christentums und die vielen anderen Veränderungen, die die mittelalterliche Welt von der vorgeschichtlichen trennte, hat sich die ursprüngliche Fassung verändert. Irland selbst war nie ein Teil des Römischen Reiches, und soziale Veränderungen haben sich dort vielleicht weniger durchgesetzt als in Britannien zur selben Zeit. Vieles weist deutlich darauf hin, daß sich die irischen Sagen auf die vorgeschichtliche Zeit der heidnischen Stammeskämpfe beziehen, obwohl es meist ungewiß ist, wann genau die beschriebenen Ereignisse stattgefunden haben. Dabei sind Einzelheiten, die, will man sie als historische Quellen benutzen, entscheidend wichtig wären, vielleicht geändert worden, um sich der kulturellen Erwartung des späteren Zuhörers oder Lesers anzupassen. Dies trifft besonders auf nebensächliche Details zu, die leicht zu ändern sind, ohne dabei die wesentlichen Aspekte der Geschichte zu berühren, die aber am meisten über soziale Muster und soziales Verhalten aussagen. Wenn diese nachrömischen keltischen Quellen das Leben in der Vorgeschichte erhellen sollen, müssen sie mit großer Vorsicht benutzt werden. Diese Zeugnisse gar nicht einzubeziehen wäre jedoch töricht, da sie das einzige sind, was uns einen Hinweis auf die Weltanschauung der Kelten selbst gibt und nicht das Bild der heidnischen keltischen Gesellschaft vermittelt, wie sie die Römer gesehen haben. (12)

In all diesen Quellen werden Frauen nur selten erwähnt, aber vielleicht nicht ganz so selten, wie viele Forscher zunächst zugeben würden. Eine sorgfältige Analyse daraufhin, was sie uns über das Leben der Frauen mitteilen können, kann sehr ergiebig sein, und ein Versuch, einige dieser Quellen zu benutzen, wird in Kapitel V dieses Buches unternommen.

Die Bedeutung und der mögliche Nutzen der Mythologie als Informationsquelle für eine frühere Zeitperiode sind problematisch. Besonders feministische Autorinnen haben versucht, mit den Mythen einer Muttergöttin zu beweisen, daß irgendwann in der Vorzeit Frauen eine viel wichtigere Rolle in der Gesellschaft gespielt haben. Manche haben sogar die Exi-

stenz von Matriarchaten daraus abgeleitet. Göttinnen bilden in vielen
Gesellschaften einen Teil der Mythologie, in den Mittelmeerkulturen
genauso wie in der nordeuropäischen Überlieferung. Viele von ihnen, wie
etwa die griechische Göttin Demeter, haben eine besondere Verantwortung
für ganz eindeutig weibliche Aspekte des Lebens, wie zum Beispiel die
Fruchtbarkeit von Menschen und Tieren, aber auch von Pflanzen und
besonders von Feldfrüchten. Andere dagegen, zum Beispiel die keltische
Göttin Mórrígan (13) und die römische Göttin Minerva, sind Göttinnen des
Krieges und anderer Tätigkeiten, die in der Gesellschaft selbst gewöhnlich
mit Männern in Verbindung gebracht werden. Eine entscheidende Frage
ist, wie es zu diesem Glauben an weibliche Gottheiten kam. Bezieht er sich
auf frühe Erinnerungen an Frauen oder an eine bestimmte Frau, deren
Rolle zum Beispiel die Kriegsführung war? Wenn eine Erd- oder Muttergöttin verehrt wurde, vielleicht sogar als wichtigste Gottheit dieser Gesellschaft, bedeutet dies dann, daß Frauen einmal einen hohen Status hatten?
Es könnte nützlich sein, die Unterscheidung zwischen Mythos und
Legende zu beachten, die von Ethnologen gemacht wird, auch wenn sich
dann jeweils die Frage erhebt, ob eine bestimmte Geschichte oder Sage ein
Mythos oder eine Legende ist. Während eine Legende ein durch die Überlieferung möglicherweise stark verändertes Ereignis der Vergangenheit
enthalten könnte, dient ein Mythos unter anderem dazu, Aspekte der
natürlichen oder menschlichen Welt zu erklären. So stellt zum Beispiel jede
Gesellschaft die Frage, wie die Welt entstanden ist und hat einen Mythos,
der das in Begriffen, die in dieser Gesellschaft verständlich sind, erklärt. Da
jedermann weiß, daß nur Frauen Kinder gebären können, ist es nicht überraschend, daß in vielen Gesellschaften angenommen wird, daß die Erde
und die Feldfrüchte von irgendeinem übernatürlichen weiblichen Wesen
geboren wurden. Dies muß aber noch keine andere Bedeutung als die
offensichtliche der Gebärfähigkeit von Frauen haben und noch weniger
Bedeutung für ihren Status. Die Hervorhebung der Rolle der Frau als
Gebärende kann noch nicht einmal als Beweis dafür dienen, daß in dieser
Gesellschaft das Gebären einer großen Zahl von Kindern als besonders ver-
dienstvoll galt; es zeigt lediglich, daß der faktische Zusammenhang
erkannt wurde. Eine Gottheit könnte wegen der Eigenschaften, die man
ihr zuschreibt, verehrt werden, aber selbst das ist nicht immer so. Sogar
wenn man einer Göttin gewisse Aspekte der Erschaffung der Welt
zuschreibt und Mythen über sie erzählt, vielleicht ausgeschmückt mit Bildern und Skulpturen, müßte das noch nicht bedeuten, daß sie eine aktive
Rolle für das tägliche Leben dieser Gesellschaft gespielt hat. Als
Geschichte können Mythen in keiner Weise betrachtet werden; sie können

zwar viele Generationen vorher entstanden sein, aber die Einzelheiten eines Mythos, der mündlich weitergegeben wird, werden sich fast jedesmal beim Erzählen verändert haben. Es gibt also keine klare Korrelation zwischen der Existenz von Göttinnen und der Rolle und dem Status von Frauen, und die Mythologie als historisches Zeugnis zu benutzen, ist äußerst problematisch.

Archäologisches Belegmaterial

Archäologische Belege für das Leben von Frauen in der Vorgeschichte fallen unter verschiedene Kategorien. Die meisten stammen aus Gräbern, aber Siedlungsstätten und prähistorische Kunst können auch wertvolle Informationen liefern.

Bestattungen, Knochenreste und Grabbeigaben

In Gräbern, wo die Skelette oder verbrannten Überreste von Frauen aus vorgeschichtlicher Zeit gefunden worden sind, können erwachsene Frauen von erwachsenen Männern normalerweise dadurch unterschieden werden, daß man bestimmte charakteristische Knochen untersucht, wie etwa den Schädel oder das Becken. Es gibt jedoch in Bezug auf Form und Größe dieser Merkmale viele Überschneidungen, was die sichere Zuordnung des Skeletts zu einem bestimmten Geschlecht schwierig macht. (14) Die Untersuchung der Knochen kann auch einen Hinweis auf das ungefähre Todesalter des Individuums und dessen Todesursache geben und auch auf gewisse Krankheiten, unter denen die betreffende Person vielleicht gelitten hat. Das Todesalter kann durch eine Untersuchung gewisser anatomischer Merkmale geschätzt werden: zum Beispiel anhand des Grades der Verwachsung bestimmter Knochen, besonders an Schädel, Becken und Schenkelknochen und aufgrund des Ausmaßes der Abnutzung der Zähne. Wenn man die Verteilung des Sterblichkeitsalters zwischen Frauen und Männern analysiert, kann man vielleicht Unterschiede in der Pflege feststellen, die kranke Frauen oder Männer erhielten oder Unterschiede im Gesundheitszustand aufgrund von ernährungsbedingten Mängeln oder Vorteilen und, im Falle von Kindern, mögliche Unterschiede in der Behandlung von Mädchen und Knaben.

Verletzungen an Knochen, wie etwa Brüche, Pfeil- oder Dolchwunden, finden sich vielleicht mit unterschiedlicher Häufigkeit bei Frauen und

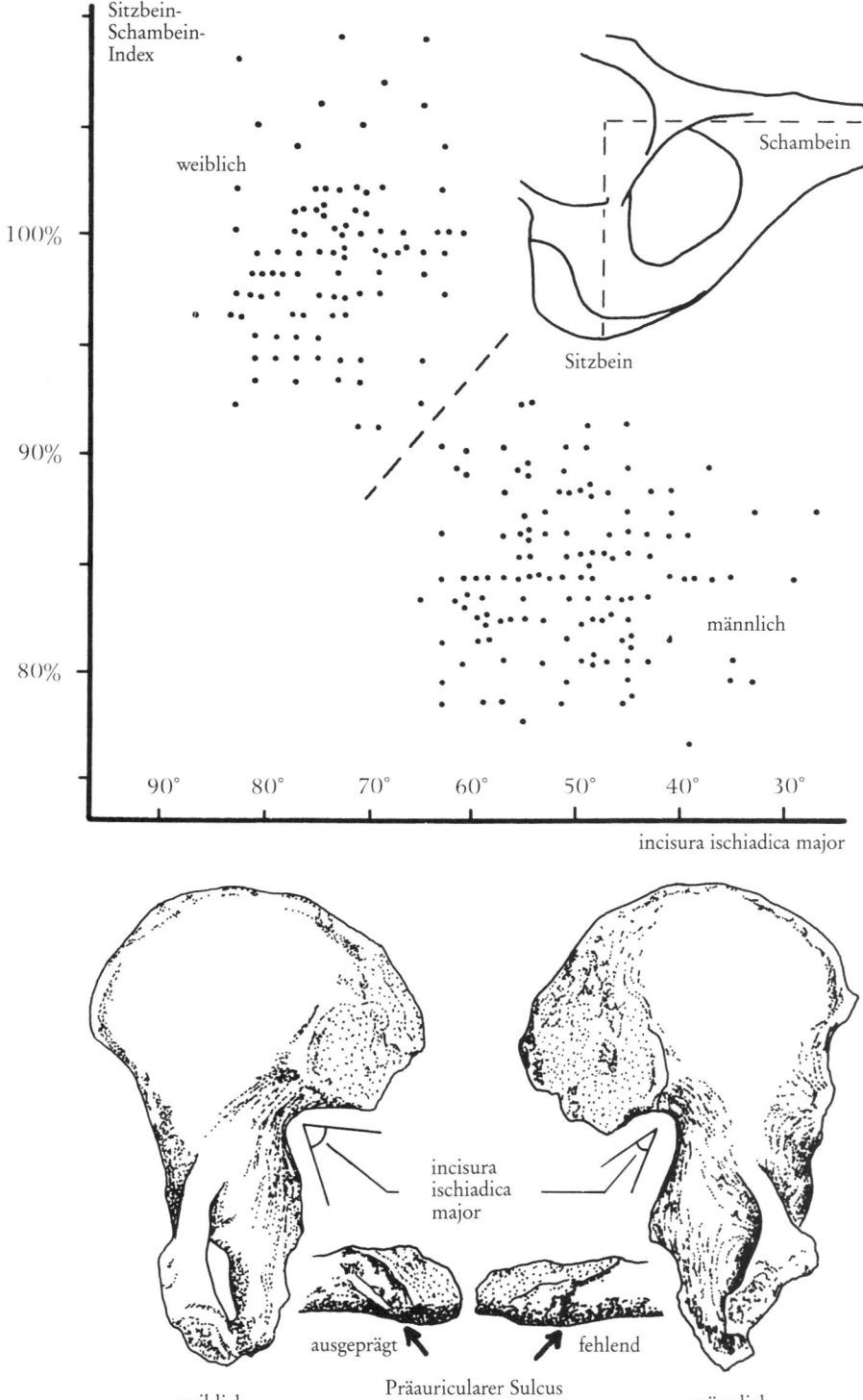

Männern, wenn zum Beispiel das eine Geschlecht jagte und kämpfte, das andere aber nicht. Krankheiten, wie zum Beispiel Arthrose, die sich leicht an Knochen nachweisen läßt, könnten Frauen und Männer unterschiedlich betroffen haben, wenn sie regelmäßig verschiedenartige Arbeiten verrichteten. Eine neuere Studie (15) der gut erhaltenen Skelettüberreste der kanadischen Inuit Jäger-Sammler vom Ende des letzten Jahrhunderts konzentrierte sich auf die Fragestellung, an welchen Teilen des Körpers man Knochen- und Gelenkkrankheiten nachweisen konnte, insbesondere

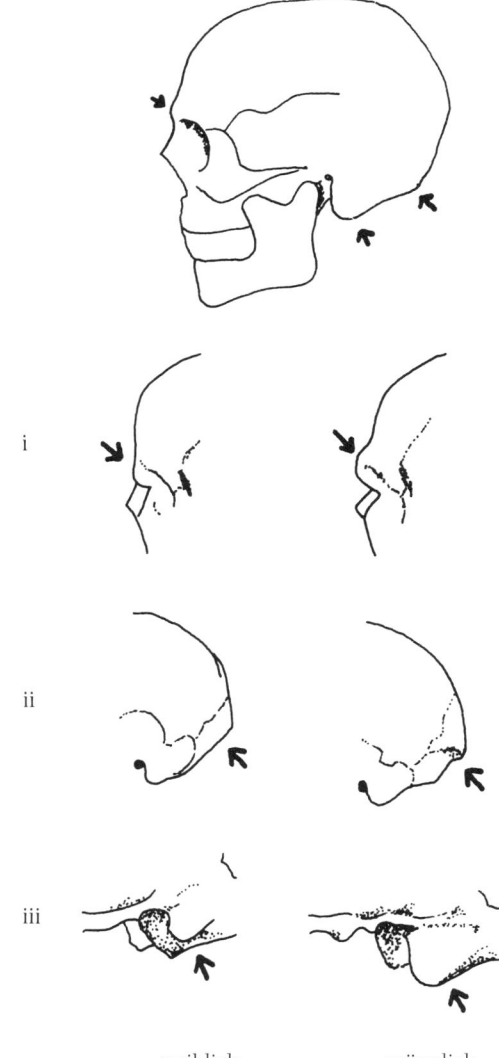

3: Unterschiede zwischen weiblichen und männlichen Skeletten.
Die Bandbreite der Unterschiede, die man bei zwei Messungen des Beckens, Verhältnisses des Sitzbein-Schambein Index und des Winkels der Einbuchtung der hinteren Darm- und Sitzbeinkante für den Ischiasnerv (incisura ischiadica major) erhalten hat.
Drei Unterschiede in der Schädelform:
i. die Augenbrauenwülste (supraorbitale Wülste)
ii. das Hinterhauptsbein
iii. der Warzenfortsatz (Mastoidfortsatz)
Nach Brothwell, 1981.

weiblich   männlich

Arthrose und ob sie bei Frauen oder Männern häufiger waren. Es war genug ethnohistorische Information über diese Menschen vorhanden, so daß man wußte, welche Tätigkeit von welchem Geschlecht ausgeübt wurde. Zum Beispiel verbrachten Frauen viel Zeit damit, Leder zu präparieren und Häute für Kleidung zusammenzunähen. Das scheint häufig zu Arthrose in den Knochen der rechten Hand geführt zu haben, während das Weichmachen der Häute mit den Zähnen oft zu Zahnverlust und Arthrose in den Kieferknochen der Frauen führte. Die Männer jagten mit Harpunen, was manchmal eine Erkrankung der rechten Schulter und des Ellbogens verursachte.

Auch Kajakpaddeln führte zu einer deutlichen Abnutzung der Knochen. In einer Studie über neolithische Skelette aus der Sahara (16) wurde darauf hingewiesen, daß es möglich ist, die Auswirkungen von häufigem Speerwerfen, Holzschnitzen und Bogenschießen dadurch zu erkennen, daß man Knochenverletzungen oder -wucherungen untersucht, die sich dort bilden, wo sie mit häufig benutzten Muskeln oder Sehnen verbunden sind. Man könnte so feststellen, ob in unterschiedlichen Gesellschaften unterschiedliche Tätigkeiten ausgeübt wurden oder ob Frauen und Männer unterschiedliche Arbeiten ausgeübt haben, und auch, ob es einzelne spezialisierte Handwerker innerhalb einer Bevölkerung gegeben hat. Diese Methode bietet ganz klar große Möglichkeiten, Unterschiede in Geschlechterrollen zu erkennen. Manche Typen von Arthrose kann man spezifischen Tätigkeiten zuordnen, andere Tätigkeiten wiederum können zu ähnlichen Abnutzungserscheinungen führen. Ein »Tennis-Ellbogen« kann zum Beispiel durch das Mahlen von Korn, Bodenwischen oder das Polieren von Steinwerkzeugen verursacht werden. Der genaue Zusammenhang ist dann schwer zu erkennen, besonders wenn die Skala der möglichen Tätigkeiten nicht durch andere Informationen über die jeweilige Gesellschaft genauer bestimmt wird, wie in dem oben erwähnten Beispiel.

Auch wenn es oft und aus verschiedenen Gründen vorkommen kann, daß nicht alle Mitglieder einer Gemeinschaft am selben Ort begraben wurden, kann in den Fällen, wo es wahrscheinlich doch geschah, eine wissenschaftliche Untersuchung des ganzen Friedhofs reiche statistische Daten über die Bevölkerung liefern. Daraus kann man dann ersehen, ob Frauen länger lebten als Männer oder umgekehrt, und ebenso wie das Ausmaß der Kindersterblichkeit kann man den Anteil der Frauen schätzen, die im Kindbett starben. (Vergleiche Tabelle 34) Ist die untersuchte Gruppe groß genug, läßt sich sogar die Anzahl der Kinder schätzen, die eine Frau durchschnittlich hatte.

In der Kindersterblichkeit spiegelt sich oft die Einstellung zur Versorgung von Kleinkindern und Säuglingen. In Gesellschaften, in denen eines der Geschlechter für wichtiger oder wertvoller gehalten wurde, könnte bewußtes oder unbewußtes Verhalten der Eltern einen Einfluß auf die Sterblichkeit von Mädchen oder Knaben gehabt haben. Wenn zum Beispiel Mädchen höher bewertet wurden, dann könnte die Geburt eines Mädchens zur Vernachlässigung eines älteren Bruders und so gelegentlich zu dessen Tod geführt haben. Wäre dieses Verhalten in einer Gesellschaft normal gewesen, so würde man erwarten, auf dem Friedhof mehr Knaben als Mädchen zu finden (aber ein ähnliches Muster wäre auch vorhanden, wenn tote weibliche Kinder einen niedrigen Status hatten, so daß sie gar nicht auf dem Friedhof bestattet wurden). In extremen Fällen könnte die Bevorzugung eines Geschlechts vor dem anderen zu Kindestötung geführt haben. Auf einem Friedhof würde sich dies an der Zahl der Kinderbestattungen eines der Geschlechter zeigen oder in dem unnatürlichen Überwiegen von Erwachsenen eines Geschlechts. Aber auch hier ist Vorsicht angebracht, und andere Möglichkeiten müssen erwogen werden: Zum Beispiel könnte der Tod bei einem Geschlecht häufiger nicht zu Hause eingetreten sein als bei dem anderen oder Frauen und Männer könnten unterschiedliche Bestattungsriten gehabt haben.

In vielen Gesellschaften sind auch Qualität und Quantität der Nahrung Ausdruck des Status von Individuen und des Wertes, der Frauen und Männern zukommt. Wo zum Beispiel Männer höher geachtet wurden als Frauen, erhielten sie vielleicht einen größeren Anteil von Fleisch oder anderen Proteinen. Neuere Untersuchungen (17) haben ergeben, daß Analysen von Skelettresten Hinweise auf die Art der Ernährung geben können, insbesondere auf Mangelernährung. Besonders Säuglings- und Kindersterblichkeit könnten direkt oder indirekt durch Unterernährung verursacht werden. Natürlich mag die Gemeinschaft die Krankheits- oder Todesursache in vielen Fällen nicht erkannt haben und zu Behandlungen oder Ernährungsänderungen gegriffen haben, die das Problem nur verschlimmerten. Wenn Milch oder andere Nahrungsmittel knapp waren, werden die Säuglinge und Kinder, die besonders geschätzt wurden, vorrangig versorgt worden sein. Wenn also bei den Kindern ein Geschlecht bevorzugt war, könnte sich das in der geschlechtsspezifisch unterschiedlichen Kindersterblichkeitsrate zeigen. Studien über die Abnutzung von Zähnen und Knochenmißbildungen, die auf Mangelernährung zurückzuführen sind, sowie chemische Analysen der Knochen sind beispielsweise benutzt worden, um herauszufinden, ob Frauen und Männer unterschiedlich ernährt oder behandelt wurden. Besonders vielversprechend scheint zu sein, das Verhältnis von Strontium und Kalzium in den Knochen zu bestimmen. (18) Pflanzen absorbieren Strontium zusammen mit Kalzium, und wenn Tiere oder Menschen Pflanzen essen, werden diese Elemente mit aufgenommen. Der tierische Körper nimmt jedoch Strontium weniger leicht auf, so daß nur ein kleiner Anteil davon in den Knochen und dem Körper abgelagert wird. Wenn diese Tiere wiederum von anderen gefressen werden, wenn zum Beispiel Menschen Fleisch essen, so wird das Strontium gegenüber dem Kalzium noch einmal verringert. Der Anteil von Strontium wird also in den Knochen von Menschen, die sich mehr von Fleisch ernährt haben, erheblich geringer sein als in den Knochen von Menschen, die vorwiegend pflanzliche Nahrung zu sich genommen haben. Diese Methode wurde benutzt, um zu erforschen, wie sich an ein und demselben Ort die Ernährungsweise im Laufe der Zeit geändert hat. Vergleicht man darauf die Ergebnisse mit der Qualität und Quantität der Grabbeigaben, könnte man feststellen, ob Menschen, die entsprechend ihrer Grabbeigaben als »reich« oder »angesehen« galten, mehr Fleisch aßen als andere Mitglieder der Gemeinschaft. In einigen Studien wurde verglichen, wieviel Fleisch Frauen und Männer in der gleichen Gesellschaft aßen. Ein Unterschied in der Ernährung könnte entweder mit den unterschiedlichen Arbeiten in der Landwirtschaft, mit denen jedes Geschlecht befaßt war, oder mit einem Statusunterschied zwischen den Geschlechtern zu tun haben, wenn wir davon ausgehen, daß Fleischessen mit höherem Status verbunden war. Die meisten dieser Studien wurden an prähistorischen Skeletten der Ureinwohner Amerikas durchgeführt und ergaben durchweg, daß Frauen ein höheres Strontium-Kalzium Verhältnis hatten als die Männer derselben Gemeinschaft, was darauf schließen läßt, daß sie einen kleineren Anteil des vorhandenen Fleisches aßen. Diese Annahme muß aber wiederum mit Vorsicht behandelt werden, da nachgewiesen wurde, daß Schwangerschaft und Stillen den Strontiumspiegel verändern. Dies muß besonders bei Gesellschaften berücksichtigt werden, wo die Frauen die meiste Zeit ihres Erwachsenenlebens entweder schwanger waren oder stillten. Obwohl es nur wenige Untersuchungen dieser Art für prähistorische Funde aus dem europäischen Raum gibt und die Resultate kritisch untersucht werden müssen, scheint diese Methode sehr vielversprechend, um Unterschiede in der Arbeit und im Status bei Frauen und Männern aufzudecken.

Eine andere erfolgversprechende Methode wäre zum Beispiel die Analyse von Kohlenstoffverbindungen, die möglicherweise zeigen könnte, ob manche Mitglieder einer Gemeinschaft bestimmte Pflanzen aßen, etwa die Blätter von Pflanzen, die die C_3 Form des Kohlenstoffs enthalten, während andere Gräser aßen, die die C_4 Form enthalten. (19) Eine geschlechtsspezifisch unterschiedliche Versorgung und Ernährung von Kindern könnte sich durch eine Röntgenuntersuchung der Knochen nachweisen lassen, die eine Strukturveränderung mit erhöhter Knochendichte zeigen würde (sog. Harrislinien) und damit auf Zeiten von Mangelernährung während des Wachstums schließen läßt. Eine Studie über eine prähistorische kalifornische Bevölkerungsgruppe, auf die diese Methode angewandt wurde, zeigte, daß diese Linien bei heutigen Amerikanern häufiger vorkommen, und daß Frauen und Männer damals identische Linien hatten. Da Männer die Harris-Linien aber normalerweise eher entwickeln als Frauen, ist anzunehmen, daß in dieser Gemeinschaft Frauen nicht so gut behandelt wurden wie Männer. (20)

Die Abnutzung von Zähnen läßt ebenfalls Rückschlüsse auf die Art der Ernährung eines Individuums oder einer Gemeinschaft zu, und kann manchmal auch auf die Ausübung eines bestimmten Handwerks hinweisen. Je mehr Reibungsmaterial in den Nahrungsstoffen enthalten war, desto mehr Abnutzung wird sich an den Zähnen zeigen, und das Kauen von verschiedenen Materialien führt zu erkennbar unterschiedlichen Abnutzungsmustern. So können die Abnutzungsmuster an den Zähnen von Frauen und Männern voneinander abweichen, weil sie einen unterschiedlichen Status hatten oder weil sie für unterschiedliche Aufgaben in der Landwirtschaft oder beim Sammeln zuständig waren und dann hauptsächlich die Produkte verzehrten, für die sie zuständig waren. Eine Studie über vorgeschichtliche (ungefähr 2000–1000 v. Chr.) Jäger und Sammler ergab unterschiedliche Abnutzungsmuster an den Zähnen von Frauen und Männern, aber bei etwas späteren Ackerbau-Gemeinschaften war das Abnutzungsmuster bei beiden Geschlechtern das gleiche. Allerdings hatten einige wenige Frauen, aber kein Mann, ein ziemlich ungewöhnliches Abnutzungsmuster, was man darauf zurückführte, daß Fasermaterial mit den Zähnen gehalten oder gezogen wurde, um Körbe zu flechten. Das ist dann ein überzeugender Beweis dafür, daß in dieser Gesellschaft Frauen für ein bestimmtes Handwerk zuständig waren. (21)

Viele vorgeschichtliche Gemeinschaften bestatteten alle oder einige ihrer Toten mit Grabbeigaben. Daraus können sich Archäologen eine ziemlich klare Vorstellung von den Artefakten machen, die jedem Geschlecht zugeordnet waren und auch von der relativen Menge von Beigaben, die für jedes Geschlecht als angemessen galt. Außerdem lassen sich aus den Grabbeigaben Hypothesen über den Reichtum und den Status von verschiedenen Individuen und von Frauen im Vergleich zu Männern ableiten. Man muß aber dabei auf einige Probleme achten. Die Annahme, daß Grabbeigaben dem toten Individuum gehörten und von ihm oder ihr zu Lebzeiten

benutzt wurden, muß begründet sein. Die Gegenstände gehörten vielleicht
trauernden Verwandten und waren Geschenke, oder sie spiegelten den Status des Haushaltsvorstandes oder des Familienoberhauptes und nicht den
Status der oder des Toten wider. Bräuche, Rituale oder Mode könnten die
Art der Grabbeigaben für unterschiedliche Gruppen von Menschen vor-
schreiben. Vielleicht bezogen sie sich auf Rolle und Status im Leben, vielleicht drückten sie auch Hoffnungen auf ein anderes Leben im Jenseits
aus, oder sie waren vielleicht auch der Versuch von Trauernden, ein absichtlich falsches Bild der oder des Toten und ihres oder seines Status für die zu
geben, die am Begräbnis teilnahmen oder für die Geister oder Götter eines
zukünftigen Lebens. Aber insgesamt sind Archäologen froh, wenn sie sich
in der Hauptsache auf ethnographische Fälle stützen können, in denen es
irgendeine, wenn auch noch so schwache, Beziehung zwischen Grabbeigaben und dem Leben der Verstorbenen gibt. (22)

Den vielleicht klarsten Anhaltspunkt für gesellschaftliche Unterschiede
zwischen Frauen und Männern liefern Grabbeigaben von Werkzeugen
oder anderen Gerätschaften. So werden zum Beispiel für einen Großteil
der späteren Vorgeschichte, vom Neolithikum an, Pfeilspitzen, Dolche und
andere Waffen, die entweder für das Jagen wilder Tiere oder den Kampf
benutzt wurden, gewöhnlich eher in Gräbern von Männern gefunden als in
denen von Frauen. Dies scheint die allgemeine Annahme zu bestätigen,
daß diese Tätigkeiten schon in der vorgeschichtlichen Periode Männern
vorbehalten waren. Es ist also von ganz besonderem Interesse, wenn gelegentlich eine Pfeil- oder Speerspitze im Grab einer Frau gefunden wird.
Aber selbst wo so ein klares Beweisstück gefunden worden ist, scheint die
Interpretation des Fundes Schwierigkeiten bereitet zu haben. Ein Beispiel
aus der Neuen Welt, das zu einer Debatte geführt hat, ist die Entdeckung
von Atatls (Speerschleudern) in einigen Gräbern von Frauen der indiani-
schen »Knoll Culture«, die in der zweiten Hälfte des 3. Jahrtausends v. Chr.
im Mittleren Westen von Nordamerika lebten. In der frühen Literatur darüber wurden eine ganze Reihe von Argumenten angeführt, um den offensichtlichen Schluß zu vermeiden, daß Frauen genauso wie Männer jagten:
daß die Speerschleudern eine rein rituelle Funktion hätten, daß sie einem
Zug von Amazonen gehörten, daß sie Teil des Erbes von einigen Familien
oder Gruppen waren. (23) Ein ähnliches Problem ist folgendes: wenn erst
einmal ein Muster für eine bestimmte Gesellschaft festgelegt war, benutzten Archäologen bis vor kurzem oft Grabbeigaben, um zu bestimmen, welchem Geschlecht das Grab zugeordnet werden kann, anstatt die Skelettreste und die Beigaben unabhängig voneinander zu analysieren. So könnten
Ausnahmen von der Regel unbemerkt geblieben sein. Individuen, die

andere Tätigkeiten oder Handwerke ausführten, wie Ackerbau, Spinnen und Weben oder Metallarbeiten, könnten auch mit den Werkzeugen ihres Gewerbes begraben worden sein. Wo dies anscheinend der Fall gewesen ist, könnte es möglich sein festzustellen, welches Geschlecht gewöhnlich oder konstant ein bestimmtes Handwerk ausübte.

Auch Kleidung kann wertvolle Informationen liefern. Wo Körper in voller Kleidung und mit Schmuck begraben wurden, läßt sich oft ein klares Bild der Geschlechterunterschiede entwickeln. In seltenen Fällen, etwa in einigen dänischen Bestattungen aus der Bronze- und Eisenzeit, die in Eichensärgen im Wasser erhalten sind, haben sogar Kleider überdauert, meistens allerdings nur Metall- oder Knochenschmuck und Fibeln. Die

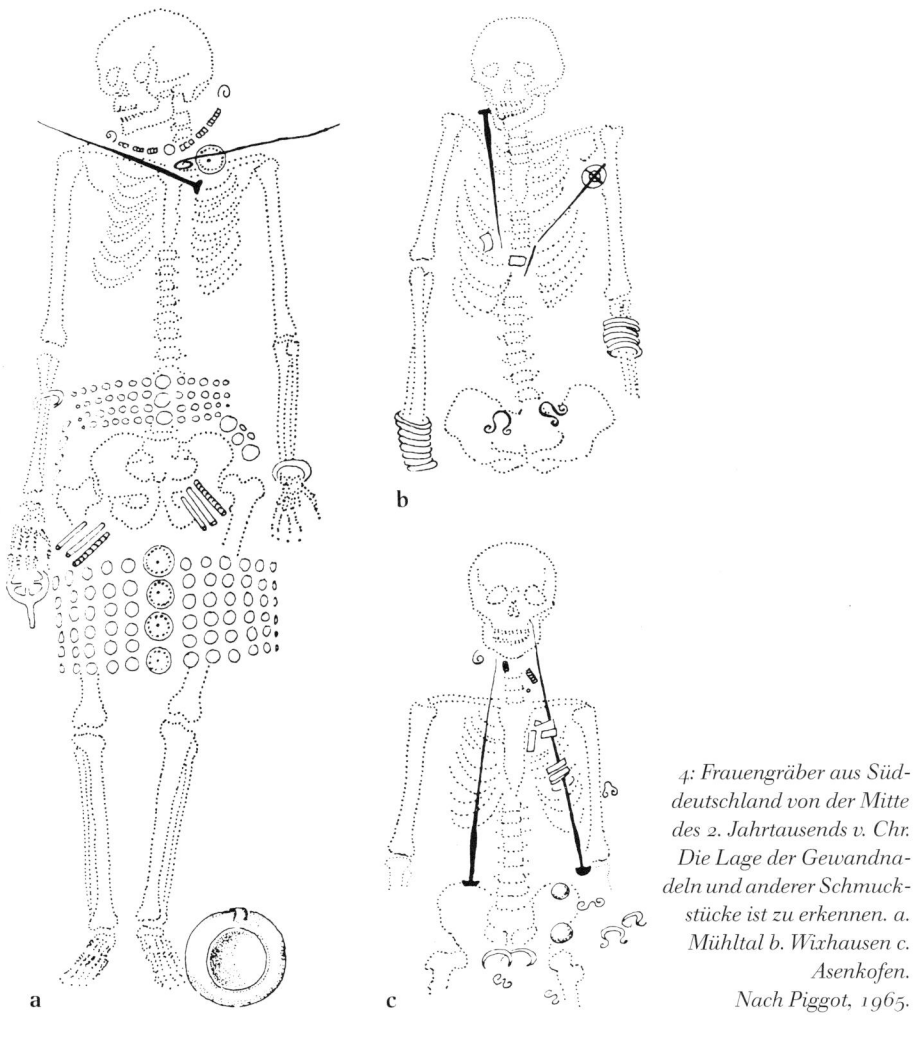

4: Frauengräber aus Süddeutschland von der Mitte des 2. Jahrtausends v. Chr. Die Lage der Gewandnadeln und anderer Schmuckstücke ist zu erkennen. a. Mühltal b. Wixhausen c. Asenkofen. Nach Piggot, 1965.

a   c

Lage der Broschen oder Gürtelschnallen kann vielleicht Hinweise darauf geben, wie die Kleidung aussah, und die Schmuckstücke selbst spiegeln Unterschiede im Geschlechterverhalten wider.

Eine These, die im Grunde genommen in der gesamten archäologischen Literatur auftaucht, muß im Kontext dieses Buches kritisch hinterfragt werden. Danach wurden Grabbeigaben, die bei Männern gefunden werden, von dem Individuum »erworben« oder »gewonnen« und zeigen seinen eigenen Status, seine Leistung und Hinterlassenschaft. Wenn aber eine Frau mit reichen Grabbeigaben gefunden wird, oder mit solchen, die auf eine Tätigkeit schließen lassen, die in unserer eigenen Gesellschaft nur von Männern ausgeführt wird, dann werden diese Grabbeigaben fast immer der Tüchtigkeit ihres Ehemannes oder Vaters zugeschrieben. Selbst wenn in einer bestimmten Gesellschaft Frauen immer die reicheren Grabbeigaben haben, wird dies dahingehend interpretiert, daß die Männer ihren Reichtum als Schmuck an ihren Frauen und Töchtern entfalten wollten. Auch wenn dies in ethnologisch analogen Fällen oft zutrifft, wird die Möglichkeit, daß Frauen ihren Reichtum auch selbst erwerben konnten, kaum je in Betracht gezogen. Die wenigen ernsthaften Versuche, diese Annahme zu korrigieren und eine Grundlage dafür zu schaffen, um herauszufinden wie eine Frau ihre Grabbeigaben erworben haben könnte, beruhen darauf, den relativen Reichtum unterschiedlicher Gräber eines Friedhofes zu bestimmen – ein Verfahren, das in sich voller Probleme ist – und dann den Grad des Reichtums mit dem Alter des Toten in Verbindung zu bringen. (24) Wenn junge Mädchen oder weibliche Kinder genauso oft reiche Grabbeigaben haben wie Erwachsene, dann könnte man daraus schließen, daß dieser Reichtum von den Eltern oder einem Elternteil oder anderen Verwandten (nicht notwendigerweise vom Vater) geerbt wurde. Wenn hingegen Frauen mit zunehmendem Alter immer reicher werden, könnte man annehmen, daß die Frauen selbst den Reichtum erwarben, besonders, wenn dieses Muster nicht genau mit dem bei der Zunahme des Reichtums von Männern übereinstimmt. Wenn Frauen ab einem bestimmten Alter gewöhnlich bestimmte Grabbeigaben haben, jüngere Frauen aber nicht, könnte man annehmen, daß Güter bei der Heirat übertragen wurden (obwohl ich dieses Argument noch nie umgekehrt für Grabbeigaben von Männern gehört habe!) oder sie sind Zeichen einer altersbedingten Statusänderung, wie sie in dieser Gesellschaft üblich war. Alle möglichen Interpretationen solcher Grabbeigaben müssen erwogen werden, bevor man eine ausschließen kann.

Der Ort der Bestattung innerhalb eines Friedhofes oder die eigentliche Art der Bestattung, z. B. die Körperseite, auf die der Körper gelegt ist oder die Himmelsrichtung, in die der Kopf gedreht ist, könnte von vielerlei Faktoren bestimmt sein, wie zum Beispiel Glaube, Status, Todesursache oder Geschlecht des Individuums. In manchen Perioden oder an manchen Orten wurden Erdhügel (Tumuli) über Gräbern errichtet, und man kann vielleicht sehen, daß ein bestimmter Mensch als erster unter einem solchen Hügel bestattet wurde und danach andere um ihn herum. Manchmal kann man aus der Anlage eines Friedhofes erkennen, daß ein Friedhof als im Ganzen oder eine Gruppe von Gräbern auf ein Individuum ausgerichtet wurde. Ab und zu kann man sogar nachweisen, daß in einer Gruppe von Gräbern die Mitglieder einer Familiengruppe begraben sind. Dies ist dann möglich, wenn zum Beispiel bestimmte körperliche Mißbildungen der Gruppe gemeinsam und vererbt sind. Methoden, mit deren Hilfe die Blutgruppe eines Individuums aus den Knochen zu bestimmen ist, stecken noch im Anfangsstadium. Aber auf diese Weise könnte man ebenfalls Familienverbände auf einem Friedhof unterscheiden. Die Bedeutung solcher Methoden ist in unserem Zusammenhang folgende: wenn es möglich ist, das beherrschende Individuum in einer Gruppe zu erkennen, wäre es von beträchtlichem Interesse zu wissen, ob diese Person immer ein Mann oder immer eine Frau war, oder ob sich kein regelmäßiges Muster erkennen läßt. In so einem Fall müßte sich auch zumindest theoretisch feststellen lassen, ob Individuen mit anderer Erbsubstanz oder unterschiedlicher Blutgruppe ältere Frauen oder Männer waren und demzufolge, ob es die Frauen oder die Männer waren, die durch Heirat zu einer Familiengruppe hinzukamen. Wie wir sehen werden, macht es wahrscheinlich einen beträchtlichen Unterschied für die Rolle und den Status der Frau in allen Gesellschaften, ob nach der Heirat die Frau zur Familie des Mannes (Patrilokalität) oder der Mann zur Familie der Frau (Matrilokalität) zog.

Handwerk und Arbeitsformen

Entscheidend für die Stellung der Frau ist, ob die Gesellschaft arbeitsteilig organisiert ist und ob unterschiedliche Tätigkeiten mit Statusunterschieden verbunden sind. Um diese Fragen anhand von archäologischem Material zu klären, ist es – wie schon erwähnt – naheliegend, die Werkzeuge zu betrachten, die in Gräbern eines bestimmten Geschlechts gefunden werden. Man könnte auch aufgrund von Parallelen in ethnologischen Studien schließen, welches Geschlecht für welche Aufgaben in einer bestimmten Gesellschaftsform zuständig war, obwohl dies ohne direkte archäologische Beweismittel natürlich für jede vorgeschichtliche Gesellschaft hypothetisch bleiben wird.

Auch aus Fingerabdrücken auf Keramikstücken kann man Hinweise gewinnen. Wenn sich solche Fingerabdrücke finden, müssen sie vor dem Brennen auf dem Ton hinterlassen worden sein, mit einiger Sicherheit von dem Hersteller beziehungsweise ihren oder seinen Gehilfen. Von der Annahme, daß ausschließlich Frauen Tonwaren herstellten, wurden Deszendenz (Abstammungsmuster) und Residenzfolge (Wohnfolgeordnung) vorgeschichtlicher Gesellschaften abgeleitet. (25) Kleine Fingerabdrücke interpretierte man als Fingerabdrücke von Frauen (obwohl sie ebenso gut von jungen Gehilfen beiderlei Geschlechts stammen könnten: Die völlige Abwesenheit von großen »männlichen« Fingerabdrücken bei einer großen Anzahl von Tonwaren wäre nur ein Hinweis darauf, daß erwachsene Männer an dieser Tätigkeit nicht beteiligt waren). Man folgert, daß Frauen diese Fähigkeit von älteren Frauen der Gemeinschaft lernten und Formen und Verzierungen von ihnen übernahmen. Wenn sie nach der Heirat nicht von zu Hause wegzogen und jede Familie alle ihre Töpfe selbst herstellte, dann werden alle Töpfe an einer Fundstelle wahrscheinlich einander sehr ähnlich sein. Wenn dagegen Frauen, die das Töpfern gelernt hatten, nach der Heirat jeweils in das Haus ihres Mannes gingen, dann wäre eine größere Stilvielfalt an einem Fundort zu erwarten. Diese Theorie geht davon aus, daß das Geschlecht der Töpfer bekannt ist und daß sie alle demselben Geschlecht angehörten. Falls darüber irgendein Zweifel besteht, sind die daraus abgeleiteten Argumente natürlich ohne Gewicht.

In Fällen, wo das Geschlecht des Herstellers eines bestimmten Gebrauchsgegenstandes aus archäologischem oder vielleicht aus dokumentarischem Material bekannt ist, sollten uns ethnologische Erfahrungen davor warnen, voreilig auf den Status zu schließen, den diese Art der Arbeit verleiht. Spinnen und Weben zum Beispiel ist in einigen Kulturen der Welt Frauensache, in anderen aber Männerarbeit. Der davon abgeleitete Status ist jedoch außerordentlich unterschiedlich; in einigen Gesellschaften – gewöhnlich anscheinend in solchen, in denen diese Arbeit von Männern verrichtet wird – genießt sie hohes Ansehen, während in anderen, oft solchen, wo das Spinnen und Weben von Frauen ausgeführt wird und wo Frauen einen niedrigen Status haben, dieses Handwerk der Handwerkerin keinen besonderen Status verleiht.

5: Eine Frau der Njemps aus dem Bar-
ingo-Bezirk in Kenia, die die Seiten eines Topfes vor dem Brennen glättet.
Nach Hodder, 1982.

Siedlungsstätten

Frühe Siedlungsstätten bieten die beste Quelle für archäologisches Material, und Informationen über Form, Größe und Anzahl der Häuser sind oft verhältnismäßig leicht zu erhalten. Welche Artefakte in einem bestimmten Gebäude oder Raum gefunden werden, ermöglicht oft mit großer Wahrscheinlichkeit die Bestimmung ihrer Funktion. Wenn bekannt ist, welche Arbeit von welchem Geschlecht ausgeführt wurde, kann man vielleicht feststellen, welches Geschlecht bestimmte Räume oder Gebäude mehr benutzte und wieviel Platz jedem zur Verfügung stand. Bei einigen Gesellschaften, zum Beispiel im Nahen Osten im Neolithikum, wurden Tote oft in den Ecken der Zimmer unter dem Fußboden oder auf einer erhobenen Plattform, vielleicht einem Bettgestell, bestattet. Wenn man annehmen kann, daß dies genau der Ort war, der von der toten Person zu ihren Lebzeiten hauptsächlich benutzt wurde, könnte man daraus auch auf die Raumgröße schließen, die jedem Geschlecht zur Verfügung stand, obwohl auch möglich ist, daß das Verhältnis und der tiefere Sinn der Begräbnisposition viel komplexer waren.

Einige Hypothesen, die von ethnologischen Daten ausgehen und sich auf gesellschaftliche Organisationsformen beziehen, werden mit Größe und Form der Häuser begründet. Es wurde argumentiert, daß bei runden Häusern polygame Eheformen wahrscheinlicher waren, bei rechteckigen Häusern monogame. (26) Matrilokalität oder Patrilokalität hat man mit der Hausgröße in Verbindung gebracht, wobei angenommen wurde, daß das Ergebnis von patrilokalen Mustern wahrscheinlich eher kleine Häuser sind, matrilokale Familieneinheiten dagegen eher große Häuser bevorzugen. (27) Diese Hypothesen und ihre Bedeutung für die Gesellschaft des Neolithikums und der Eisenzeit werden in Kapitel V näher behandelt.

Abgesehen von Bestattungen sind direkte Beweise für die Anwesenheit von Menschen eines bestimmten Geschlechts an archäologischen Fundstellen selten. Das kommt zweifellos daher, daß Archäologen in der Regel nicht versucht haben, sie zu finden, aber auch daher, daß Frauen und Männer nur selten eindeutig andere Spuren hinterlassen haben. Es gibt jedoch ein sehr eindrucksvolles Beispiel dafür, an welchen Stellen innerhalb einer größeren Siedlung Frauen wohnten und wo wahrscheinlich nicht. Es stammt aus einer unter Wasser liegenden, mittelalterlichen Fundstelle in Bergen, damals eine wichtige Handelsstadt an der norwegischen Küste. (28) Bei ausgedehnten Ausgrabungen an verschiedenen Stellen der mittelalterlichen Stadt hat man einige Latrinengruben gefunden. Nun ist der Inhalt solcher Gruben immer von Interesse für Archäologen, weil die

mikroskopische Untersuchung der Fäzes wichtige Rückschlüsse auf die
Ernährung zuläßt. In Latrinen wurden auch Gegenstände geworfen, die
man nicht wollte, und Wertgegenstände, wie Ringe oder Münzen, gingen
dort manchmal zufällig verloren. In Bergen wurde oft mit Fäzes gemischtes
Moos gefunden, welches offensichtlich als »Toilettenpapier« gedient hatte.
An manchen Stellen der Stadt, besonders in Wohngebieten, wurden in
Latrinen manchmal auch kleine Stoffstücke gefunden, während in anderen Gegenden, besonders bei den Lagerhäusern im Hafengebiet, solche
Stoffstücke nicht gefunden wurden. Es ist wohl zu vermuten, daß die Stoffstücke als Monatsbinden dienten, obwohl man Blut nicht darauf nachweisen konnte. Daß diese Stoffragmente ein Hinweis darauf sind, wo Frauen
in bestimmten Stadtgebieten wohnten und wo nicht, wird durch dokumentarische Quellen der Hanse, der Bergen angehörte, bestätigt, aus denen
hervorgeht, daß alle Kaufleute Männer waren.

Dieses sehr klare Beispiel für die Bedeutung einer sorgfältigen Ausgrabung in Verbindung mit genauen, wenn auch ziemlich einfachen wissenschaftlichen Analysen des ausgegrabenen Materials und der gefundenen
Proben ist, soviel ich weiß, bisher einzigartig und hängt natürlich von den
richtigen Erhaltungsbedingungen der verfügbaren Funde ab. Wenn jedoch
solche Funde auch an anderen Stellen gemacht würden, dann könnte man
dadurch feststellen, ob Frauen und Männer auf gewisse Gebiete einer Siedlung beschränkt waren oder ob sie in getrennten Häusern wohnten. Vielleicht könnten wir aber auch einen Beweis für den durch ethnologische
Beispiele bekannten Brauch finden, daß Frauen die Zeit ihrer Menstrua-
tion entfernt von den Männern verbrachten, oder auch in vollkommener
Isolation. Ob dieser Brauch oder dieses Ritual als Möglichkeit angesehen
wurde, sich einmal von der Mühsal des täglichen Lebens auszuruhen, und
von Frauen geschätzt wurde, oder ob es vom männlichen Standpunkt aus
betrachtet der Notwendigkeit entsprach, daß »unreine« Frauen sich möglichst weit von den Männern entfernt hielten, ist eine andere Frage.

Kunst

In vielen aber keineswegs in allen Gesellschaften werden Menschen in den
Kunstwerken dargestellt. Oft sind diese Darstellungen so stilisiert, daß es
nicht möglich ist, Frauen von Männern zu unterscheiden. Vielleicht will der
Künstler auch verbergen, zumindest für Außenseiter oder spätere Betrach-
ter, um welches Geschlecht es sich handelt. Aber viele Gesellschaften
unterscheiden in ihrer Kunst sehr klar zwischen Frauen und Männern, ent-

*6: Die Venus von Willendorf, Nieder-
österreich, eine der bekanntesten
weiblichen Figurinen aus dem Jungpaläolithikum. Wien, Naturhistori-
sches Museum.*

weder durch die Wiedergabe der Körperform oder durch unterschiedliche Kleidung, durch Verhalten oder andere Konventionen, wie zum Beispiel die, die Haut von Frauen und Männern in unterschiedlichen Farben zu malen. Manchmal sind diese Konventionen für den Archäologen leicht zu erkennen, in anderen Fällen kann man sie vermuten, aber nicht sicher feststellen. Prähistorische Kunstwerke, in denen die Geschlechtsunterschiede deutlich gezeigt werden, sind natürlich besonders wichtig, wenn man über die Frau in der Vorgeschichte forscht. Die minoische Kunst zum Beispiel (siehe Kapitel IV), in der Frauen und Männer bei verschiedenen Tätigkeiten und in unterschiedlicher Kleidung abgebildet werden, gibt Anlaß zu vielen Spekulationen über Geschlechterrollen in dieser Zivilisation. Modellierte oder geschnitzte Figurinen von Menschen, deren Geschlecht klar zu erkennen ist, kommen in vielen prähistorischen Gesellschaften in Europa vor, besonders in der Steinzeit. Im Paläolithikum überwiegen die weiblichen Figuren, sie sind oft dickleibig und vielleicht schwanger. Die Funktion dieser Figuren ist oft diskutiert worden und wird ausführlich in Kapitel II besprochen.

Ein paar allgemeine Bemerkungen sind hier angebracht. Obwohl die Funktion der Kunst innerhalb der Gesellschaft oft von Kunsthistorikern erörtert wird, wird sie von Archäologen allzu oft ignoriert. Die Annahme, daß Abbildungen von Frauen in einem bestimmten Kontext notwendigerweise ihre wirkliche Stellung innerhalb einer Gesellschaft wiedergeben, ist sehr problematisch. Deutlich wird das daran, wie Frauen in unserer eigenen Gesellschaft dargestellt werden. Auch wenn sie weit davon entfernt sind, den ästhetischen Wert der Statuen und Gemälde der Antike oder der Renaissance zu haben, könnten Abbildungen von nackten Frauen für pornographische Zwecke benutzt werden. Die nackten weiblichen Figurinen der Älteren Steinzeit werden gewöhnlich als Göttinnen interpretiert oder in Bezug gesetzt mit einem Fruchtbarkeitskult, und daraus leitet man einen hohen Status der Frauen in der damaligen Gesellschaft ab. Aber wenn heute Abbildungen innerhalb der christlichen und insbesondere der katholischen Kirche eine besonders verehrte Frau, wie die Jungfrau Maria, darstellen, geben sie ganz gewiß nicht den Status der normalen Frauen in der zeitgenössischen Gesellschaft wieder. Obwohl also prähistorische Kunstwerke, die Frauen darstellen, eine wichtige Informationsquelle sind, müssen sie, wie jede andere Quelle auch, mit Vorsicht studiert und interpretiert werden.

Die frühesten Gemeinschaften

Die frühesten Perioden der Vorgeschichte unterscheiden sich stark von den späteren Epochen der menschlichen Geschichte. Charakteristisch für das Paläolithikum und Mesolithikum (die Alt- und Mittelsteinzeit) ist weniger der Gebrauch von Steinwerkzeugen, die diesen Perioden den Namen gegeben haben, als vielmehr die damals übliche Art und Weise, Nahrung zu beschaffen. Die Landwirtschaft war noch nicht erfunden, und alle Nahrung wurde durch die Jagd und das Sammeln wildwachsender Pflanzen beschafft. Heute findet man diese spezifische Lebensweise nur noch bei einer sehr kleinen Anzahl von Menschen, doch lassen sich einige charakteristische Züge, die gewöhnlich mit dieser Lebensform einhergehen, auch bei ihnen feststellen: Dazu gehören ein nomadisches Leben, also das Errichten von neuen Lagern oder Wohnstellen in häufigen Abständen, und eine viel größere gesellschaftliche Gleichberechtigung, sowohl zwischen Frauen und Männern als auch zwischen Familien oder zwischen Menschen gleichen Geschlechts, als dies bei Ackerbau-Gesellschaften der Fall ist. Es gibt gute Gründe anzunehmen, daß viele Aspekte des Lebens von heutigen Wildbeutergruppen denen der Menschen des Paläolithikums ähneln, so daß wir also, selbst bei nur wenigen direkten Hinweisen, die Rolle, die Frauen möglicherweise im Paläolithikum gespielt haben, aufgrund von Analogien zu diesen heutigen Wildbeutergesellschaften erörtern können.

Das Paläolithikum und das Mesolithikum (1) umfaßten einen Zeitraum von 2–2,5 Millionen Jahren, das heißt sie waren etwa 250mal so lang wie der Rest der Vorgeschichte, in Europa 35mal so lang. Während dieser Zeitspanne fanden weitreichende Veränderungen im Klima und in der Vegetation Europas statt; Menschen und Tiere mußten sich anpassen, was zu wichtigen Entwicklungen sowohl des menschlichen Körpers als auch der technischen und sozialen Fähigkeiten des Menschen führte. Die klimatischen Bedingungen reichten vom heißen, trockenen Wüstenklima im heutigen Afrika, wo die frühesten Stadien der menschlichen Entwicklung stattfanden, über eisige Temperaturen mit spärlicher Vegetation und einer Tierwelt, in der Mammut, Wollnashorn und Hyäne am stärksten verbreitet waren, bis hin zu dem feuchten, gemäßigten Klima des Mesolithikums in

Nordwesteuropa, das das Wachstum von dichten Laubwäldern begünstigte. Archäologisch gesehen können entsprechend viele Unterschiede in den Kulturen und Lebensformen der ersten Menschengruppen angenommen werden.

Die frühesten Stadien der menschlichen Entwicklung scheinen in Ostafrika im Great-Rift-Valley stattgefunden zu haben, wo sich vor etwa 8 Millionen Jahren die ersten erkennbar menschenähnlichen Lebewesen von den anderen Primaten entwicklungsgeschichtlich absonderten. Die ältesten erhaltenen Skelettreste sind etwa 3–4 Millionen Jahre alt; die genaue Datierung der verschiedenen chronologischen Stadien ist unter Spezialisten sehr umstritten. Das Alter der ersten aufgefundenen menschlichen Werkzeuge wird auf etwa 2–2,5 Millionen Jahre geschätzt, vor etwa 350000 Jahren erschienen die ersten erkennbaren Menschenwesen in Europa; die ersten Menschen, die entwicklungsgeschichtlich auf der Stufe des homo sapiens sapiens standen, lebten vor etwa 40000 Jahren.

Bei den meisten Fundstücken aus dieser Zeit handelt es sich um Steinwerkzeuge, die für den täglichen Gebrauch und besonders für die Nahrungsbeschaffung benutzt wurden. Als eine Art von Universalwerkzeug wurden wohl im Altpaläolithikum Faustkeile benutzt, während im Jungpaläolithikum und im Mesolithikum spezialisiertere Steinwerkzeuge Verwendung fanden, um damit Tierhäute abzuschaben, Pflanzennahrung zuzubereiten, Holz, Knochen oder Fleisch zu schneiden, Löcher zu bohren oder um zu jagen. An Fundstellen aus dieser Zeit findet man häufig Tierknochen. Daraus haben Archäologen geschlossen, daß erstens alle diese Tiere wild waren und deshalb gejagt worden sein mußten; und zweitens, daß Fleisch das hauptsächliche Nahrungsmittel im Paläolithikum war. Die erste Annahme wird mit den Tierarten, deren Knochen man gefunden hat – wie Rentier, Rotwild und Bison –, begründet und mit dem Kontext, in dem sie entdeckt wurden. Obwohl auch der Verzehr von gefundenen Tierkadavern in den frühesten Entwicklungsstufen vielleicht verbreitet war, wurden während des Paläolithikums die meisten Tiere wahrscheinlich erjagt. Der zweite Schluß, daß die Nahrung fast ausschließlich aus Fleisch bestand, kann aber bezweifelt werden. Bei Ausgrabungen werden häufig Knochenmengen gefunden, Reste von Pflanzennahrung dagegen nicht, was wohl eher auf den unterschiedlichen Erhaltungsgrad der Funde zurückzuführen ist, als daß es ein wirklicher Hinweis auf die Ernährungsweise ist. Für das Paläolithikum und das Mesolithikum ist die Frage der Balance zwischen Fleisch- und Pflanzennahrung besonders wichtig, weil oft behauptet wird, daß sich darin die jeweilige Bedeutung von Frauen und Männern als Nahrungsbeschaffer zeige.

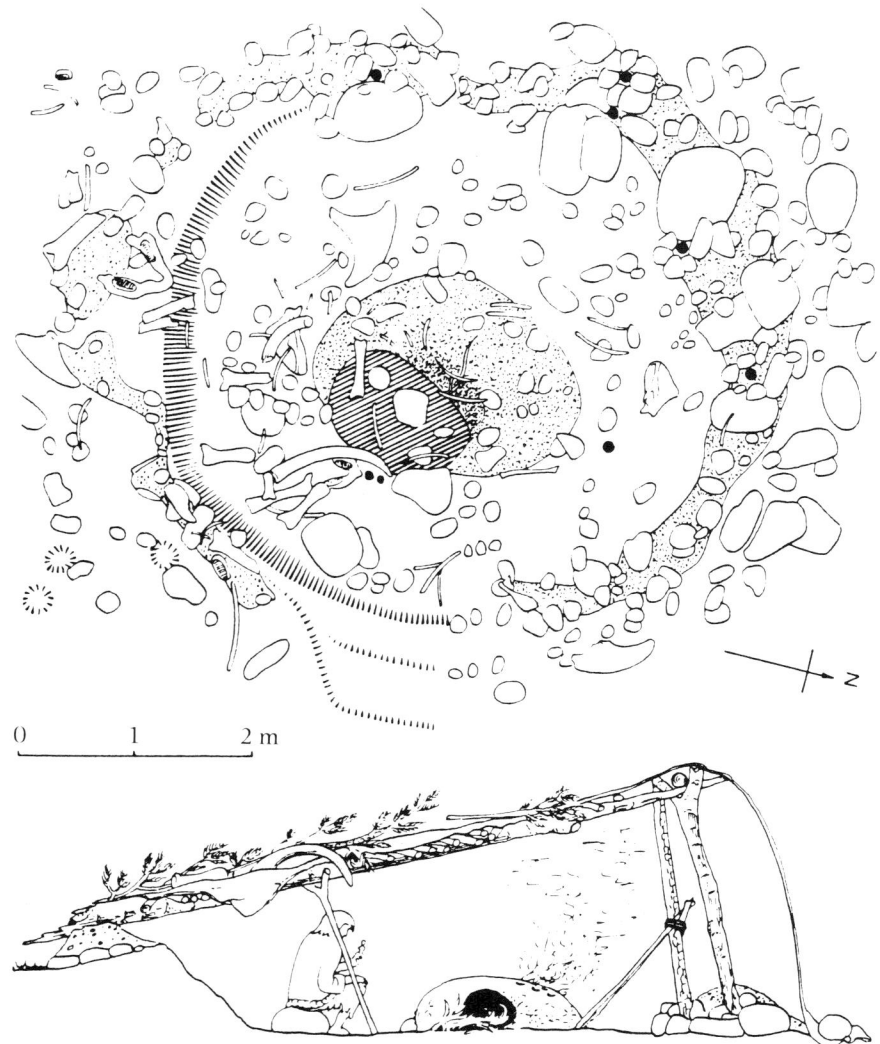

0   1   2 m

7: Plan und Rekonstruktion einer Hütte aus dem Jungpaläolithikum in Dolni Vestonice in der Tschechoslowakei, von ungefähr 25 000 v. Chr. Eine kleine Terrasse wurde aus dem Abhang eines Hügels herausgegraben und vorn mit einer niederen Mauer versehen. Ein paar flache Löcher zeigen die Position der Pfosten an, die wahrscheinlich ein leichtes Dach trugen. In der Hütte war eine Herdstelle und vermutlich ein Tonofen, in dem Figurinen gebrannt wurden. Aus: Wymer, 1982.

Paläolithische und mesolithische Fundstellen bestehen oft aus kaum mehr als Ansammlungen von Steinwerkzeugen und Knochen, dennoch geben neuere Ausgrabungen Hinweise darauf, wie die Stellen bewohnt waren. An manchen Stellen wurden zu jener Zeit einfache Hütten gebaut, an anderen nur notdürftige Unterstände errichtet. Oft wurden im Paläolithikum natürliche Höhlen bewohnt. Doch die menschlichen Spuren in den Höhlen und einfachen Lagern lassen darauf schließen, daß die Gruppen klein waren und nur kurz an einem Ort blieben, vielleicht ein paar Tage oder höchstens ein paar Monate. Dieses Bild deckt sich mit dem, was wir über die Menschen wissen, die noch heute oder in jüngster Vergangenheit ähnliche Lebensgewohnheiten haben oder hatten. Die heutigen Wildbeuter leben fast immer in kleinen nomadisierenden Gruppen, deren Umherziehen sich nach den unterschiedlichen Nahrungsquellen richtet. Wir werden die archäologischen Erkenntnisse aufgrund der Funde aus dem Paläolithikum und Mesolithikum mit entsprechenden ethnographischen Befunden vergleichen und damit die Behauptung stützen, daß sich das Leben einer Frau im Paläolithikum wahrscheinlich nicht sehr von dem ihrer Geschlechtsgenossin in einer heutigen Wildbeutergemeinschaft unterschied.

Die Rolle der Frau in der Evolution des Menschen

Traditionell hat man die menschliche Evolution im Zusammenhang mit der Rolle des »Mannes als Jäger« diskutiert, der Waffen und Werkzeuge erfand, um Tiere zu fangen, sie zu töten und zu verzehren; der aufrecht auf zwei Beinen laufen mußte, um seine Beute über das hohe Savannengras hinweg zu erspähen, und der bei der Jagd erfolgreicher als andere Arten war, weil er sich mit anderen Männern zusammentat und den Wert der Zusammenarbeit erkannte. Und was tat die Frau inzwischen? Saß sie däumchendrehend zuhause und wartete darauf, daß der Mann sie ernährte, sein Gehirnvolumen vergrößerte, bis er schließlich der homo sapiens sapiens wurde? Bislang nahm man an, daß im Laufe der Evolution immer mehr Zeit für die Kinderbetreuung benötigt wurde, so daß Frauen keine Zeit mehr für die Jagd blieb und für die Männer das gemeinsame Jagen wesentlich wurde, damit sie genügend Nahrung für die Familie besorgen konnten. Ein Resultat dieser Entwicklung war schon sehr früh eine Mann-Frau-Beziehung. Während aber die meisten Darstellungen der Evolution bislang davon ausgingen, daß alle physischen und kulturellen Fortschritte des Menschen von Männern ausgingen, decken neuere Unter-

suchungen andere Möglichkeiten auf und haben auf die entscheidende
Rolle, die Frauen dabei gespielt haben müssen, hingewiesen.

Die Erforschung der frühesten Stadien der menschlichen Evolution
beruht auf drei Arten der Beweisführung. Erstens: Paläo-Anthropologen
untersuchen menschliche Skelettreste, um festzustellen, auf welche Weise
der Mensch sich entwickelte. So läßt sich zum Beispiel aufgrund der Struktur der Beine und des Rückens sagen, ob ein Individuum aufrecht auf zwei
Beinen lief oder die Arme als Gleichgewichtsstütze mitbenutzte. Veränderungen des Schädelvolumens im Laufe der Zeit lassen auf eine Veränderung der Gehirngröße schließen. Zweitens: Die Erforschung des Verhaltens von Tieren, besonders von Primaten und den dem Menschen verwandten Arten wie Menschenaffen (zum Beispiel Schimpansen) liefert Verhaltensmuster, die auch den frühesten Menschen zu eigen gewesen sein
mögen, bevor kulturelle Normen eine beherrschende Rolle spielten. So
ließe sich zum Beispiel das Verhalten von Schimpansen daraufhin untersuchen, ob Männchen und Weibchen unterschiedliche Nahrung sammeln
oder verzehren und ob sie sich in bezug auf Kinderfürsorge ähnlich unterschiedlich verhalten wie Menschenfrauen und -männer. Drittens: Archäologische Erkenntnisse lassen Schlußfolgerungen auf die gesellschaftliche
und kulturelle Entwicklung der frühesten Menschen zu.

Inzwischen haben sich einige Wissenschaftlerinnen, die auf diesem
Gebiet forschen, von der traditionell männlich-dominierten Sicht der Evolution abgewandt und begonnen, ein alternatives Modell zu formulieren,
in dem weiblichen Primaten und Hominiden eine wichtige, wenn nicht gar
die entscheidende Rolle in der Entwicklung menschlichen Verhaltens
zugeschrieben wird. Diese Autorinnen haben unterschiedliche Aspekte
dieser Entwicklung herausgearbeitet: Nach Adrienne Zihlmann (2) machten Umweltveränderungen soziale und ökonomische Veränderungen
innerhalb der menschlichen Bevölkerung nötig, um diese Umwelt optimal
zu nutzen. Sally Slocum (3) zeigt, daß die einzige geschlechtsspezifische
Arbeitsteilung bei anderen Primaten darin besteht, daß die Weibchen sich
vorwiegend um die Jungen kümmern, während die Männchen mehr den
Schutz der Gruppe übernehmen. Eine Arbeitsteilung bei der Nahrungsbeschaffung war daher wohl kaum ein entscheidendes Charakteristikum frühen menschlichen Verhaltens. Andere feministische Autorinnen (4) weisen
darauf hin, daß von seiten der Frau die Wahl eines kooperativen Partners
ein wichtiger Faktor für die menschliche Evolution gewesen sein muß, da
sich die Überlebenschancen für nahe Verwandte durch größere Fürsorg-
lichkeit verbesserten; bei allen Säugetieren und besonders bei den Primaten ist dies eine eher weibliche Aufgabe oder Eigenart.

Zu den physischen Veränderungen, die in den frühesten Stadien der menschlichen Evolution stattfanden, gehören die zunehmende Größe des Gehirns, die Veränderung des Gebisses und abnehmender sexueller Dimorphismus (Unterschied in der Körpergröße von Mann und Frau), abnehmende Haarbedeckung des Körpers und die Zweifüßigkeit, wobei die Arme beim Laufen nicht mehr zum Abstützen benutzt wurden, wie es Schimpansen und andere Menschenaffen tun. Während ein Schimpansenkind sich am Haarkleid seiner Mutter festklammern kann, so daß diese ihre Hände frei hat, um laufen oder Nahrung sammeln zu können, mußte ein früher haarloser Hominide von der Mutter getragen werden: Gerade dies aber scheint viel eher die Zweifüßigkeit und die Erfindung von Geräten, um Kind und Nahrung zu tragen, stimuliert zu haben als die Notwendigkeit, Beutetiere über das hohe Savannengras hinweg zu erspähen und primitive Waffen nach ihnen zu schleudern, was bisher als Erklärung für diese Veränderungen galt.

Ein zentraler Aspekt der Debatte über die Entstehung des Rollenverhaltens konzentriert sich auf die Art der Nahrungsbeschaffung. In vielen Erörterungen – auch in Schriften feministischer Anthropologinnen – wird angenommen, daß schon in sehr frühen Stadien der Evolution die Frauen hauptsächlich pflanzliche Nahrung sammelten, während die Männer eher Tiere jagten, so wie dies bei heutigen Wildbeutergemeinschaften der Fall ist. Viele neuere Studien über die Rolle der Frauen in der gesellschaftlichen und technologischen Evolution des Menschen beruhen auf dieser Annahme, die aber oft nicht konsequent durchdacht ist. So lassen sich bei anderen Primaten kaum geschlechtsspezifische Unterschiede in ihrem Verhalten bei der Nahrungsbeschaffung feststellen, während alle heutigen Wildbeutergemeinschaften eine geschlechtsspezifische Arbeitsteilung kennen. Die Frage ist also, wann und warum dieser Unterschied entstand, und ob die Kinderfürsorge die Jagdtätigkeit der Frauen einschränkte. Da die körperlichen Unterschiede zwischen Frauen und Männern keine hinreichende Erklärung dafür bieten, warum das eine Geschlecht mehr als das andere für die jeweilige Aufgabe geeignet sein sollte, ist anzunehmen, daß eine regelrechte Arbeitsteilung erst ganz spät in der menschlichen Evolution eintrat. (5) Diese Sichtweise läßt sich auch dann aufrecht erhalten, wenn die Männer, die sich nicht um den Nachwuchs kümmern mußten, vielleicht öfter Fleisch besorgten als die Frauen. In neueren Arbeiten wurde auch hinterfragt, ob Fleisch wirklich eine derart wichtige Rolle in der Ernährung der frühen Menschen spielte, und darauf hingewiesen, daß es sich wohl eher so wie bei anderen Primaten verhielt, deren Ernährung fast ausschließlich auf einer breiten Skala pflanzlicher Nahrung beruht. Und

wenn Fleisch in den frühesten Zeiten des Paläolithikums verzehrt wurde,
handelte es sich wahrscheinlich um Aas und nicht um erjagte Beute. Diese
beiden Sichtweisen stellen die traditionelle Lehrmeinung in Frage, da sie
die Jagd weder für die körperliche Entwicklung noch für die gesellschaftliche bzw. wirtschaftliche Gleichberechtigung von weiblichen und männlichen Tätigkeiten für wesentlich erachten. Beide Geschlechter beschafften
pflanzliche Nahrung und Fleisch und brachten einen Teil der Tagesbeute
für die anderen mit ins Lager.

Wenn es aber in den frühesten Phasen der menschlichen Evolution
kaum Arbeitsteilung gab, wann und warum hat sie sich durchgesetzt? Zwei
Zeitpunkte könnten hierfür in Frage kommen. Zunächst waren die Hominiden wohl damit zufrieden, kleinere Tiere zu fangen oder das Fleisch von
Tieren zu verzehren, die von anderen Tieren erjagt wurden oder eines
natürlichen Todes gestorben waren. Aber vor ca. 100 000 Jahren entwickelten sie geeignete Werkzeuge und Methoden, um größere Tiere zu jagen.
Während das Jagen von Kleintieren nicht gefährlich war, führte das Jagen
von Großwild wohl oft zu Verletzung und Tod des Jägers. Für kleine Gesellschaften, wie sie diese frühen Menschengruppen waren und die heutigen
Wildbeutergesellschaften noch sind, ist jeder unerwartete Tod ein schwerer
Schlag für die Lebensfähigkeit der Gruppe, besonders der Tod einer Frau
im gebärfähigen Alter. Beweglichkeit war sicher auch ein wichtiger Faktor
bei der Jagd auf Großwild: Der Jäger mußte sich schnell und leise bewegen
und die Hände frei haben, um einen Speer schleudern oder einen Pfeil
abschießen zu können. Das wäre mit einem Bündel oder einem Korb voll
gesammelter Nahrung nicht möglich gewesen, noch weniger mit einem
Kind, das durch ein unerwartetes Geräusch im entscheidenden Augenblick
eine zusätzliche Gefahr bedeuten konnte. So wurden Sammeln und Jagen
unvereinbare Tätigkeiten. Für schwangere Frauen und solche mit kleinen
Kindern wurde das Jagen schwierig. Sammeln dagegen läßt sich leicht mit
der Beaufsichtigung von Kindern verbinden. Möglicherweise begannen
also in diesem Stadium die Frauen weniger zu jagen, bis sich ein regelrech-
tes Muster der Arbeitsteilung herausbildete. (6)

Ein weiterer möglicher Grund für die Entstehung der Arbeitsteilung (7)
war die veränderte Umwelt, mit der die Hominiden konfrontiert wurden,
als sie nach Europa vorstießen. Man geht davon aus, daß diese Ausbreitung
erst möglich wurde, als das sich ständig neu stellende Problem der Anpassung an eine andere Lebensumgebung dadurch gelöst war, daß die Nahrungsbeschaffung in Einzelaufgaben unterteilt worden war. Während des
Altpaläolithikums in Ostafrika waren Pflanzen und Tiere reichlich vorhanden, so daß man mit pflanzlicher Nahrung und Kleintieren genügend ver-

8: *Eine Schimpansenmutter fängt Ter-*
miten, während ihre dreijährige Toch-
ter dabei zuschaut und lernt.
C. E. G. Tutin.

sorgt war und mit einer größeren Jagdbeute ab und zu zur gelegentlichen
Vervollständigung der Nahrung auskam. Als die Hominiden-Bevölkerung
anwuchs und neue Lebensräume brauchte, wanderten einige nach Norden: nach Europa. Dort trafen sie auf ein kälteres Klima, pflanzliche Nahrung war schwieriger zu finden, so daß Fleisch zu einem wichtigen
Bestandteil ihrer Ernährung wurde. Auch wenn dieses Problem anfangs,
als die Hominiden nach Europa kamen, nicht so gravierend war, so änderte
sich das mit Beginn der letzten Eiszeit, als das Klima stark abkühlte und der
Pflanzenwuchs zurückging (diese Periode entspricht dem Jungpaläolithikum). Die Großwildjagd wurde trotz des Zeitaufwands und der Gefahren

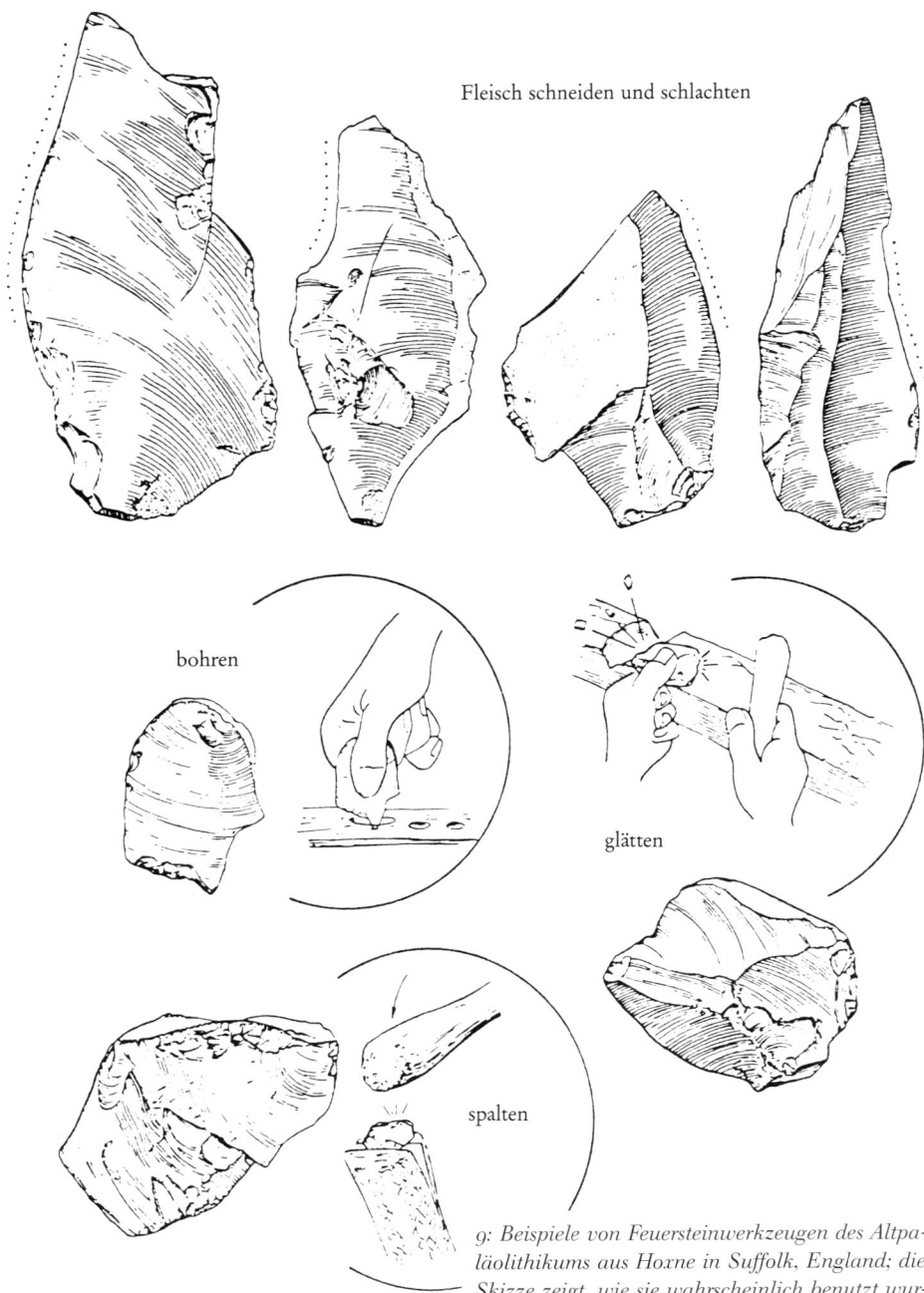

Fleisch schneiden und schlachten

bohren

glätten

spalten

*9: Beispiele von Feuersteinwerkzeugen des Altpa-
läolithikums aus Hoxne in Suffolk, England; die
Skizze zeigt, wie sie wahrscheinlich benutzt wurden. Durch eine Untersuchung der Schneidekan-
ten der Werkzeuge unter dem Mikroskop kann
man die verschiedenartigen Abnutzungsspuren je
nach Gebrauch des Werkzeugs feststellen. Die ge-
punkteten Linien deuten den Teil des Splitters an,
der tatsächlich benutzt wurde. Aus: Wymer, 1982.*

ein lohnendes Unterfangen, stellte aber dennoch keine zuverlässige Nahrungsquelle dar und wurde gefährlicher. Möglicherweise wurde das Problem dadurch gelöst, daß nur ein kleiner Teil der Gemeinschaft sich auf das Jagen konzentrierte, während der Rest weiterhin Pflanzen sammelte und Kleintiere erlegte. Aufgrund der vorher diskutierten Argumente kann angenommen werden, daß diese Arbeitsteilung geschlechtsspezifisch war.

Andererseits zeigen detaillierte Studien über das Verhalten von Schimpansen, daß bei ihnen in der Nahrungsbeschaffung leichte Unterschiede zwischen Männchen und Weibchen bestehen, die für eine frühe Spezialisierung beim Sammeln und Jagen sprechen könnten. (8) Auch wenn Schimpansen nur sehr wenig Fleisch verzehren, sind es fast nur Männchen, die die Beute töten und das meiste Fleisch essen. Das Angeln nach Termiten jedoch, wofür ein Stock als Werkzeug benutzt wird, um in dem Termitenbau zu stochern, wird sehr viel öfter von den Weibchen ausgeführt – eine Aufgabe, die Geduld und Geschicklichkeit sowie den Gebrauch eines einfachen Werkzeugs erfordert.

Ob man nun die Theorie der Umweltveränderung oder das letztere Beispiel als Beleg heranzieht – es ist anzunehmen, daß eine geschlechtsspezifische Arbeitsteilung schon früh in der Entwicklung des Menschen einsetzte. Der Gebrauch von Werkzeugen wurde früher für eine ausschließlich menschliche Fähigkeit gehalten, aber man weiß inzwischen, daß auch die höheren Primaten und sogar andere Säugetiere und Vögel sie besitzen. Die meisten herkömmlichen Theorien gingen davon aus, daß der Werkzeuggebrauch sehr eng mit dem Jagen verbunden war, welches als eine rein männliche Domäne angesehen wurde, und daß die ersten Werkzeuge Speere für die Tierjagd und Steinmesser oder Hackbeile zum Fleischzerlegen waren. Diese Theorie wurde durch Funde von frühen Steinwerkzeugen gestützt, von denen die meisten eine solche Funktion zu haben schienen. Diese Argumentation ist jedoch nicht sonderlich stichhaltig, da einerseits die Funktion dieser Werkzeuge keineswegs eindeutig ist und sie auch zum Nüsseknacken oder Wurzelgraben benutzt worden sein könnten, und andererseits die allerersten Werkzeuge fast sicher aus Holz, Häuten oder anderem vergänglichen Material gefertigt waren. Artefakte wie Grabstöcke, Felltaschen, Netze, Keulen und Speere bestanden möglicherweise fast vollständig aus organischem Material und sind nicht erhalten geblieben. Die Steinwerkzeuge sind daher vermutlich schon Werkzeuge späterer Hominiden gewesen. Der Gebrauch von Werkzeugen bei anderen Primaten und bei heutigen Wildbeutern deutet bei unvoreingenommener Interpretation darauf hin, daß andere Faktoren und Möglichkeiten in Betracht gezogen werden müssen.

Eines der wichtigsten menschlichen Hilfsmittel war sicherlich das
Behältnis. Ob es eine Felltasche war, ein Korb, eine Holzschale oder ein
Tongefäß: es ermöglichte den Menschen, Dinge zu tragen oder sie an
einem sicheren Ort zu lagern. Das Behältnis muß eines der frühesten Werkzeuge gewesen sein, auch wenn es keine archäologischen Beweise dafür
gibt. Schimpansen können Dinge in einer Hautfalte in der Leiste tragen.
Als aber die Hominiden zweifüßig wurden, dehnte sich die Haut und die
Falte verschwand. Ein großes Blatt oder eine Tierhaut, über einem Arm
oder der Schulter getragen oder um die Hüfte gebunden, imitierte vielleicht dieses natürliche Transportmittel. (9)

Das Wichtigste aber, was ein Hominidenweibchen tragen mußte, war
der Nachwuchs. Die komplexe Beziehung zwischen Zweifüßigkeit, Nah-
rungssammeln und dem Verlust des Haarkleids, an dem sich das Kind festklammern konnte, sowie Veränderungen in der Struktur der Zehen, die
nicht mehr zum Anklammern an die Mutter benutzt werden konnten,
machten es notwendig, daß die Mutter das Kind trug. Die Entwicklung
eines Schulterbeutels, den es in allen modernen Gesellschaften, auch bei
heutigen Wildbeutern gibt, um das Kind zu tragen, war wahrscheinlich der
erste Typ von Behältnis.

Die ersten Werkzeuge für das Sammeln und die Zubereitung der Nahrung hatten mit größerer Wahrscheinlichkeit mit dem Sammeln von
pflanzlicher Nahrung und Kleintieren zu tun als mit dem Jagen von großen
Tieren. Die Werkzeuge und die Verfahrensweise für das Angeln von Termiten sind beispielsweise ähnlich wie die für das Ausgraben von Wurzeln.
Heutige Wildbeuter suchen oft einen besonders geeigneten Stein als
Amboß zum Nüsseknacken, den sie unter einem bestimmten Baum lassen
und zu dem sie bei späterer Gelegenheit zurückkehren. Höhere Primaten
benutzen Steine, um Nüsse zu knacken. So ist es also wahrscheinlich, daß
frühe Hominiden das auch taten, noch bevor Werkzeuge zum Jagen
benutzt wurden. Die Rolle, die Frauen bei der Erfindung von Werkzeugen
spielten, von Werkzeugen, die auch heute noch unentbehrlich sind, kann
also nicht ohne weiteres abgetan werden.

Die Einführung des Nahrungssammelns, im Gegensatz zu der
Gewohnheit, daß jedes Individuum das verzehrte, was es gerade fand, war
ein weiterer evolutionärer Schritt, der mit der Erfindung des Behältnisses
einherging. Es konnte nun mehr Nahrung gesammelt werden, als das Individuum unmittelbar benötigte, so daß mit anderen geteilt oder Vorrat angelegt werden konnte. Mit Ausnahme von Eltern, die sehr junge Nachkommen zu ernähren haben, ist ein solches Verhalten unter Tieren sehr ungewöhnlich und war vermutlich auch unter den ersten Hominiden nicht ver-

10: !Kung-Frauen, die pflanzliche Nahrung sammeln und in ihren Schulterbeu-
teln (karosses) tragen. Richard Lee.

breitet; aber durch allmähliche Entwicklung wurde es zu einem Charakteristikum menschlichen Verhaltens.

Eine andere Fortentwicklung, die durch den Gebrauch von Behältnissen ermöglicht wurde, war der Transport der Nahrung zu einem Lager, was
sowohl intellektuell als auch körperlich Veränderungen mit sich brachte.
Der Gebrauch von Behältnissen machte es notwendig, sich auf zwei Beinen
zu bewegen, um zum Tragen die Hände frei zu haben. Die Einführung des
regelmäßigen Teilens, nicht nur mit den Nachkommen, sondern auch mit
anderen Gruppenmitgliedern, sowie der Tausch der Nahrung aus verschiedenen Gebieten von Savanne und Wald war ein Schritt hin zu einem Leben
in geordneten sozialen Gruppen.

Bei den frühen Hominidengruppen führten vermutlich auch Umweltveränderungen zu sozialen Veränderungen. Im Savannengrasland dürfte es
schwieriger als im Wald gewesen sein, sichere Schlafstellen zu finden und
Wasser zu beschaffen. Hatte man dort erst einmal eine geeignete Stelle
gefunden, war die Neigung zu bleiben sicher größer als sich jede Nacht
einen neuen Schlafplatz zu suchen, so daß die Idee eines festen Lagers entstand.

Auch bei der gesellschaftlichen Entwicklung spielten Frauen eine entscheidende Rolle. Ein wichtiger Unterschied in der Entwicklung des Menschen im Vergleich zu der der Tiere ist die Länge der Zeitspanne, während
der die Kinder betreut und ernährt werden müssen. Dies hat wahrscheinlich zur Entwicklung einer Reihe von typisch menschlichen Eigenschaften
beigetragen, unter anderem zum Teilen der Nahrung und zu der langfristi-
gen Verbindung von Mann und Frau. Das Teilen der Nahrung zwischen
Mutter und Kind nahm bei den frühen Hominiden einen längeren Zeitraum in Anspruch als bei anderen Primaten. Außerdem wird angenommen, daß, wenn eine große Jagdbeute nicht von den Jägern allein aufge-
zehrt werden konnte, die Männer eher mit denjenigen teilten, mit denen
sie schon in ihrer Jugend geteilt hatten – nämlich ihren Müttern und
Schwestern – als mit ihren Geschlechtspartnerinnen. Diese Annahme wird
durch eine Primatenstudie gestützt (10), die zeigt, daß das Teilen fast
immer in der matrifokalen (auf die Mutter bezogenen) Gruppe erfolgt und
nicht zwischen den Geschlechtspartnern. Dies hat weitreichende Folgen
für die Rolle von Monogamie und paarweisen Beziehungen. Wissenschaftler haben darauf hingewiesen, daß sich die Weibchen in dieser Situation
gern mit einem männlichen Partner verbinden, der besonders umgänglich
und bereit ist, seine Nahrung mit der Partnerin zu teilen, während sie sich
um einen Säugling kümmert. Vermutlich haben also die Hominidenweibchen Partner bevorzugt, die ihnen besonders umgänglich erschienen und

sich nicht mit denjenigen gepaart, die sich ihnen gegenüber aggressiv ver-
hielten. Die freundlich aussehenden Männchen waren wahrscheinlich
kleiner oder dem Weibchen in der Größe ähnlicher, hatten weniger bedroh-
lich aussehende Zähne und schienen daher weniger aggressiv. Über die
Jahrtausende hinweg könnte diese Form von sexueller Auswahl zum
Erscheinungsbild von kleineren, weniger aggressiven Männchen geführt
haben. Die starke Bindung zwischen der Mutter und ihren Nachkommen,
die von der langen Zeitspanne rührt, in der menschliche Säuglinge versorgt werden müssen, könnte zu den engeren sozialen Bindungen, als wir
sie von anderen Arten kennen, geführt haben. Die ursprüngliche Bindung
zwischen Mutter und Kind wurde noch ergänzt durch verwandtschaftliche
Beziehungen zwischen zusammen aufwachsenden Schwestern und Brüdern. Ältere Geschwister wurden wohl dazu angehalten, bei der Betreuung
der jüngeren mitzuhelfen, mit ihnen die Nahrung zu teilen, mit ihnen zu
spielen und sie zu beschützen. Der natürliche Mittelpunkt einer solchen
Gruppe war zweifellos die Mutter und nicht, wie oft angenommen, ein
männliches Wesen. Die Rolle also, die die Frau während dieser Betreu-
ungszeit sowohl bei der verstärkten Sozialisation als auch als erste Vermitt-
lerin technischer Innovationen gespielt haben muß, ist unübersehbar.

Eine Zunahme der menschlichen, und insbesondere der weiblichen
Sozialisation mußte eine Reihe von positiven Nebenwirkungen gehabt
haben. Die allgemeine Bereitschaft, Nahrung und Nahrungsquellen zu teilen, hat möglicherweise dazu geführt, daß jedes Individuum mehr Zugang
zu gemeinsamen Treffpunkten gehabt hätte, wenn eine bestimmte Nahrungsquelle reichlich vorhanden war. Dies wiederum könnte die Chancen
des Nachwuchses, gut ernährt zu werden und dadurch zu überleben, ver-
bessern und so die Überlebenschancen der Gattung ganz allgemein erhö-
hen. In dem gleichen Maße, wie die Fähigkeit, miteinander zu kommuni-
zieren wuchs, wuchs auch die Entwicklung der Sprache, womit es für Menschen auch möglich geworden wäre, geordnete soziale Beziehungen mit
mehr Individuen und anderen Gruppen aufzunehmen. Dies hätte zu
einem ähnlichen Muster geführt, wie man es bei heutigen Wildbeutergruppen vorfindet, von denen viele entfernte verwandtschaftliche Beziehungen
aufrecht erhalten und sich im Laufe ihrer jährlichen Wanderungen regelmäßig mit anderen Gruppen treffen. Männer, die die matrifokale Gruppe
verlassen hatten, um zu heiraten, würden freundliche Kontakte mit ihren
älteren weiblichen Verwandten halten, wenn sie ihnen bei ihrem Umher-
schweifen begegneten.

Man kann daher annehmen, daß die entscheidenden Evolutionsschritte
überwiegend von Frauen ausgelöst wurden. Das umfaßt wirtschaft-

liche und technische Neuerungen und die Rolle der Frau als sozialen Mittelpunkt der Gruppe und steht in eklatantem Gegensatz zum traditionellen Männerbild, wonach der Mann als Beschützer und Jäger seine Partnerin mit Nahrung versorgt. Nach jenem Modell gilt männliche Aggressivität als normal und eine langfristige Zweierbeziehung als ursprüngliche Entwicklung, wobei der Mann den Hauptanteil an der Nahrungsbeschaffung hatte und männliche Vorherrschaft sich quasi natürlich aus den Fähigkeiten zur Jagd ableitete. Dieses Bild entspricht jedoch lediglich den traditionellen Verhaltensweisen des westlichen Mannes. Andere männliche Primaten verhalten sich nicht nach diesem Muster, und besonders jene heute noch existierenden Wildbeuter, deren Lebensstil am ehesten mit der Lebensweise paläolithischer Kulturen übereinstimmt, verhalten sich nicht so.

Frauen in heutigen und paläolithischen Wildbeutergesellschaften

Es gibt Schätzungen, nach denen 90% aller Menschen, die je gelebt haben, Wildbeuter waren. Jetzt beträgt ihr Anteil an der Weltbevölkerung weniger als 0,003%. In der Vergangenheit, insbesondere im Paläolithikum und im Mesolithikum, hatten Wildbeuter weite Landstriche zu ihrer Verfügung und konnten die für sie günstigsten Gegenden aussuchen. Die heutigen Wildbeuter müssen dort leben, wo andere nicht leben können oder wollen und sind oft auf kleinere Gebiete beschränkt, als sie eigentlich bräuchten, um umweltgerecht zu leben. Heute gibt es kaum noch Wildbeuter, die völlig unbeeinflußt von technisch höher entwickelten Gesellschaften oder staatlicher Politik sind. Abgesehen von diesen offensichtlichen Unterschieden muß man berücksichtigen, daß im Gegensatz zu den steinzeitlichen Kulturen die heutigen Wildbeuter ihre Kultur über dieselbe Zeitspanne wie die Völker der westlichen Welt entwickelt haben und in vieler Hinsicht genauso hoch entwickelt sind wie diese. Diese Faktoren machen alle Analogien zwischen ihnen und steinzeitlichen Wildbeutern problematisch; manche Archäologen lehnen solche Analogieschlüsse grundsätzlich ab, besonders dann, wenn es um Einzelheiten des sozialen und religiösen Lebens geht. Andererseits gibt es aber so viele Ähnlichkeiten zwischen den beiden Gruppen, daß ich es für gerechtfertigt halte, das Leben der heutigen Wildbeuter einem Bild des paläolithischen und mesolithischen Lebens zugrunde zu legen, natürlich, wenn direkte Beweise nicht zur Verfügung stehen, mit der gebotenen Vorsicht. Es ist jedoch zu hoffen, daß dieses

Modell in der Zukunft anhand neuer archäologischer Forschungsergebnisse überprüft werden kann.

Die heutigen Wildbeuter sind über die Welt zerstreut, und die extremen äußeren Lebensbedingungen, denen viele ausgesetzt sind, ähneln denen der verschiedenen paläolithischen und mesolithischen Gesellschaften. Die Inuit oder Eskimo-Indianer im nördlichen Kanada leben zum Beispiel in dem extrem kalten Klima der Tundra, vergleichbar den kalten Phasen des Jungpaläolithikums in großen Teilen Europas, obwohl wegen der unterschiedlichen Breitengrade und dem damit verbundenen Mehr (oder Weniger) an Tageslicht sich die Vegetation in der Arktis von der in Europa immer unterschieden hatte. Die !Kung der Kalahari-Wüste in Südafrika und die australischen Aborigines leben dagegen in einer Umgebung, die so ähnlich ist wie die, in der die frühesten Stadien der menschlichen Evolution stattgefunden haben. Die Mbuti-Pygmäen in Zentralafrika leben in tropischen Regenwäldern, einer Vegetation, wie sie wohl für die warmen Phasen der Eiszeit, die Zwischeneiszeiten, zutreffend war. Trotz dieser riesigen Unterschiede in den äußeren Lebensbedingungen gibt es zahlreiche Ähnlichkeiten in der gesellschaftlichen Struktur aller heutigen Wildbeuter, und wir können daher annehmen, daß frühe Wildbeutervölker ähnliche Strukturen hatten.

Wildbeuter werden oft auch »Jäger und Sammler« genannt. Dieser Begriff bezieht sich auf die beiden Hauptaspekte ihrer Nahrungsbeschaffung – Fleisch, das erjagt und pflanzliche Nahrung, die gesammelt wird. Obwohl es auch einige wichtige Ausnahmen gibt, sind diese beiden Aufgaben fast immer unter Frauen und Männern aufgeteilt. Frauen sammeln und Männer jagen, und wir haben bereits erörtert, warum diese Aufteilung in den frühesten Stadien der menschlichen Evolution zustande gekommen sein könnte. »Der Jäger Mann« wird häufig als Begriff gebraucht und das impliziert, daß die Hauptnahrung des Mannes Fleisch und seine Hauptbeschäftigung Jagen ist; man hielt das für eine ausschließlich von Männern ausgeübte Tätigkeit, die ihnen hohen Status verschaffte. Es hat sich aber gezeigt, daß diese Ansicht nicht ganz richtig ist und wahrscheinlich nur die Interessen und Vorstellungen westlicher Anthropologen des 19. Jahrhunderts widerspiegelt und den Status, der mit dem Jagen als einem Zeitvertreib der Oberschicht im Europa des 19. Jahrhunderts verbunden war. Die Ernährungsweise von heutigen Wildbeutern ist in den letzten Jahren sehr gründlich untersucht worden, und die Ergebnisse dieser Arbeit haben bedeutende Folgen für das Verständnis der Stellung der Frauen in diesen Gesellschaften gehabt und, analog dazu, im Paläolithikum und Mesolithikum. In allen diesen Gesellschaften, außer denen in extrem kalten Eis- und Schneegegenden, in denen die Inuit und Eskimos leben, enthält die

Nahrung der Wildbeuter einen hohen Anteil an pflanzlichen Stoffen, ergänzt durch Fleisch, soweit es sich beschaffen läßt. Die Reichhaltigkeit pflanzlicher Nahrung ist in den meisten Gebieten größer, als wir es uns in der heutigen westlichen Welt vorstellen können. Neben Früchten, Nüssen, Blättern und Wurzeln sind oft Stengel, Rinde, Wurzelstöcke und Knollen vieler Pflanzenarten eßbar, auch Pilze, Seetang und andere Wasserpflanzen, die schmack- und nahrhaft sind. Außerdem ist das Sammeln von Pflanzen in den meisten Gegenden ergiebiger und zuverlässiger als das Jagen von Tieren. Für die meisten Gemeinschaften scheint es zuzutreffen, daß – wie traditionell angenommen – der Mann die großen Tiere jagt, aber große Mengen Pflanzen werden von Frauen gesammelt, die auch kleinere Tiere wie Eidechsen, Schildkröten und Insekten fangen und Vogeleier mitnehmen. Hauptsächlich beschaffen also die Frauen der Wildbeuter die Nahrung, was sich auch an ihrem Status zeigt. Der vielleicht wichtigste Unterschied zwischen Wildbeutern und fast allen anderen Gesellschaften in der heutigen Welt ist die Gleichberechtigung der Individuen, im Gegensatz zu den besonders zwischen Frauen und Männern sehr ausgeprägten Statusunterschieden in jenen anderen Gesellschaften.

Die eingehendsten Untersuchungen der Ernährungsweise von Wildbeutern haben sich auf die !Kung der Kalahari konzentriert. (11) Die außergewöhnliche Vielfalt von pflanzlicher Nahrung, selbst in einer Wüstenregion, ist erstaunlich. Man ißt Wurzeln, Blätter, Beeren, sowie Schößlinge von vielen Pflanzenarten, bevorzugt zum Beispiel die sehr nahrhafte und leicht zu findende Mongongo-Nuß. Schätzungsweise 60–80% der Nahrung der !Kung bestehen aus Pflanzen, die fast ausschließlich von Frauen gesammelt werden, die genügend Nahrung für sich selbst, ihre kleinen Kinder und alten Familienangehörigen und auch für ihre Männer sammeln, wenn diese nach einem erfolglosen Tag ins Lager zurückkommen. Auch die Männer sammeln, was sie täglich an Nahrung brauchen und essen es gleich, bringen aber nichts ins Lager mit, während die Frauen beladen mit Tragetaschen oder Körben zurückkommen. Das Sammeln ist keineswegs eine leichte Aufgabe. Es herrscht zwar selten Mangel, und gewöhnlich dauert es nicht lange, bis genügend Nahrung gesammelt ist, aber es bedarf doch vieler Kenntnisse und Geschicklichkeit, um eßbare von giftigen Pflanzen zu unterscheiden und die oft sehr schwachen Spuren von unter der Erde wachsenden Wurzeln zu erkennen. Eine !Kung-Frau braucht verhältnismäßig wenig Zeit, die Nahrung für einen Tag zu sammeln, und da Vorräte nicht aufgehoben werden können, ist es wenig sinnvoll, mehr zu sammeln, als an einem oder zwei Tagen verzehrt werden kann. Im Durchschnitt können etwa 240 Kalorien an pflanzlicher Nahrung

*11: Eine !Kung-Frau beim Einpacken
von Mongongo-Nüssen. Richard Lee.*

in einer Stunde gesammelt werden, wohingegen, wenn man die hohe Feh-
lerrate beim Jagen mit einrechnet, eine Stunde Jagen nur etwa 100 Kalorien ergibt. Pflanzliche Nahrung wird jeden Tag gegessen, und die Frauen
sorgen dafür, daß immer genug vorhanden ist. Das erfolgreiche Erlegen
eines größeren Säugetieres ist dagegen ein seltenes Ereignis und verursacht Aufregung, und da gewöhnlich Fleischportionen an andere Grup-
penmitglieder abgegeben werden – im Gegensatz zu der von den Frauen
gesammelten Nahrung, die nur von den unmittelbaren Familienangehörigen verzehrt wird – verleiht es dem Jäger Ansehen. Trotzdem wird die
Wichtigkeit der stetigen Nahrungsversorgung durch die Frauen auch voll
anerkannt.

Was den pflanzlichen Anteil an der Ernährung und die Rolle der Frauen
beim Sammeln betrifft, scheinen die !Kung sehr typisch für heutige Wildbeuter zu sein. Schätzungsweise zwei Drittel der Wildbeuter verschaffen
sich 60–70 % ihrer Nahrung durch Sammeln. (12) Einige australische
Aborigines praktizieren eine etwas andere Art der Arbeitsteilung. (13) Die

Frauen sammeln pflanzliche Nahrung, jagen aber auch Kleinwild und Kän-
guruhs mit Hilfe von abgerichteten Jagdhunden. Meistens jagen die Männer das Großwild, aber manchmal gehen auch Frauen und Männer gemeinsam auf Jagd und Fischfang. Bei anderen australischen Eingebore-
nen, zum Beispiel den Tiwi (14), konzentrieren sich die Männer auf die
Nahrungsbeschaffung aus dem Meer und der Luft. Ein anderes Beispiel dafür, daß auch Frauen manchmal an der Jagd teilnehmen, sind die Agta auf
den Philippinen (15). Bei ihnen spielt Sammeln keine besondere Rolle, da
sie bei benachbarten Pflanzbauern Fleisch gegen pflanzliche Nahrung eintauschen. Von allen heutigen Wildbeutern ernähren sich nur die Inuit kaum
von pflanzlicher Kost. Ihre extremen äußeren Lebensbedingungen bringen
spezielle Probleme mit sich. Während es für Wildbeuter charakteristisch ist,
keine Nahrungsvorräte anzulegen, konservieren die Inuit Nahrung über
den Winter, indem sie sie durch Räuchern oder Einfrieren im Eis haltbar
machen. Ebenso müssen Häute und Felle für die Bekleidung hergerichtet
werden, während Wildbeuter in wärmeren Gegenden wenig oder gar keine
Kleidung tragen. Diese speziellen Arbeiten gehören in den Arbeitsbereich
der Frauen; die Männer jagen wie bei den anderen Wildbeutern.

Können wir nun behaupten, daß die Frauen des Paläolithikums und
Mesolithikums große Mengen pflanzlicher Nahrung sammelten und
dadurch größere Gleichberechtigung genossen als die meisten Frauen
heute? Drei Fragen stellen sich: Erstens, war die Ernährung im Paläolithikum und Mesolithikum die gleiche wie bei den heutigen Wildbeutern?
Zweitens, wenn dies der Fall war, war die Arbeit in gleicher Weise zwischen
Frauen und Männern verteilt? Drittens, verlieh dies den Frauen den gleichen Status?

Aus archäologischen Funden auf die Ernährung zu schließen ist, wie
bereits gesagt, außerordentlich schwierig. An den paläolithischen und
mesolithischen Fundstellen wird meistens eine Anhäufung von Tierknochen gefunden, viele mit gut erkennbaren Spuren, wie die Tiere getötet
wurden. Fleisch war also ein Teil der Nahrung. Aber die Tatsache, daß es
die einzige Nahrung ist, von der wir einen definitiven Beweis haben, bedeutet noch nicht, daß es die Hauptnahrung der damaligen Menschen war. Ein
Teil der Arbeit an neolithischen und jüngeren Fundstellen besteht heute
aus Sieben und Schlämmen von Bodenproben, wobei manchmal kleine
Mengen von Pflanzenspuren gefunden werden können. Dies geschieht
jedoch weniger regelmäßig bei der Untersuchung von Wildbeuterlagern,
da hier die Erwartung, Samen oder andere Pflanzenreste zu finden, geringer ist. Diese Einstellung verstärkt natürlich die vorherrschende Meinung
und trägt nicht zur Lösung der Frage bei.

Welche Tierknochen an einer Fundstelle gefunden wurden, hing hauptsächlich vom Klima ab, gewöhnlich waren es Knochen von Wild, von Ren-
tieren oder Rotwild. In den kälteren Perioden des Paläolithikums kamen
vor allem Mammut, Wollnashorn und Wildpferd vor, in wärmeren Zeiten
und weiter südlich Reh, Steinbock und Gemse. In den dichten Wäldern des
Mesolithikums im gemäßigten Klima Europas waren Hirsch, Schwein,
Elch und Auerochse verbreitet. Große Säugetiere also, mit großen Knochen, die in den meisten Fällen erhalten blieben. Kleine Tiere, wie Eidechsen und Schildkröten, Vögel und Fische, deren Knochen relativ klein und
zerbrechlich sind, sowie Eier sind bei Ausgrabungen viel seltener zu finden, obwohl sie bei den meisten heutigen Wildbeutern ein wichtiger Teil
der Ernährung sind. Es werden indessen Knochen dieser Tiere an genügend Stellen gefunden, um zu beweisen, daß auch sie im Paläolithikum
und Mesolithikum als Nahrung dienten. Fischgräten stammen oft von See-
und Flußfischen, wie Kabeljau und Schellfisch, Hecht, Lachs und Karp-
fen, um nur einige von einer langen Liste zu nennen. In der Höhle von Shanidar, einer Fundstätte im Irak, die zuerst im Mesolithikum besiedelt war,
sind Schnecken, Flußmuscheln und Schildkröten unter den Arten, die
anscheinend gegessen wurden, und die Überreste von Schaltieren, zu
hohen Hügeln und Müllhaufen aufgetürmt, werden oft an den Küsten
Nordeuropas gefunden.

Man findet nur selten archäologisches Material, das darauf hinweist, ob
Frauen oder Männer Wild oder die erwähnten Kleintiere sammelten oder
jagten, wenn auch ethnographische Berichte nahelegen, daß bei den meisten der heutigen Wildbeuter die Jagd hauptsächlich von Männern ausgeübt wird. In traditionellen Gesellschaften werden die Werkzeuge gewöhnlich von denen hergestellt, die sie benutzen. Demzufolge geht man in der
Archäologie anscheinend davon aus, daß im Paläolithikum die Männer
Steinäxte herstellten und benutzten. Man könnte jedoch ein paar Beispiele
anführen, die diesem Muster widersprechen, und daran erinnern, daß die
Regel nicht ohne Ausnahme ist. Bei den Tiwi (australische Ureinwohner),
die noch ein traditionelles Leben auf Melville Island führen, haben Frauen
und Männer eine ungewöhnliche Arbeitsteilung. Während die Männer
damit beschäftigt sind, zu fischen und Nahrung aus dem Meer und aus der
Luft zu beschaffen, sammeln und erjagen die Frauen alle »Landnahrungs-
mittel«, darunter auch Säugetiere auf dem Land. Bis zur Einführung von
Stahlwerkzeugen war ihr Hauptwerkzeug eine ähnliche Steinaxt, wie sie
auch im vorgeschichtlichen Europa benutzt wurde, die sie für verschiedene
Arbeiten verwendeten, wie das Abschälen von Rinde, Flechten von Körben, oder auch, um auf der Jagd Tiere zu töten. Bezeichnenderweise stell-

ten die Frauen diese Steinwerkzeuge auch selbst her. (16) In archäologischen Aufzeichnungen gibt es zumindest einen Beleg, der vermuten läßt, daß Frauen an der Nahrungsbeschaffung nicht nur durch Sammeln beteiligt waren. Im Gegensatz zu den Frauen der Tiwi haben Frauen in der Vorgeschichte anscheinend auch Fische gefangen, jedenfalls zur Zeit und am Ort des relevanten Fundes. In den Küstengebieten von Skandinavien gibt es für das Mesolithikum und Neolithikum archäologische Belege für das Fischen in Küstengewässern, zum einen Gräten, die darauf hinweisen, daß hauptsächlich kleine Kabeljaus von 30–40 cm Länge gefangen wurden, zum anderen Angelhaken aus Knochen und Wildschweinhauern. Auf dem Friedhof einer neolithischen Fundstelle von etwa 5000 v. Chr. fand man das Skelett einer erwachsenen Frau, bei ihr lag ein Angelhaken. Das Grab eines Mannes enthielt ebenfalls einen Angelhaken, was zeigt, daß das Angeln nicht nur den Frauen vorbehalten war. (17)

Ein von heutigen Wildbeutern hochgeschätztes Produkt ist der Honig, da dieser normalerweise der einzige verfügbare Süßstoff ist. Honig hinterläßt archäologisch keine Spuren; so ist also die Abbildung einer Person, die wilden Honig von einem Baum sammelt, auf einer Wandmalerei in einem Felsunterschlupf (Cuevas de la Araña) in Bicorp in Ostspanien ganz besonders interessant. (18) Obwohl diese Person manchmal als Mann gedeutet wurde, interpretieren andere die Figur als Frau, identifizierbar an dem breiten Becken, vielleicht auch an dem üppigen Haar, das viel länger und dicker als das der mehr strichförmigen, manchmal phallischen Jäger auf anderen Bildern an dieser Stelle zu sein scheint. Wann genau die spanischen Wandmalereien, zu der diese Abbildung gehört, entstanden sind, ist ungewiß, es dürfte aber zwischen 7000 und 4000 v. Chr. gewesen sein. Dies ist nicht nur für das Sammeln von Honig in vorgeschichtlicher Zeit ein sehr brauchbarer Beweis, sondern auch dafür, daß es eine Frauenarbeit war.

Wenn man davon ausgeht, daß die Frauen des Paläolithikums und Mesolithikums einen ähnlichen Status hatten wie heutige Wildbeuterfrauen, und daß zu der Zeit, als Europa besiedelt wurde, dieser Status bis zu einem gewissen Grad darauf beruhte, daß sie einen großen Teil der Nahrung besorgten, wäre es vielleicht wichtig, Beweise dafür zu finden, wieviel pflanzliche Nahrung verzehrt wurde. Von den pflanzlichen Nahrungsmitteln, die am häufigsten erhalten sind, stehen Nüsse, das heißt ihre Schalen, auf den meisten Ausgrabungslisten ganz oben; sie waren vermutlich wichtig für den Proteinbedarf. Die Menge archäologischer Belege für andere pflanzliche Nahrungsmittel hängt fast völlig davon ab, ob diese Fragestellung bei der Ausgrabung bedacht wird: Wenn Schlämmen und Sieben angewendet werden, um kleinste Spuren von verkohlten Pflanzenresten herauszufiltern, werden fast immer Beweise dafür gefunden, daß pflanzliche Produkte gegessen wurden. Obwohl solches Beweismaterial für die frühesten Perioden in Afrika selten sind, hat man an der wichtigen Ausgrabungsstätte bei Kalambo Falls Reste von Palmenfrüchten und Syzygiumfrüchten gefunden. In den kälteren Perioden des Mittel- und Jungpaläolithikums, als ungünstigere äußere Lebensbedingungen vorherrschten, war wohl die Auswahl an pflanzlicher Nahrung geringer, obwohl die Vegetation in den höheren Breitengraden Europas immer noch reichhaltiger war, als die, die heutige Wildbeuter am Polarkreis vorfinden. Gegen Ende dieser Periode dagegen, besonders im Mesolithikum, ist ein großer Reichtum an

12: Eine mesolithische Felsmalerei, Cuevas de la Araña, Bicorp, Spanien. Sie zeigt eine Frau mit einem Korb, die wilden Honig aus einem Bienenstock im Gipfel eines Baumes sammelt. Nach Obermaier, 1925.

pflanzlicher Nahrung nachweisbar. Europa mit seinem gemäßigten Klima war damals bedeckt von Eichenmischwäldern, und die deutlichen jahreszeitlichen Unterschiede, die unterschiedlichen Landschaften, das Meer, die Flüsse, die Seen und die verschiedenen Höhenlagen haben vermutlich eine reichhaltige Auswahl von Nahrungsmitteln geboten. An Ausgrabungsstätten findet man häufig Haselnußschalen, und an einigen Stellen wurden Wasserkastanien gefunden. Andere Arten sind weniger oft erhalten, was nicht unbedingt bedeutet, daß sie weniger häufig gegessen wurden. Pflanzenarten, die nachgewiesen wurden, sind zum Beispiel die Gelbe Wasserlilie in Holmegaard (eine wichtige Fundstelle aus dem Mesolithikum in Dänemark), Sumpfklee, Fetthenne und Brennessel an der Fundstelle Star Carr in Yorkshire (England) und Himbeeren bei Newferry in Irland. (19) Im Mittelmeergebiet, in dem so wie heute ein wärmeres, trockeneres Klima herrschte, gab es eine größere Vielfalt von Nüssen, wie Pinienkerne, Pistazien, Mandeln, Kastanien und Walnüsse, und Pollen von Wildgetreiden oder anderen hohen Gräsern wurden in menschlichen Fäzes bei Icoana an der Donau in Rumänien gefunden. In der Höhle von Franchthi in Griechenland konnte man nachweisen, daß wilde Gerste und Hafer gegessen worden sind, außerdem drei Arten von Blattgemüsen und zwei Nußarten. Andere Hinweise darauf, daß pflanzliche Nahrung besonders wichtig war, kommt von der mesolithischen Fundstelle von Téviec in der Bretagne, wo die Abnutzungsmuster an den Zähnen der Skelette eher auf pflanzliche als auf tierische Nahrung schließen lassen. (20)

Weder das Sammeln pflanzlicher Nahrung noch ihre Zubereitung hinterläßt viele Spuren für die Archäologie. Dieses Problem wird noch erschwert durch die vielseitige Verwendbarkeit paläolithischer Werkzeuge und die Ungewißheit bezüglich des Gebrauchs der meisten Steinwerkzeuge im Paläolithikum und Mesolithikum. Früher wurde angenommen, daß die Funktion der meisten Werkzeuge mit der Fleisch- und Fellbearbeitung zu tun hatte. Heute wird die Möglichkeit diskutiert, daß einige bei der Zubereitung pflanzlicher Nahrung verwendet wurden. Eine Untersuchung der Mikrospuren (winzige Spuren des Werkzeuggebrauchs, die nur unter einem starken Mikroskop sichtbar sind, siehe Abbildung 9) auf Steinwerkzeugen von einer 1,5 Millionen Jahre alten Fundstelle bei Koobi Fora in Kenia läßt darauf schließen, daß sie zur Bearbeitung von Pflanzenmaterial gedient hatten (21), obwohl andere Untersuchungen von ähnlichem Material bisher ergebnislos geblieben sind.

Der fast überall verbreitete Werkzeugstein des Mesolithikums ist der sogenannte Mikrolith, das sind kleine, rückengestumpfte Spitzen aus Feuerstein. Sie sind oft nicht größer als ein Fingernagel und haben verschie-

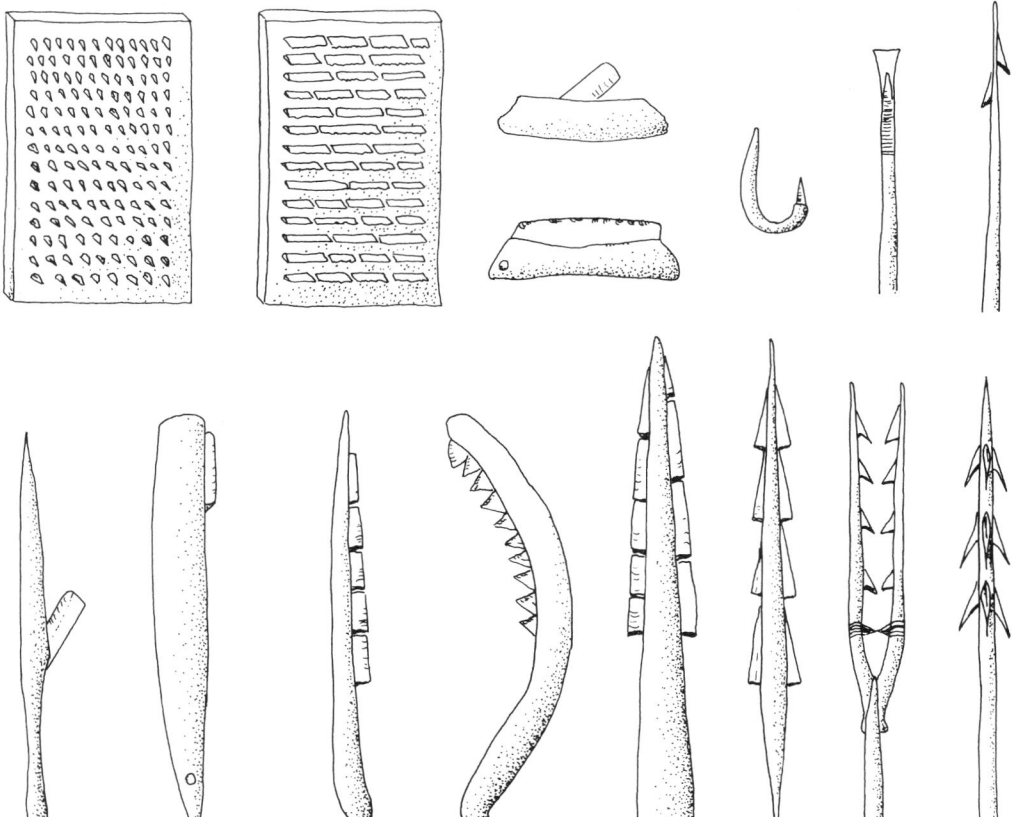

*13: Verschiedene Arten der Schäftung von Mikro-
lithen. Auf diese Weise können sehr verschiedene
Werkzeuge hergestellt werden, zum Beispiel Krat-
zer, Schaber, Angelhaken, Harpunen, Pfeile und
(links unten) Messer und Sicheln. Nach Clarke,
1967.*

dene Formen. Sie wurden für zusammengesetzte Werkzeuge oder Waffen
verwendet und waren in hölzernen Griffen befestigt, wie man an den seltenen Beispielen sehen kann, wo das Holz erhalten blieb, wie bei denen in
der Höhle von Shanidar im Irak, oder dort, wo eine sorgfältige Ausgrabung
die ursprüngliche Anordnung der Mikrolithe im Verhältnis zueinander
zeigt. Obwohl Rekonstruktionen sie gewöhnlich als vielzackige Pfeilspitzen darstellen, zeigen diese archäologischen Beispiele – ebenso wie ähnliche Werkzeuge, die in ethnologischen Zusammenhängen auftauchen – die
vielseitige Verwendbarkeit solcher Werkzeuge. Im Mittelmeerraum wurden Mikrolithe öfter in der Nachbarschaft von Getreidemahlsteinen gefun-

den, was darauf schließen läßt, daß sie vielleicht zum Schneiden von wilden Gräsern oder Schößlingen benutzt wurden. Wurzeln wurden vielleicht mit schwereren, geradschneidigen Sägemessern geschnitten oder auf einem mit Mikrolithen besetzten flachen Brett geraspelt. David Clarke (22), der als erster auf die vielseitige Verwendbarkeit der Mikrolithe hinwies, vermutet, daß die große Zahl dieser Mikroklingen im Mesolithikum vielleicht darauf schließen läßt, daß pflanzliche Produkte bei der Ernährung wichtiger wurden und nicht, daß sich die Jagdtechniken geändert hatten. Wenn man davon ausgeht, daß eher Frauen als Männer die hauptsächlichen Pflanzensammler waren, könnte das auch einen Zuwachs an Status für die Frauen im Mesolithikum bedeutet haben.

Eines der charakteristischsten Merkmale der meisten heutigen Wildbeuter ist ihr nomadischer Lebensstil. Die kleine gesellschaftliche Gruppe oder Horde – von nur sechs bis über 50 Personen – verlegt ihr Lager so oft wie nötig, um möglichst leicht an Nahrung zu kommen. Wenn der Vorrat in der unmittelbaren Umgebung des Lagers versiegt, kommt ein Zeitpunkt, an welchem es besser ist, das Lager zu verlegen, als auszuschweifen, um Nahrung zu finden. Dieser Punkt kommt an einem Ort vielleicht schon nach einigen Tagen, vielleicht erst nach einigen Monaten. Es gibt auch oft beträchtliche jahreszeitliche Unterschiede in der Länge der Zeit, die Wildbeuter an einem Ort zubringen. So bleiben zum Beispiel die !Kung im Frühjahr und Herbst nur zwei bis drei Wochen an einem Ort, während in der Trockenzeit ein Lager in der Nähe einer Wasserstelle bis zu sechs Monaten benutzt wird. (23) Ein Resultat dieser kurzen Aufenthalte an einem Ort ist, daß es sich kaum lohnt, Hütten oder Unterkünfte zu bauen. Wenn nur ein kurzer Aufenthalt zu erwarten ist, werden nur Behelfsunterkünfte oder gar nichts gebaut. Die australischen Aborigines, die in einer heißen, trockenen Gegend leben, bauen kaum je einen Unterstand, während die Hütten der !Kung unterschiedlich sind, je nachdem, ob die Jahreszeit warm oder kühler ist. Andere Wildbeuter, darunter die paläolithische Bevölkerung Europas, benutzten manchmal natürliche Unterkünfte, zum Beispiel Höhlen, wo diese geeignet waren, und dazu war vielleicht keinerlei Veränderung erforderlich. Alle diese Wohnstätten sind archäologisch sehr schwer zu erkennen. Ein paar Pfosten wurden in den Boden gesenkt, die Unterkunft selbst war ganz aus organischem Material, aus Zweigen, Schilf oder Häuten, und hinterließ keinerlei Spuren. Dazu kommt, daß sich aufgrund der kurzen Zeit kaum Abfall ansammelt. Dies hat zwei Folgen: Vom archäologischen Standpunkt aus betrachtet bringt das, will man ein Wildbeuterlager erkennen, ein zusätzliches Problem, da Abfall bei jeder Fundstelle ein Hauptlieferant für archäologische Information ist; vom Standpunkt der ehemaligen Bewohner aus gesehen sind Wildbeuterlager wahrscheinlich viel hygienischer als die festen Wohnsitze vieler Ackerbau-Siedlungen. Daher sind ansteckende oder epidemische Krankheiten für Wildbeuter ein geringeres Problem als für Ackerbau treibende Gruppen, da sie weiterziehen, bevor Wasserquellen verschmutzt werden und Abfallhaufen die Brutstätte für Ungeziefer und Insekten werden. Durch die vielfältige Ernährung der meisten Wildbeuter im Vergleich mit der einseitigen Ernährung vieler Ackerbaugruppen, wo ein oder zwei Feldfrüchte den Hauptteil der täglichen Ernährung ausmachen, führen die meisten Wildbeuter ein relativ gesundes Leben.

Archäologische Erkenntnisse lassen vermuten, daß dieser nomadische Lebensstil im großen und ganzen typisch für das Paläolithikum und das Mesolithikum war. Es ist jedoch möglich, daß in dem gemäßigten Klima des Mesolithikums in Europa, das günstiger war als das, dem die meisten heutigen Wildbeuter ausgesetzt sind, manche Lagerstellen viel länger, möglicherweise auf Dauer benutzt worden sind. Dies hat vielleicht zu einigen gesellschaftlichen Anpassungen geführt, die eigentlich typisch für das folgende Neolithikum waren, die dadurch früher eintraten, als bisher angenommen wurde. Aber die meisten archäologischen Fundstellen des Paläolithikums und Mesolithikums sind doch wohl nur kurz besiedelt gewesen. In einigen Phasen wurden Höhlen bewohnt, während anderswo Lager im Freien gefunden wurden. Wohnstätten erkennt man oft an einer oder mehreren Feuerstellen, die benutzt wurden um zu kochen, um abends dort zu sitzen und um Raubtiere abzuwehren. Um sie herum hat man meist kleine Mengen Abfall von Nahrungsmitteln und Werkzeugherstellung gefunden. Manchmal findet man archäologische Hinweise auf aus Pfählen gebaute Hütten oder Unterstände. Vom Umfang und der Verbreitung des Abfalls kann man nicht nur schließen, wie lange die Fundstätte etwa besiedelt war, sondern auch auf die Größe der Gruppe, die sie bewohnt hat. Weitere Hinweise auf die Dauer der Besiedlung könnten aus dem Alter der getöteten Tiere gewonnen werden und den dort gefundenen Pflanzenarten, aus denen man schließen könnte, zu welcher Jahreszeit oder welchen Jahreszeiten die Stelle bewohnt war. Als Beispiel können wir die Fundstelle von Terra Amata an der Mittelmeerküste Frankreichs (24) nehmen, die aus dem Altpaläolithikum vor ungefähr 400 000 Jahren stammt. Man hat Überreste einer Hütte gefunden, mit einem ovalen Steinring, der wahrscheinlich die Äste hielt, die als Sparren nach oben gebogen waren, um ein Dach zu bilden. In dieser Hütte fanden sich Feuerstellen und andere Stellen, wo Werkzeuge hergestellt wurden. Pollen aus versteinerten menschlichen Fäzes zeigen, daß die Stelle im späten Frühjahr bewohnt war.

*14: Rekonstruktion einer Hütte aus dem Altpaläo-
lithikum (ca. 400000 v. Chr.) von Terra Amata, bei
Nizza in Frankreich. Größe (etwa 8 x 4 Meter) und
Form der Hütte ließen sich aus der Verteilung von
Steinen und Schutt erschließen. Aus Wymer, 1982.*

Ein Aspekt des Lebens der heutigen Wildbeuter, der für Frauen besondere Bedeutung hat, ist der bedachte Abstand zwischen den Geburten, der
in allen diesen Gesellschaften beständig eingehalten wird. Charakteristisch ist, daß bei ihnen eine Mutter erst dann wieder ein Kind gebiert,
wenn das jüngste Kind drei oder vier Jahre alt ist. Dafür gibt es unterschiedliche Erklärungsversuche. Eine Erklärung wäre die völlige Abhängigkeit
des Kindes von der Muttermilch, bis es sich im Alter von etwa vier Jahren
von normaler Erwachsenenkost ernähren kann, da die Getreidenahrung,
mit der Kinder in Ackerbaugesellschaften entwöhnt werden können, in den
meisten Wildbeutergesellschaften nicht zur Verfügung steht. Durch konti-
nuierliches Stillen findet bei der Mutter kein Eisprung statt, und das ver-
hindert oder verringert die Wahrscheinlichkeit einer Schwangerschaft
während dieser Zeit. Eine andere Meinung ist, daß diese Abstände zwischen den Geburten absichtlich eingehalten werden, da die Mutter nicht in
der Lage wäre, mehr als ein Kleinkind die langen Entfernungen zu tragen,

die die Lebensweise der Wildbeuter mit sich bringt. Dies könnte erreicht werden durch den Gebrauch von pflanzlichen abtreibenden oder schwangerschaftsverhütenden Mitteln – die bei vielen Naturvölkern bekannt sind – oder durch Kindestötung. Ob nun diese Geburtenregelung schon im Paläolithikum oder Mesolithikum praktiziert wurde, läßt sich nur schwer feststellen. Es ist manchmal möglich, die Anzahl der Kinder, die eine Frau geboren hat, aufgrund der Beckenknochen des Skeletts zu schätzen. Jedoch ist, soviel ich weiß, eine solche Schätzung bei Skeletten des Paläolithikums oder Mesolithikums noch nicht durchgeführt worden.

Gesellschaftliche Gleichberechtigung zwischen Frauen und Männern ist ein entscheidendes Merkmal der heutigen Wildbeuter und wird gewöhnlich der Tatsache zugeschrieben, daß jedes Geschlecht den gleichen Anteil an Nahrung beschafft. Archäologische Hinweise auf die Sozialstruktur kann man aus Gräbern und Grabbeigaben erhalten (siehe Kapitel I). In den sehr wenigen uns bekannten Gräbern aus dem Paläolithikum und Mesolithikum tauchen interessante Funde auf, obwohl es nicht immer leicht ist, sie zu interpretieren (25). Obwohl wir nur 36 Bestattungen aus dem Mittelpaläolithikum in ganz Europa kennen und nicht alle gut genug erhalten sind, um das Geschlecht der Toten zu bestimmen, zeigt sich doch ein klares Verhältnis im Vorhandensein oder der Abwesenheit von Grabbeigaben. Fast alle Männer sind mit Stein- oder Knochengegenständen oder Tierknochen bestattet oder sind mit Ocker bedeckt, während in keinem der Frauengräber irgendwelche erhaltenen Grabbeigaben sind. Im Jungpaläolithikum, aus dem viel mehr Gräber bekannt sind, sind etwa genauso viel Frauen wie Männer mit Grabbeigaben bestattet, obwohl im Mesolithikum wieder Männer, und besonders ältere Männer, wahrscheinlich eine bevorzugte Behandlung erfuhren und mit Ocker, Geweihen oder Stein-Artefakten bestattet wurden. Eine Interpretation dieser Unterschiede bei der Bestattung von Frauen und Männern könnte sein, daß die soziale Gleichheit, die man bei heutigen Wildbeutern beobachtet, im Paläolithikum und Mesolithikum nicht existierte, und daß Männer Grabbeigaben erhielten und Frauen nicht, weil die Männer einen höheren gesellschaftlichen Status hatten. Andererseits hätten, wenn Frauen Grabbeigaben aus organischem Material hatten – vielleicht eher ausgesuchte pflanzliche Nahrung als eine Fleischkeule, und Werkzeuge oder Schmuck aus Holz – diese nicht überdauert. Außerdem könnte man argumentieren, daß Frauen und Männer in heutigen Wildbeutergesellschaften oft verschiedenartige Schmuck- oder Kleidungsstücke tragen und verschiedene Werkzeuge benutzen, weil sie unterschiedliche Aufgaben haben, und doch ist ihr gesellschaftlicher Status gleich. Es ist vielleicht nicht angebracht, aufgrund der wenigen und bescheidenen Grabbeigaben aus dem Paläolithikum und Mesolithikum voreilige Schlüsse zu ziehen.

Das Leben einer Frau im Paläolithikum oder Mesolithikum war vielleicht ganz angenehm. In einem oft zitierten Satz werden die heutigen Wildbeuter als die »ursprüngliche Wohlstandsgesellschaft« bezeichnet, wo jeder genug zu essen hat und es wenig Streß und Neid gibt, da jeder Zugang zu den wenigen vorhandenen Gütern hat. (26) Wie bei den modernen Wildbeutern war Nahrung in der Vergangenheit wahrscheinlich leicht verfügbar, außer in Zeiten, in denen das Klima besonders ungünstig war. Wenn Frauen im großen und ganzen für das Sammeln von pflanzlicher Nahrung und vielleicht von Kleintieren zuständig waren, so hat sie das wahrscheinlich nicht viele Stunden am Tag gekostet. Und während bei der Jagd Stille herrschen muß, kann Pflanzensammeln eine ganz gesellige Tätigkeit sein, wo die arbeitsfähigen Frauen einer Gruppe zusammen arbeiteten. Kleine Kinder konnten dabei spielen und konnten, wenn es nötig war, Zuwendung erhalten oder bei älteren Familienmitgliedern im Lager bleiben. Das Zubereiten der gesammelten Nahrung ist eine Arbeit, die bei heutigen Wildbeutern gewöhnlich von Frauen ausgeführt wird: Nüsse müssen geknackt werden, Wurzeln und Knollen müssen am Feuer gebacken oder geröstet werden; und das Bauen von einfachen Unterständen ist bei heutigen Wildbeutern auch oft eine Frauenarbeit. Andere häusliche Arbeiten fallen kaum an. Und genauso wie bei heutigen Wildbeutern (außer in sehr kalten Gegenden) haben die sehr spärliche Kleidung, die kurze Dauer des Aufenthalts an einer Wohnstelle und die wenigen, für Wildbeuter wirklich notwendigen Besitztümer die Haushaltsarbeiten, die ein hochzivilisiertes Leben im 20. Jahrhundert nicht nur für Frauen mit sich bringt, auf ein Minimum beschränkt.

Matriarchat, Patriarchat oder Gleichheit

Eine der größten Debatten in der Anthropologie im 19. Jahrhundert, die von modernen Feministinnen wieder aufgegriffen worden ist, drehte sich um die Frage, ob es je Zeiten gab, wo Frauen über Männer herrschten, so wie Männer in patriarchalischen Gesellschaften über Frauen herrschen. Ein Matriarchat müßte als eine Gesellschaft definiert werden, in der Frauen den Männern nicht nur gleichberechtigt sind, sondern wo sie Kontrolle, Macht und Herrschaft über sie ausüben. Moderne Feministinnen und Anthropologen des 19. und 20. Jahrhunderts haben eine Antwort auf die Frage gesucht, indem sie nach Gesellschaften geforscht haben, wo heute annähernd solche Zustände herrschen. Die meisten ernsthaften Wissenschaftler sind zu dem Ergebnis gekommen, daß heute keine Gesellschaft existiert, wo vorwiegend Frauen eine Führungsrolle einnehmen und fragen konsequenterweise, ob ein Matriarchat je existiert haben könnte. Die Antwort liegt jedoch im vorgeschichtlichen Bereich, und die Frage muß deswegen in diesem Buch ernsthaft gestellt werden, obwohl es schwierig festzustellen ist, welche direkten archäologischen Beweise dafür zu finden sein könnten. Wie wir in den folgenden Kapiteln noch sehen werden, war in Europa und der Alten Welt das Patriarchat zu der Zeit, als die ersten schriftlichen Quellen im 4. Jahrtausend v. Chr. in Ägypten und dem Nahen Osten auftauchten, fest installiert. Aber man kann annehmen, daß soziale Veränderungen während der frühen vorgeschichtlichen Periode stattfanden, und falls eine matriarchalische Gesellschaft je in ferner Vergangenheit existierte, müßte es im Paläolithikum gewesen sein; deswegen muß diese Frage von allen Archäologen, die an Feminismus und gesellschaftlicher Organisation überhaupt interessiert sind, ernsthaft in Betracht gezogen werden. Das wurde auch von V. Gordon Childe 1951 anerkannt (27), obwohl er es nicht für möglich hielt, Matrilineage (Anerkennung der Abstammung, bzw. Deszendenz von der Mutter) oder Matriarchate durch archäologisches Material nachzuweisen; er wies darauf hin, daß, auch wenn kleine weibliche Figurinen als ein solcher Beweis angesehen wurden, sie wohl kaum ein besserer Hinweis auf ein Matriarchat sind als Abbildungen der Jungfrau Maria in unserer eigenen, unzweifelhaft patriarchalischen Gesellschaft. Viele Archäologen würden jedoch heute nicht mehr mit solcher Entschiedenheit die Möglichkeit zurückweisen, daß Beweise für ein Matriarchat doch noch gefunden werden könnten, selbst wenn nicht ganz klar ist, welche Form ein solcher Beweis haben könnte.

Die Vermutung, daß matriarchalische Gesellschaften existierten, bevor die Männer die Macht übernahmen, wurde zuerst im 19. Jahrhundert von zwei Gelehrten ausgesprochen, die mit ganz unterschiedlichem Material arbeiteten. Johann Bachofen begründete seine Argumente (in: Das Mutterrecht, 1861) mit archäologischen Funden von weiblichen Figurinen, die er für Göttinnen hielt, und besonders mit der klassischen Mythologie, wo einige Frauen als besonders mächtig dargestellt werden und wo die Abstammung manchmal matrilinear, also von der Mutter abgeleitet wurde. (28) So nennt Bachofen Beispiele aus der Ilias und anderen griechischen Mythen, wo Matrilineage angenommen wird. Ödipus, ein armer Fremder, wird dadurch König, daß er die verwitwete Königin Jokaste heiratet, und Menelaos wird König von Sparta, weil er Helena heiratet. Beide Beispiele setzen voraus, daß die Frauen ihr jeweiliges Königreich geerbt haben.

Lewis Henry Morgan, ein führender amerikanischer Anthropologe und der Verfasser von »Die Urgesellschaft« (Ancient Society, 1877), war einer der ersten Gelehrten, der die Stämme der Ureinwohner Nordamerikas erforschte. Er erkannte, daß bei einigen, zum Beispiel bei den Irokesen (siehe Kapitel 3), Frauen einen viel höheren Status als in seiner eigenen Gesellschaft hatten und auf wirtschaftlichem Gebiet dominant waren. Sie spielten eine entscheidende Rolle im rituellen und im politischen Leben, und die Abstammung wurde oft von der weiblichen Linie (matrilinear) abgeleitet. Morgans These war, daß ein ursprüngliches Muster, nämlich die Abstammung von der weiblichen Linie abzuleiten, von den Männern abgeschafft wurde, als die Menschen seßhaft wurden und die Akkumulation von Eigentum üblich wurde. Morgans Argumente wurden von Friedrich Engels aufgenommen in »Der Ursprung der Familie, des Privateigentums und des Staates« (1884). Seine Theorie war, daß zuerst Frauen das gemeinsame Familieneigentum kontrollierten, aber daß, als der Ackerbau eingeführt wurde, die Männer die dafür notwendigen Geräte benutzten und sie ihnen dadurch gehörten, besonders Pflüge, aber auch Haustiere. Männer wurden dadurch das erste Geschlecht, das tatsächlich Privateigentum besaß. Um dieses ihren Kindern zu hinterlassen, mußten sie die Monogamie einführen, um die Abstammung zu kontrollieren. Die Rolle des Mannes bei der Zeugung, die von einer Wildbeutergesellschaft vielleicht nicht voll verstanden wurde, wurde wahrscheinlich klarer, als man Tiere hielt, und man beobachtete vielleicht, daß weibliche Tiere nicht trächtig wurden, wenn sie nicht mit männlichen Tieren ihrer eigenen Art zusammen waren. In einem matrilinearen System hat der Mann alles, was er besitzt, von der mütterlichen Linie geerbt, und dieses Gut geht auf die Kinder seiner Schwester über, nicht auf seine eigenen. Seine eigenen Kinder gehören zur Sippe seiner Frau. In einem patrilinearen System dagegen konnte ein Mann das sexuelle Monopol über seine Frau und ein wirtschaftliches und rechtliches Monopol über ihre Kinder haben. Als Folge davon waren Frauen wirtschaftlich unterworfen und sexuell eingeschränkt. (29)

Wie viele andere Wissenschaftler seither haben diese Gelehrten des 19. Jahrhunderts den wichtigen Unterschied zwischen Matriarchat, Matrilineage und Matrilokalität nicht beachtet. Viele heutige Gesellschaften praktizieren Matrilineage (d.h. Abstammung wird von der weiblichen Linie abgeleitet) oder Matrilokalität (ein Ehepaar zieht zur Familie der Frau und nicht des Mannes). Aber in all diesen Gesellschaften nehmen die Männer Führungspositionen ein, was gewöhnlich als der entscheidende Unter-

schied zwischen Patriarchat, Matriarchat und Gleichberechtigung angesehen wird. Bachofen nahm außerdem an, daß die Göttinnen der klassischen
Mythologie auf eine historische Epoche des Matriarchats hinwiesen oder
daß zumindest irgendeine direkte Beziehung zwischen den beiden
bestand. Beide Annahmen sind jedoch umstritten. (30)

In den letzten beiden Jahrzehnten haben feministische Wissenschaftler
die Frage des Matriarchats wieder aufgenommen. Anthropologen haben
die Belege über die Stellung der Frau in heutigen Wildbeutergesellschaften
und solchen, für die aus den letzten Jahrhunderten schriftliche Aufzeichnungen vorliegen, neu untersucht. Die meisten stimmen darin überein,
daß keine der bestehenden Gesellschaften als matriarchalisch bezeichnet
werden kann, besonders wenn Matriarchat als das genaue Gegenteil von
Patriarchat definiert ist. Einige ziehen in Betracht, daß, obwohl heute keine
wirklich matriarchalische Gesellschaft existiert, solche Gesellschaften vielleicht erst in den letzten Jahrhunderten durch Druck von außen ausgestor-
ben sind oder sich zu Patriarchaten gewandelt haben. Vielleicht haben
frühe Beobachter die wahre Natur anderer Gesellschaften falsch gesehen,
weil sie davon ausgingen, daß Männer die Anführer seien und sie deswegen mit ihnen den ersten Kontakt aufnehmen müßten, oder weil sie nur
Dinge beobachteten und notierten, die ihrem eigenen Interesse entspra-
chen, wie Kriegführen oder Jagen, so daß sie also den eigentlichen Charakter der fremden Gesellschaft nicht richtig wiedergaben.

Andere Anthropologen vertreten einen anderen Standpunkt. Sie haben
eine Reihe traditioneller Gesellschaften untersucht und festgestellt, daß
der Status der Frauen bei Wildbeutern durchgängig höher ist als in irgendeiner anderen Gesellschaftsform, daß diese Gruppen weit davon entfernt
sind, ein Spiegelbild des Patriarchats zu sein. (31) Ihre Sozialstruktur
beruht auf der Gleichberechtigung zwischen Individuen und den
Geschlechtern. Jedes Gruppenmitglied hat die Möglichkeit, Vorschläge zu
machen und damit Gehör zu finden und das Recht, eine eigene Entscheidung darüber zu treffen, was sie oder er in einem bestimmten Fall tun will.
Natürlich empfiehlt es sich meistens, sich an die Mehrheit zu halten, aber
wenn die Gruppe uneins ist, zum Beispiel darüber, in welche Gegend sie als
nächstes ziehen soll, kann jede Teilgruppe ihre eigenen Wege gehen, ohne
daß Unfrieden daraus entsteht. Vielleicht sind in der Gruppe auch ein oder
mehrere Mitglieder mit einer besonderen Begabung für bestimmte Aufgaben, vielleicht durch Alter und Erfahrung erworben, deren Meinung deshalb mehr gilt, als die der anderen. Dieser Respekt vor einer Person wird
sich aber nicht ohne weiteres auch auf andere Sachgebiete erstrecken, und
man wird diesem Individuum nicht mehr gehorchen, wenn es diese Fähig-

keit oder Urteilskraft offensichtlich verloren hat. Ein Grund für diese
Gleichheit ist, daß kein Privateigentum existiert und daß eine nomadische
Wildbeutergruppe keine Lebensmittel horten kann. Eine Person kann deshalb nicht mehr besitzen als eine andere, und Abhängigkeit und Schulden
können sich nicht so entwickeln, daß es zu Unterdrückung und Unfreiheit
kommen kann.

Obwohl bei Wildbeutern die unterschiedlichen Aufgaben zwischen
Frauen und Männern nicht in gleicher Weise wie bei uns festgelegt sind,
und es Überschneidungen gibt, sind die existentiellen Aufgaben im großen
und ganzen anscheinend unter Frauen und Männer aufgeteilt, besonders
bei der Nahrungsbeschaffung. Dieses hat, wie wir gesehen haben, mit dem
Gebären und Aufziehen der Kinder zu tun. (32) Das Entscheidende scheint
zu sein, daß Frauen ebenso viel, wenn nicht mehr Nahrung als die Männer
beschaffen und daß sie durch ihre Tätigkeit des Suchens ihren Bereich so
gut wie die Männer kennen und Kontakt mit anderen Menschen haben.
Und die Bedeutung, die die Frauen für den Nachwuchs in Gesellschaften
haben, deren Bevölkerung klein ist und die deswegen schnell an einen für
ihre Existenz kritischen Punkt kommen können, wird ebenfalls anerkannt.
Frauen werden deshalb als ebenso wertvolle Mitglieder einer Gemeinschaft geachtet wie Männer, und ihre Aufgaben, wenn auch anderer Art,
werden ebenso hoch geschätzt wie die Fähigkeiten der Männer beim
Jagen.

Muttergöttinnen oder Venusfigurinen?

Prähistorische Figurinen aus unterschiedlichen Epochen sind in unterschiedlichen Gebieten Europas gefunden worden und haben während des
letzten Jahrhunderts beträchtliches Aufsehen erregt. Sie sind oft als ein ein-
heitliches Phänomen gesehen worden, trotz der Tatsache, daß ihr Alter
eine immense Zeitspanne umfaßt, vom Jungpaläolithikum (ca. 25 000
v. Chr.) bis in die Bronzezeit (ca. 2000 v. Chr.). Sie zeigen viele Variationen
eines Grundthemas und sollten nicht unbedingt in der gleichen Weise
interpretiert werden. Die weiblichen Figurinen sind sehr beachtet worden,
die männlichen kaum. Dies hat zur Vorstellung einer Muttergöttin geführt,
die in vorgeschichtlicher Zeit in ganz Europa verehrt und als Idol dargestellt wurde. Zwei Aspekte dieser Vorstellung müssen hier untersucht werden. Zunächst müssen wir die Figurinen näher betrachten. Wo und wann
wurden sie hergestellt? In welcher Umgebung wurden sie gefunden? Stel-

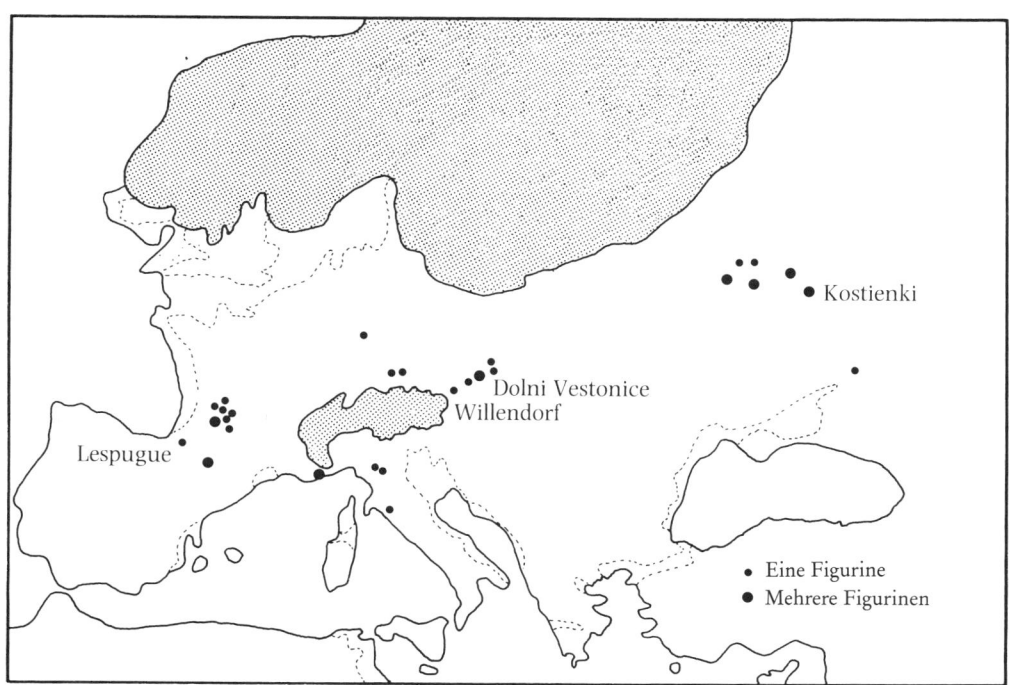

15: Karte der Verteilung der Venusfigurinen.
Die festen Linien zeigen die damaligen Küstenli-
nien, die gestrichelten die heutigen Küstenlinien
an. Das schraffierte Gebiet war von Eis bedeckt.
Nach Champion u. a., 1984.

len sie ausschließlich Frauen dar? Gibt es genügend Ähnlichkeiten in Form
und Kontext, die eine einzige Erklärung für diese Figurinen aus ganz
Europa plausibel machten? Dann müssen die Belege für den Glauben an
eine solche Muttergöttin im Zusammenhang mit anderen möglichen Interpretationen betrachtet werden.

Die meisten Figurinen stammen aus einer oder zwei Epochen. Die aus
dem Jungpaläolithikum werden oft »Venusfigurinen« genannt, nach der
römischen Fruchtbarkeitsgöttin. Sie kommen aus einem Gebiet, das sich
von Westfrankreich bis nach Rußland erstreckt. Eine zweite, größere und
unterschiedlichere Gruppe stammt aus dem Neolithikum und wurde auf
den Mittelmeerinseln und in Osteuropa gefunden. Wir wollen die beiden
Gruppen getrennt behandeln, bevor wir die verschiedenen Erklärungs-
möglichkeiten diskutieren.

Die Kunst des Jungpaläolithikums in Europa kann in drei Kategorien eingeteilt werden: Die bekannteste ist vielleicht die Höhlenmalerei in Frankreich und Spanien, in der die Tiere, die gejagt wurden, dargestellt sind. Zweitens gibt es Knochen- und Steinobjekte mit geschnitzten oder eingeritzten Darstellungen, oft von Tieren und drittens die »Venus-« oder »Muttergöttin«-Figurinen. (33)

Über sechzig paläolithische weibliche Figurinen sind an weit verstreuten Stellen in Europa gefunden worden. Einige sind aus Ton geformt und gebrannt oder in Flachrelief geschnitten, die meisten sind aus weichem Stein oder Mammut-Elfenbein geschnitzt und zwischen 4 und 22 cm groß, wobei die meisten eher zur unteren Grenze tendieren. Sie zeigen eine erstaunliche Einheit des Stils. Charakteristisch für alle sind die sehr großen Brüste, großen Becken und dicken Oberschenkel. Andere Körperteile, wie Arme, Füße und Gesichtszüge sind nur angedeutet oder fehlen. Die Frauen sind nackt, obwohl einige Schmuckgürtel oder Brustbänder zu tragen scheinen. Die Sorgfalt und Fertigkeit, mit der diese Figurinen gemacht sind, sind sehr unterschiedlich. Einige sind offensichtlich mit sehr großer Sorgfalt hergestellt worden, während andere sehr grob erscheinen. Sie sind in einem Gebiet gefunden worden, das von den Pyrenäen im Westen bis zum Fluß Don im Osten reicht, ein Gebiet von über 2000 km Breite von Südwesten nach Nordosten, und scheinen aus einer kleinen Zeitspanne des frühen Jungpaläolithikums zwischen 25 000 und 23 000 v. Chr. zu stammen. (34) Sie sind im Zusammenhang mit Hütten oder festen Lagern gefunden worden, meistens einzeln unter Ansammlungen von Steinwerkzeugen und Abfall; manchmal, wie zum Beispiel in Kostienki-Barchevo am Don, sind auch mehrere zusammen gefunden worden.

Unter den bekanntesten sind die gebrannten Tonfigurinen von Dolni Vestonice in der Tschechoslowakei (Abbildung 7), die im Hausmüll in einer Hütte gefunden wurden, zusammen mit Knochen und Feuersteinresten. In einer anderen Hütte an derselben Fundstelle war ein Brennofen, mit dem wahrscheinlich solche Figurinen oder Tonfiguren von Tieren gebrannt wurden. Dies ist besonders bemerkenswert, weil es die frühesten archäologischen Beweise für Tonbrennen sind. Eine andere bekannte Figurine ist die aus Kalkstein geschnittene und 11 cm hohe »Venus von Willendorf« in Österreich. Sie hat sorgfältig geordnete Haare oder einen Kopfschmuck, aber keine Gesichtszüge. Ihre Arme sind über die Brüste gelegt, ihre Beine enden unterhalb der Knie. Die südfranzösischen Figurinen aus Abri Laussel und Abri Pataud sind in Flachrelief geschnitten und wesentlich größer als die tragbaren Figurinen. Die von Laussel ist 44 cm hoch und hält ein Horn in der einen Hand, die andere ruht auf dem Leib. Von demselben

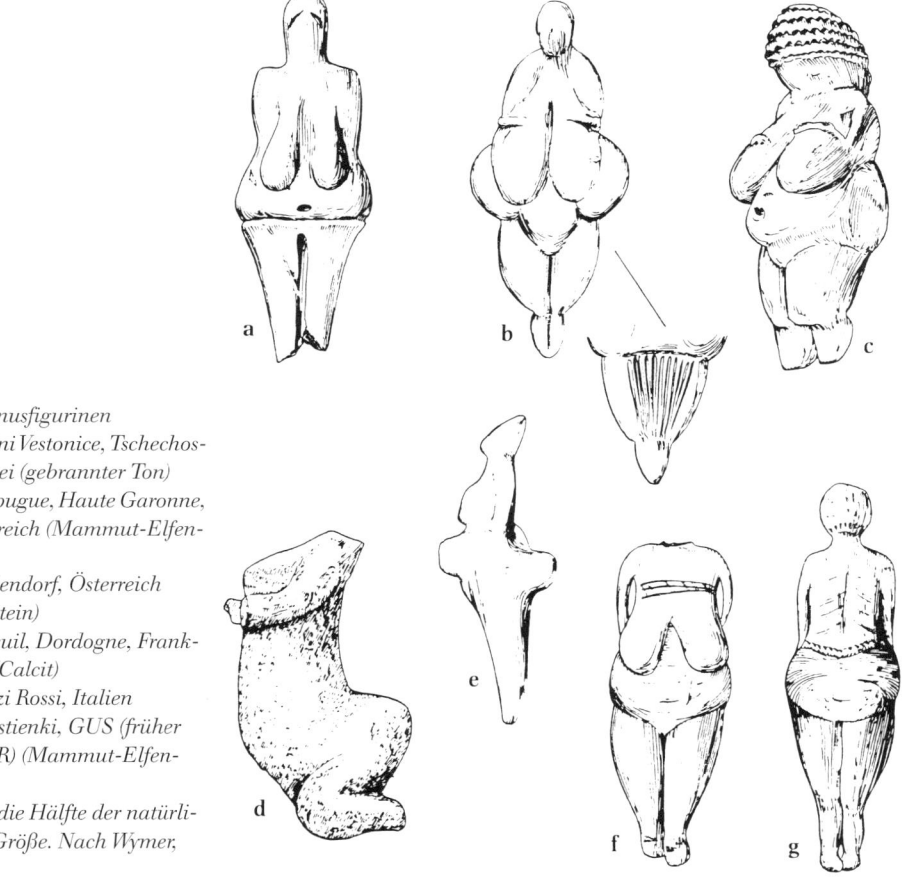

16: Venusfigurinen
a. Dolni Vestonice, Tschechos-
lowakei (gebrannter Ton)
b. Lespugue, Haute Garonne,
Frankreich (Mammut-Elfen-
bein)
c. Willendorf, Österreich
(Kalkstein)
d. Sireuil, Dordogne, Frank-
reich (Calcit)
e. Balzi Rossi, Italien
f-g Kostienki, GUS (früher
UdSSR) (Mammut-Elfen-
bein).
Etwa die Hälfte der natürli-
chen Größe. Nach Wymer,
1982.

Felsunterstand gibt es auch eine männliche Figur, deren Vorhandensein im
Hinblick auf die Funktion dieser Figuren wichtig ist.

Obwohl die weiblichen »Venusfigurinen« als Gruppe gesehen werden
müssen, sollten sie auch als ein Teil einer viel größeren und gewöhnlich ver-
nachlässigten Serie von geschnitzten Figuren aus dem Paläolithikum gesehen werden. Einige, keineswegs alle, sind weiblich. Die meisten haben
eher natürliche als übertriebene Proportionen, manche sind offensichtlich
männlich und die meisten scheinen geschlechtslos zu sein. (35)

Die zweite Gruppe der prähistorischen aus Ton gefertigten oder aus här-
terem Material geschnitzten Figurinen stammt aus dem Neolithikum. In
dieser Zeit wurde der Ton zum Töpfern entdeckt und damit hatte der Bild-
hauer ein neues Mittel, das erlaubte, die Figurinen mit mehr Details aus-
zustatten, als es im Paläolithikum möglich gewesen ist, wo sie in hartes

Material geschnitzt waren. Die Verbreitung und die möglicherweise abnehmende Bedeutung dieser Figurinen könnte den sich ändernden Status der Frauen in der frühen vorgeschichtlichen Periode widerspiegeln. Man findet sie in fast ganz Europa und in Südwestasien, besonders aber in Südosteuropa und auf den Mittelmeerinseln, von den Kykladen im Osten, über Kreta und Malta bis Mallorca im Westen, aber eigentümlicherweise nicht in Mittel- und Nordwesteuropa. Viele dieser Figurinen haben weibliche Formen, aber man darf nicht übersehen, daß sich auch Darstellungen von Tieren finden. Außerdem zeigen manche Figurinen keine erkennbaren Geschlechtsmerkmale, und obwohl manchmal auch männliche Figurinen vorkommen, werden sie, ebenso wie die Tiere, meistens nicht in die Diskussion einbezogen. Viele Figurinen aus den Mittelmeergebieten haben besondere Charakteristika, die sie von denen aus anderen Gebieten unterscheiden. Auch der Kontext, in dem sie gefunden werden, unterscheidet sich von Gebiet zu Gebiet.

Eine der Gruppen europäischer neolithischer Figurinen, die im Detail untersucht worden sind, stammt von der Insel Kreta. Diese Figurinen gehören hauptsächlich dem Mittel- und Jungneolithikum an, von etwa 5500 bis 3000 v.Chr. Viele Autoren haben die neolithischen kretischen Figurinen mit den späteren minoischen in Kreta in Verbindung gebracht, aber Peter Ucko hat einige wichtige Unterschiede in seiner umfassenden Darstellung prähistorischer Figurinen hervorgehoben. (36) Von den kretischen Figurinen sind 33 zweifellos weiblich, 6 offensichtlich männlich und 42 sind ohne erkennbare Geschlechtsmerkmale. Das Vorhandensein auch nur weniger männlicher Figurinen macht es schwer, die weiblichen als eine übermächtige »Muttergöttin« zu deuten, ohne die Möglichkeit der Existenz einer männlichen Gottheit ebenfalls zuzulassen. Und die geschlechtslosen Figuren, repräsentieren sie Kinder, oder »die Menschheit«? Im Gegensatz zu den Figurinen von anderen Orten haben die kretischen neolithischen weiblichen Figurinen keine stark markierten Geschlechtsmerkmale. Sie wurden fast alle im Abfall außerhalb der Häuser gefunden. Keine kam aus einer Umgebung, die man als einen Schrein ansehen könnte und keine aus einer Bestattung. Allerdings kennt man aus dieser Zeit in Kreta keine Gräber.

Eine andere bemerkenswerte Serie von neolithischen weiblichen Figurinen kommt aus Anatolien in der heutigen Türkei. Dieses Gebiet ist besonders wichtig, weil es eines der wenigen ist, in dem Fruchtbarkeitskulte und eine »Muttergöttin« in einer späteren Periode historisch nachgewiesen sind. Die Fundstelle von Çatal Hüyük ist in diesem Zusammenhang von besonderem Interesse, und welche symbolische Bedeutung die Figuren

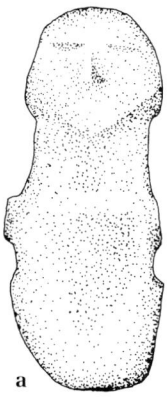
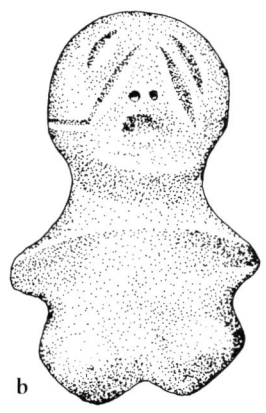

a   b

17: Neolithische Figurinen von Kreta:
a. Petra tou Limniti (Höhe 18 cm)
b. Ayia Mavri (Höhe 16 cm). Nach
Ucko, 1968.

haben könnten, ist vom Ausgräber und anderen Autoren diskutiert worden.
(37) Die Fundstelle liegt in der Ebene von Konya in Anatolien und ist die
größte Ausgrabung einer neolithischen Ansiedlung im Nahen Osten. Der
Ort oder die Stadt, mit schätzungsweise 1000 Häusern und einer Bevölkerung von vielleicht 5000 bis 6000 Menschen, war eine lange Zeit besiedelt,
von etwa 6250 bis 5400 v. Chr. Die Figurinen gehören zu zwei Gruppen. Die
erste zeigt grob gebildete weibliche Formen, mit spitzen Beinen, stengel-
gleichen Körpern und geschnäbelten oder zugespitzten Köpfen. Sie wurden in den Spalten des Mauerwerks der Häuser oder der Kultschreine
gefunden, aber nie in deren Innerem. Die Figurinen der zweiten Gruppe
sind aus Stein geschnitzt oder aus Ton und sind in den Schreinen gefunden
worden. Es sind Darstellungen von Frauen und Männern. Die Männer
haben Penisse, die Frauen Brüste, einige scheinen schwanger zu sein. Die
meisten sind nackt, einige bekleidet. Eine Serie von Reliefs auf den Innen-
wänden der Kultschreine zeigen Frauen, die Stierköpfe gebären. Die einzigen Menschenwesen, die dargestellt werden, sind Frauen, und der Ausgräber vermutete, daß Männer vielleicht als Stiere und Widder dargestellt
sind.

   An einer anderen Fundstelle aus derselben Zeit und in der gleichen
Gegend, Hacilar (38), wurden ebenfalls eine Anzahl von Tonstatuetten
gefunden. Keine von ihnen stellt ein Tier dar; die menschlichen Figuren
lassen sich in zwei Kategorien einteilen: 25 Figurinen repräsentieren eindeutig Frauen, 20 andere haben keine Brüste oder andere Geschlechtsmerkmale. Der Ausgräber der Fundstelle, James Mellaart, hielt diese für
Darstellungen von vielleicht jüngeren Frauen, andere Wissenschaftler sind
nicht so sicher, ob wirklich die Darstellung eines bestimmten Geschlechts
beabsichtigt war. Viele dieser Figurinen werden als »steatopygos« bezeich-

net, das heißt, daß sie übertrieben große Gesäße haben. Ucko (39) hat darauf hingewiesen, daß diese zu den üppigen Formen der Figurinen überhaupt passen. Im Gegensatz zu denen von Çatal Hüyük wurden diese Figurinen in Häusern gefunden und wurden vermutlich dort und nicht in den Gemeindekult-Schreinen aufbewahrt.

Die Figurinen von den Kykladen stellen Frauen und Männer dar. (40) Ihr Alter umfaßt eine große Zeitspanne, nämlich vom Altneolithikum bis zur Jungbronzezeit, und man kann typologische Veränderungen verfolgen, von einfachen Tonmodellen bis zu den stark schematischen Figuren mit den charakteristisch verschränkten Armen, wie sie in der Bronzezeit aus dem dort vorhandenen Marmor hergestellt wurden. Im Gegensatz zu den kretischen Figurinen sind sie gewöhnlich in Gräbern und nicht in Ansiedlungen gefunden worden. Obwohl auch Männerfiguren vorkommen, sind die meisten Darstellungen von Frauen, manche vielleicht schwanger. Die meisten haben stilisierte Gesichter, die Arme unter den Brüsten verschränkt und ein eingeritztes Dreieck, um die Genitalien zu kennzeichnen. Wir wissen nicht, ob diese weiblichen Figurinen Frauen oder Männern beigegeben wurden oder ob die schwangeren Figurinen vielleicht Frauen beigegeben wurden, die im Kindbett starben, obwohl diese Fragen bei künftigen Ausgrabungen zu klären sein sollten. Einige dieser Figuren sind im Halbrelief geschnitten und wirken deshalb flach, andere sind naturalistischer. Wieder andere, besonders aus späteren Entwicklungsstufen, zeigen Menschen – es scheinen fast immer Männer zu sein – bei Tätigkeiten wie Flötenspielen, Harfenspielen oder bei der Jagd. Die Interpretationen der Kykladenfigurinen gehen auseinander. Man hat vermutet, daß sie vielleicht den sexuellen Bedürfnissen des Verstorbenen dienen sollten; oder daß sie Ersatz für Menschenopfer, Abbilder verehrter Ahnen oder Spielzeug für die Toten waren. Häufig werden sie als Abbildungen von Gottheiten interpretiert, vielleicht als eine Große Muttergöttin oder eine Göttin, die die Toten auf ihrer Reise in die Unterwelt begleitete. Auch wenn keine dieser Thesen plausibler als die andere ist, könnten einige Fragen vielleicht dazu beitragen, die eine oder die andere zu stärken. Wenn die Figurinen der Befriedigung der Toten dienen sollten, warum wurden sie nicht, und seien sie noch so einfach, in allen Gräbern gefunden? Oft scheint man sie ohne besondere Ehrfurcht in das Grab hineingelegt zu haben, die man im Umgang mit einer Göttin eigentlich erwarten sollte. Manchmal finden sich zerbrochene Figurinen im Grab, als ob sie bei Bestattungs- oder anderen Ritualen benutzt worden wären, bevor man sie den Toten beigab.

Die Funktion der jungpaläolithischen und neolithischen Figurinen und die gesellschaftliche Bedeutung, die sie jeweils gehabt haben könnten, war

18: Zwei kykladische Figurinen:
(links) aus Amorgos, ca. 3200–2800
v. Chr. (Höhe 11,1 cm)
(rechts) Typ aus Spedos, ca. 2800–
2300 v. Chr. (Höhe 20,9 cm). British
Museum.

Anlaß für viele Debatten. Da die meisten Frauen darstellen, ist ihre Interpretation von zentraler Wichtigkeit für das Thema dieses Buches. Die meisten der paläolithischen Figurinen zeigen auffällige Ähnlichkeiten, die auf eine gemeinsame Bedeutung und eine in ganz Europa verbreitete soziale und religiöse Tradition schließen lassen. Anders im Neolithikum. Die Figurinen unterscheiden sich deutlich nach Gebieten, und obwohl sie vielleicht auf einer sehr grundlegenden Stufe etwas gemeinsam haben – vielleicht nur ein gemeinsamer Ursprung im Paläolithikum – muß jede Gruppe für sich gesehen werden, unter Einbeziehung der Details und des Kontextes, in dem sie in der jeweiligen Kultur gefunden wurden. Man kann sicher nicht davon ausgehen, daß jede Figurine dem gleichen Zweck diente. (41)

Wie wir gesehen haben, gibt es auffallende Unterschiede zwischen den paläolithischen »Venusfigurinen« und den Figurinen aus dem Neolithikum und der Bronzezeit. Und da die Unterschiede zwischen den neolithischen Figurinen aus verschiedenen Gegenden des Mittelmeeres größer sind als die Ähnlichkeiten, hielt man es für unwahrscheinlich, daß in dem ganzen Gebiet ein gemeinsames Glaubenssystem oder gemeinsame Überzeugungen existierten. Andererseits waren noch bis vor kurzer Zeit große Gebiete Afrikas von unabhängigen und manchmal miteinander verfeindeten Stämmen besiedelt, die trotzdem viele Besonderheiten in den Ritualen und der Religion gemeinsam hatten, wenn auch jeder Stamm seinen Glauben in etwas anderer Weise ausdrückte. Da dieselben Argumente und ethnologischen Analogien und Erwägungen für die Diskussion der vielen möglichen Interpretationen der Figurinen aus den beiden Entwicklungsstufen der Steinzeit von Bedeutung sind, sollen sie hier erörtert werden, bevor wir uns wieder den spezifischen Gruppen von Figurinen zuwenden.

Die meisten Autoren, die über die paläolithischen »Venusfigurinen« schreiben, weisen besonders auf ihre Geschlechtsmerkmale hin, insbesondere die großen Brüste, das Schamdreieck und die Tatsache, daß viele von ihnen schwanger scheinen. Diese Figurinen stellen aber vielleicht nur Frauen dar, die uns heute einfach dick erscheinen würden. Vielleicht war diese Wohlbeleibtheit damals eine wünschenswerte Eigenschaft im Vergleich zu dünneren, weniger gut genährten Frauen. Diese Merkmale, heißt es, zeigen, daß die Figurinen Fruchtbarkeit verkörpern. Fruchtbarkeit ist für kleinere Gesellschaften, deren schieres Überleben von einer konstanten Geburtenrate abhängig war, viel wichtiger als für die größeren Gesellschaften heute. Manche Wissenschaftler interpretierten die Figurinen als Fruchtbarkeits- oder Muttergöttin, andere hielten sie für Bestandteil eines magischen Rituals, das einzelne Frauen schwanger machen sollte.

Die Wahrscheinlichkeit eines bedeutenden, über den europäischen Kontinent verbreiteten Kults einer Muttergöttin ist sehr übertrieben worden. (42) Hingegen ist die Verehrung einer Fruchtbarkeitsgöttin in Anatolien historisch nachgewiesen, einige tausend Jahre, nachdem die neolithischen Figurinen in diesem Gebiet hergestellt wurden. Dies macht es wahrscheinlicher, daß die früheren anatolischen Figurinen Darstellungen derselben Göttin sind, besonders wenn Form und der Kontext, in dem sie gefunden wurden, bedacht werden. (43) Wenn diese Interpretation richtig ist, wurde dann eine einzige Göttin in verschiedenen Haltungen und Formen dargestellt oder waren es verschiedene Göttinnen? Daraus folgt übrigens nicht, daß alle Figurinen im vorgeschichtlichen Europa in der gleichen Weise interpretiert werden müssen. Eine universelle Religion, beruhend auf einer bestimmten Göttin, ist in einer Gesellschaft wie der des paläolithischen Europas unwahrscheinlich. Einmal würde dies einen engeren und eingehenderen Kontakt zwischen verschiedenen Gruppen über weite Gebiete Europas voraussetzen, wovon man nicht ausgehen kann. Zum anderen wäre eine auf Göttern beruhende Religion bei ähnlichen Gesellschaften heute sehr ungewöhnlich. Die Glaubenssysteme von Wildbeutern und ähnlichen Kleingesellschaften, die mit der Natur in enger Beziehung leben, haben eher allgemein mit Geistern und Naturkräften zu tun als mit personifizierten Göttern und Göttinnen. Ein solcher Götterglaube ist zum Beispiel typisch für die klassische griechische und römische Welt und hat Archäologen veranlaßt, die paläolithischen Figurinen als »Venus-Figurinen« zu bezeichnen, nach der römischen Göttin der Fruchtbarkeit. Er ist typisch für komplexe Gesellschaften, wo gesellschaftliche Schichtung und Arbeitsteilung sich in einer »Hackordnung« widerspiegeln und den Gottheiten bestimmte Aufgaben zugeordnet sind. Die Erforschung des Ursprungs solch klassischer Glaubenssysteme ist in sich hoch interessant. Es ist aber sehr unwahrscheinlich, daß ein solches System im Paläolithikum oder frühen Neolithikum existiert haben könnte. Analog zu anderen gesellschaftlichen und wirtschaftlichen Veränderungen im späteren Neolithikum und in der frühen Bronzezeit (siehe Kapitel III) ist in diesen Perioden vermutlich eher der Boden bereitet worden, auf denen solche Kulte entstehen konnten.

Eine andere Interpretation der paläolithischen Figurinen stützt sich auf die Tatsache, daß viele der »Venusfigurinen« oft in der Nähe von Herdstellen in einigen der frühesten Hütten oder Häuser gefunden wurden. (44) Man sieht darin eine Verbindung zur Rolle der Frau in Haus und Familie und als »Feuermacherin« in vielen traditionellen Gesellschaften. Die Figurinen werden so als Geister, wenn nicht sogar als Darstellungen von Göttin-

nen gedeutet, die mit dem Schutz des neu »erfundenen« Heims und Herds
zu tun haben.

Eine damit verbundene Interpretation, die manchmal für die späteren
Figurinen zur Debatte gestellt wird, ist die, daß sie geweihte Dienerinnen
oder Priesterinnen darstellen, manchmal bei einer bestimmten Gebetshal-
tung oder bei Verrichtungen, die mit der Verehrung einer bestimmten Gottheit zu tun haben. Aber wie schon oben erwähnt, setzen Religionen, in
denen Gottheiten oder gar Priesterinnen mit speziellen Funktionen ange-
betet werden, eine politische und soziale Organisation voraus, die sehr viel
komplexer sein müßte, als sie wahrscheinlich in der fraglichen Epoche existiert hat.

Die Figurinen könnten auch pseudohistorische Personen darstellen, die
ein Teil der Mythologie oder des Erklärungssystems der Gesellschaft
waren. In einigen Gebieten Afrikas werden zum Beispiel Figürchen als
Lehrhilfen bei Initiationsriten benutzt. Sie stellen Charaktere aus Mythen
dar oder zeigen angemessenes Verhalten in der Gesellschaft. Nach
Gebrauch werden diese Modelle weggeworfen und könnten irgendwann
wahrscheinlich in einem ähnlichen Kontext gefunden werden wie die neolithischen kretischen Figurinen. Das Überwiegen von weiblichen Figurinen, auch wenn dies manchmal überbetont wird, wäre unter diesem
Aspekt besonders interessant. Wurden sie vielleicht bei Frauenzeremonien
benutzt, oder um Mädchen in der Pubertät die Schwangerschaft zu erklären? Oder aber, wenn sie spezifische historische oder mythische Frauen
darstellen, beweisen sie dann die Wichtigkeit von Frauen in der Geschichte
und Mythologie dieser Gesellschaft? Dagegen kann man einwenden, daß
selbst wenn Frauen in einem religiösen Zusammenhang verehrt werden,
wie zum Beispiel in der modernen katholischen Welt, dies nicht viel über
ihren wirklichen Status innerhalb der Gesellschaft aussagt. Aber dieser
Einwand wird wiederum aufgehoben durch den Hinweis (45), daß in egali-
tären Gesellschaften eine viel engere Beziehung zwischen Ideologie und
Verhalten existiert als in hierarchischen Gesellschaften, wo Ungleichheit
und Ausbeutung absichtlich durch zweideutige und widersprüchliche
Rituale und Rhetorik verschleiert werden.

Der Gebrauch von Figurinen für die Magie (46), zum Beispiel, um die
Fruchtbarkeit zu fördern, ist durch viele ethnologische Beispiele belegt und
wurde vielleicht in Gesellschaften, in denen die Verbindung von Beischlaf
und Kindgeburt nicht ganz durchschaut wurde, für noch wichtiger gehalten. Eine Frau, die sich ein Kind wünschte, verschaffte sich entweder ein
Modell von sich selbst als Schwangerer oder – noch gebräuchlicher bei
bekannten ethnologischen Beispielen – von dem erhofften Kind, vielleicht

in der Form des Erwachsenen, der es einmal werden würde. Sie trug dann diese Figur bei sich, legte sie vielleicht beim Schlafen neben sich oder benutzte sie bei anderen Ritualen. Bei verschiedenen nordamerikanischen Indianerstämmen, zum Beispiel den Zuni, trägt eine Frau, die sich ein Kind wünscht, das Modell mit sich herum, legt es in eine Wiege oder auf einen Altar, bis sie schwanger wird. Nach der Geburt des Kindes wird das Modell manchmal weggeworfen, in anderen von der Mutter sorgfältig aufgehoben, um das künftige Wohlergehen des Kindes zu sichern. Bei einigen westafrikanischen Gruppen tragen schwangere Frauen oft ein Modell auf dem Rücken, während bei anderen Völkern in diesem Gebiet, wie etwa den Senufo, den Kindern bei der Geburt Fruchtbarkeitsfiguren geschenkt werden. Sie werden von dem Individuum bewahrt und bei seinem Tod mit ihm begraben. Das Geschlecht des gewünschten Kindes wird in manchen Fällen durch das Modell angedeutet, manchmal auch nicht. Die prähistorischen Modelle waren klein und dadurch leicht zu tragen. Die Tatsache, daß die paläolithischen und neolithischen Figurinen im allgemeinen in Häusern oder festen Siedlungsstellen und oft im Abfall gefunden werden, würde für diese Möglichkeit sprechen, falls das Abbild weggeworfen werden konnte, wenn es seine Funktion erfüllt hatte. Weniger wahrscheinlich ist, daß man das Abbild einer bestimmten Gottheit weggeworfen hat. Wenn einige der prähistorischen Figurinen ein gewünschtes Kind darstellen sollen, dann würde das Vorherrschen von weiblichen Figurinen über geschlechtslose und männliche Figurinen bedeuten, daß Mädchen erwünschter als Knaben waren, und einigen Eltern das Geschlecht ihres Kindes egal war.

In manchen modernen Gesellschaften werden Figurinen für andere Formen von Zauberei und Magie benutzt. Um einem Individuum zu schaden, führt man oft eine entsprechende Handlung an einem Modell aus. Man zerbricht es etwa, um seinen Tod zu simulieren oder steckt Nadeln hinein, die Wunden markieren. Das Modell kann auch für gute Zwecke benutzt werden, zum Beispiel zum Heilen, indem man es mit einer besonderen Substanz einsalbt.

Es lassen sich aber auch einfachere Erklärungen für die Figurinen vorstellen. Zum Beispiel werden in vielen Teilen der Welt Figürchen von Kindern zum Puppenspielen benutzt, und solch eine Interpretation mancher prähistorischer Modelle kann nicht einfach abgetan werden. Die Benutzung von einfachem Material wie Ton, die Tatsache, daß in einigen Gebieten Tiere und Menschen dargestellt sind und die offensichtliche Sorglosigkeit, mit der sie manchmal weggeworfen wurden, verleiht dieser Hypothese für manche Gruppen der Figurinen eine gewisse Wahrscheinlichkeit.

Clive Gamble (47) hat sich mit einem ganz anderen Aspekt der paläolithischen Figurinen beschäftigt, der mit den bisher diskutierten Interpretationen nicht notwendigerweise unvereinbar ist. Er deutet ihre Rolle als ein Kommunikationsmittel, das weit verstreute Gemeinschaften durch eine gemeinsame Symbolik miteinander verband. Die Entstehungzeit der Figurinen stimmt mit der Periode der größten Vereisung überein, als Gemeinschaften zusätzliche soziale Sicherheitsnetze brauchten, um Engpässe in der Lebensmittelversorgung auszugleichen. Die Figurinen kommen aus offenen Unterständen oder Felsüberhängen und nicht aus der Tiefe der Höhlen, was darauf hinweist, daß sie von jedem jederzeit gesehen werden konnten und ihre »Botschaft« verständlich war. Diese Interpretation könnte die anderen Interpretationen ergänzen, die zu erklären versuchen, warum die »Venusfigurine« als Kommunikationsmittel gewählt wurde, auch wenn die Annahme eines weitgespannten und wichtigen Verbindungsnetzes akzeptiert wird.

Aus den dargestellten Interpretationen geht hervor, daß die Figurinen keineswegs nur als »Mutter«- oder Fruchtbarkeitsgöttinnen gedeutet werden können. Wir haben auch gesehen, daß Interpretationen einen unterschiedlichen Grad von Wahrscheinlichkeit für einige Figurinengruppen haben, je nachdem, in welchem Kontext sie gefunden wurden, ob in Gräbern oder häuslicher Umgebung oder in Abfallhaufen, je nachdem, aus welchem Material sie gemacht waren, aus dem einfacheren oder dem selteneren oder schwerer zu bearbeitenden, je nachdem, wie ausgeprägt Gesichtszüge oder Körperform und Haltung dargestellt waren. Die sozialen und wirtschaftlichen Gegebenheiten wie auch die Umweltbedingungen der Gesellschaften, in denen die paläolithischen und neolithischen Figurinen entstanden, sind sehr verschieden. Die unterschiedliche Rolle, die Frauen als Nahrungsbeschaffer in der jeweiligen Gesellschaft hatten, muß berücksichtigt werden, ebenso wie der ungeheure zeitliche Abstand zwischen den beiden Gruppen von Figurinen. Die paläolithischen Figurinen sind Produkte von Jäger- und Sammlergemeinschaften, die in extrem kaltem Klima lebten, am Rande der Eisfelder des Glazials, wo das wahrscheinlich von den Männern erjagte Fleisch das Hauptnahrungsmittel war, während die neolithischen Figurinen Tausende von Jahren später in einfachen Ackerbaugesellschaften entstanden, wo, wie wir im folgenden Kapitel sehen werden, die Frauen die entscheidende Rolle bei der Nahrungsbeschaffung spielten. Wie bei allen Kunstwerken, muß ihre Rolle, eine bestimmte Ideologie zu schaffen und zu tragen, mit bedacht werden. Diese bezieht sich möglicherweise gar nicht direkt auf die wirkliche Rolle des dargestellten Objektes, in diesem Fall auf Frauen. Die Leser müssen sich letztlich ihre eigene Meinung bilden und sich dabei der Probleme bewußt sein, die die Interpretation von archäologischem Material immer mit sich bringt. Welche der Interpretationen auch vorgezogen wird, die Tatsache, daß weibliche gegenüber männlichen Darstellungen vorherrschen, muß irgendeine Bedeutung haben.

Die ersten Bauern

Für das Leben der Frauen war die neolithische Periode vielleicht die wichtigste Phase der Vorgeschichte. Wie wir im letzten Kapitel gesehen haben, waren Frauen und Männer am Ende des Paläolithikums und Mesolithikums wahrscheinlich gleichberechtigt. Frauen sammelten ebensoviel, wenn nicht sogar mehr Nahrung für die Gemeinschaft und hatten dadurch den gleichen Status wie die Männer. Aber vor etwa 4000 Jahren, in der Bronzezeit, hatten sich viele von den geschlechtsspezifischen Rollen und Verhaltensweisen, die für die moderne westliche Welt charakteristisch sind, wahrscheinlich durchgesetzt. Man muß demnach annehmen, daß die entscheidenden Veränderungen während der neolithischen Periode stattfanden.

Die Entdeckung des Ackerbaus

Eine der entscheidenden Veränderungen in der Geschichte der Menschen war ganz sicherlich die Kultivierung von Pflanzen und die Tierhaltung – die Erfindung der Landwirtschaft. Die gesellschaftlichen Folgen des Übergangs vom Sammeln und Jagen zum Ackerbau müssen genauso umwälzend gewesen sein wie die wirtschaftlichen Folgen, aber erst nach Generationen oder Jahrhunderten waren wohl alle Auswirkungen dieser Veränderung zu spüren. Anstatt auf der Suche nach Nahrung umherzuschweifen, erlaubte oder erzwang die Entdeckung des Ackerbaus eine seßhafte Lebensweise. Das hat auch, vielleicht sogar als direkte Folge, zu einem Anstieg der Bevölkerung geführt. In der archäologischen Literatur wird diskutiert, welche dieser Veränderungen Ursache und welche Folge waren und warum diese Veränderungen eintraten und sich schließlich in ganz Europa durchsetzten. Die Entdeckung von Ackerbautechniken wird gewöhnlich Männern zugeschrieben, aber mit großer Wahrscheinlichkeit wurden sie von Frauen entdeckt.

Wenn man konkretes archäologisches Material und ethnologische Erkenntnisse über heutige Wildbeuter und über einfache, nicht-mechanisierte Ackerbaugesellschaften heranzieht, haben wahrscheinlich zuerst die

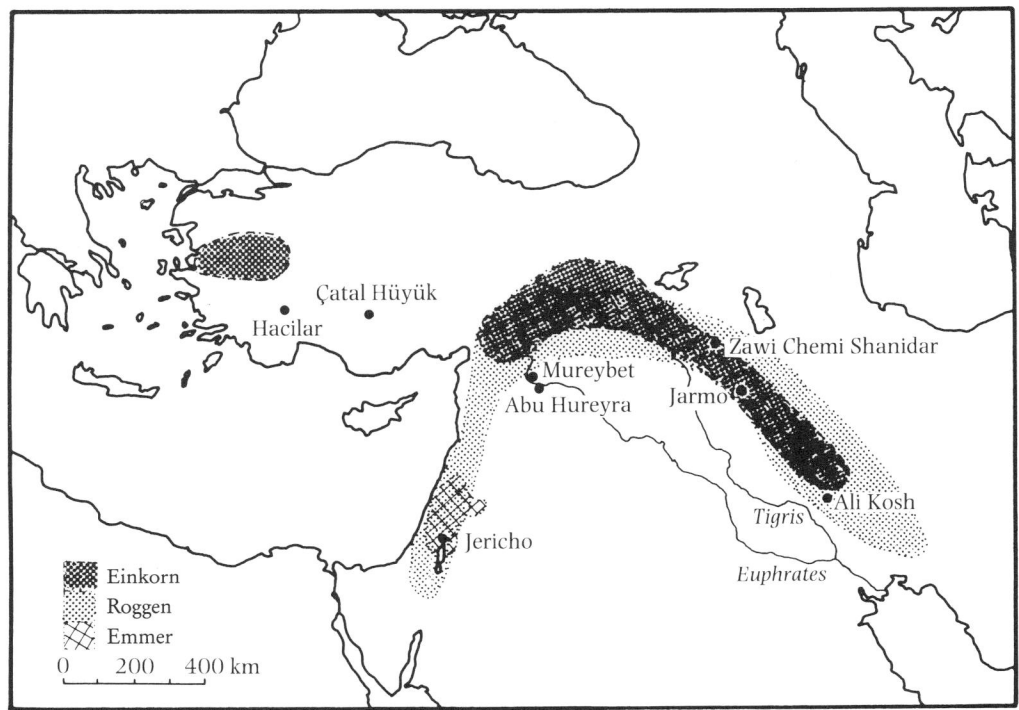

19: Die natürliche Verbreitung der Wildgetreidearten Emmer, Einkorn und Roggen, mit den hauptsächlichen frühen Fundorten in Südwestasien. Nach Bender, 1975.

Frauen das Verhalten der Pflanzen beobachtet und langfristig vermutlich nach dem Versuch-Irrtum-Verfahren, herausgefunden, wie man Getreide anbaute und pflegte.

Dieser Übergang vom Sammeln und Jagen zum Ackerbau, was den Übergang vom Paläolithikum und Mesolithikum oder der Alt- und Mittelsteinzeit zum Neolithikum oder der Jungsteinzeit bedeutete, hat wohl in Südwestasien einige Zeit nach 10 000 v. Chr. stattgefunden. Gegen 6000 v. Chr. hatte sich der Ackerbau in diesem Teil der Welt durchgesetzt und verbreitete sich von dort aus auch nach Europa.

In den letzten zehn Jahren haben Archäologen bei der Frage, wann und wo der Ackerbau zuerst entstand und in welchen Stadien die Veränderung geschah, große Fortschritte erzielt. (1) Wissenschaftliche Datierungsmethoden, insbesondere die Radiocarbon- oder C-14-Methode ermöglichen uns, das Datum zu bestimmen, wann ackerbauende, seßhafte Bevölkerungen in verschiedenen Teilen Europas und Südwestasiens lebten, und paläo-

botanische und zoologische Untersuchungen haben gezeigt, welche Pflanzen und Tiere zuerst domestiziert wurden. Die frühesten Ackerbaugemeinschaften lebten in dem Gebiet, das als der Fruchtbare Halbmond bekannt
ist, um die Flüsse Euphrat und Tigris herum, in den heutigen Ländern
Iran, Irak, Türkei, Syrien, Jordanien und Israel, wo die später kultivierten
Gräser wild wuchsen. (2) Einige Archäologen nehmen an, daß Gemeinschaften oder Gruppen in einem viel größeren Raum den Ackerbau ganz
unabhängig voneinander entwickelt haben könnten, möglicherweise auch
in Teilen von Südosteuropa. Als Beleg für die frühen Phasen wurden an
Fundstellen wie etwa Ali Kosh im Iran, Çayönü in Anatolien und Jericho in
Israel Wildgetreidekörner und Tierknochen gefunden, die sich in Einzel-

*20: Der Unterschied zwischen wildem
und kultiviertem Weizen.
Ähren und Körner von
a. Wildem Einkorn (Triticum boeoti-
cum) und
b. Kultiviertem Einkorn (T. monococ-
cum). Nach Bender, 1975 und Cole,
1960.*

a   b

heiten ihrer Form von der kultivierten beziehungsweise domestizierten Art unterscheiden, die in den späteren Phasen an denselben Stellen vorkommen. Eine der wichtigsten Fundstellen ist Mureybet im Euphrattal, wo ungefähr 200 Rundhäuser im Tiefland standen. Die Stelle ist mindestens 100 km vom Hochland entfernt, wo, wie man annimmt, Wildgetreide natürlich wuchs. Das Vorkommen von wilden Weizen- und Roggenkörnern in Mureybet kann also als Beweis gelten, daß Getreide als Saatkorn vom Hochland gebracht und an der Fundstelle etwa zwischen 8500 und 8000 v. Chr. angebaut wurde. (3) Ein ähnlicher Beleg, nur noch älter (etwa 9500 und 8500 v. Chr.) ist an der Ausgrabungsstätte Abu Hureyra gefunden worden, ungefähr 25 km stromabwärts von Mureybet, wo wilder Einkorn-Weizen, der in diesem Gebiet nicht natürlich vorkam, in unmittelbar vorneolithischen Schichten gefunden wurde. Bei einer Untersuchung von Unkrautsamen, die zusammen mit dem Weizen gefunden wurden, konnten Pflanzenarten nachgewiesen werden, die für die Vegetation der Gegend um Abu Hureyra typisch sind und nicht für die Vegetation des entfernten Hochlands. Dies stärkt die Hypothese, daß das Getreide am Fundort angebaut wurde. (4)

Wann und warum erfolgte dieser Übergang zum Ackerbau und, vor allem, was können wir über die Rolle der Frauen bei diesem Vorgang sagen?

Im letzten Kapitel betrachteten wir die Wildbeuter, die in der heutigen Welt noch existieren. Sie sammeln und jagen Nahrung ähnlich wie die Menschen der paläolithischen Gesellschaften vor der Erfindung des Ackerbaus. Wie wir gesehen haben, sind in diesen Gemeinschaften hauptsächlich Frauen damit beschäftigt, Pflanzennahrung zu sammeln, die den Hauptanteil der Ernährung fast aller Wildbeuter darstellt, während die Männer viel mehr Zeit mit dem Jagen von Tieren verbringen. Obwohl tierische Produkte eine wichtige Proteinquelle sind, spielt Fleisch bei der Ernährung eine verhältnismäßig kleine Rolle. Wir können Gemeinschaften etwa in Neuguinea oder Teilen von Afrika untersuchen, die immer noch mit einfachsten Mitteln Getreide anbauen und Tiere halten, ähnlich, wie man es sich für neolithische Gemeinschaften vorstellen könnte. Sie benutzen keinen Pflug oder künstliche Bewässerung, und sie halten wenige oder gar keine Tiere. Um sie von Menschen zu unterscheiden, die entwickeltere mechanische Geräte im Ackerbau anwenden, nennen Ethnologen diese Art des Ackerbaus gewöhnlich »Gartenbau« (engl.: horticulture). Wenn wir die Lebensweise dieser Gruppen untersuchen und bedenken, welche archäologischen Spuren ihre Tätigkeiten hinterlassen würden und sie mit vorhandenen archäologischen Funden der ersten Ackerbauer in Europa und Südwestasien vergleichen, können wir uns eine gewisse Vorstellung von der Lebensweise im neolithischen Europa machen.

Daß Analogieschlüsse auf Gesellschaften der Vergangenheit aufgrund ethnologischen Materials, insbesondere im Hinblick auf Geschlechterrollen, nicht unproblematisch sind, ist schon erwähnt worden und muß hier mit bedacht werden. Aber zusätzlich zu den mehr allgemeinen Schwierigkeiten eines solchen Vergleichs muß auf bedeutende Unterschiede zwischen neolithischen und modernen Gartenbaukulturen hingewiesen werden. Die meisten heutigen Gartenbau praktizierenden Völker (engl.: horticulturalists) leben in Gebieten wie Neuguinea, den pazifischen Inseln, Südamerika und Teilen von Zentralafrika. Klima und Vegetation in diesen Gebieten sind ganz verschieden von denen der frühen Ackerbaukulturen, und das Getreide, das sie anbauen, hat andere Wachstums- und Erntebedingungen als das Getreide in Europa und Südwestasien und erfordert auch andere Techniken, um es für den Verzehr zuzubereiten. Diese Faktoren werden aber die gesellschaftliche und wirtschaftliche Organisation der Gemeinschaften beeinflussen; wie stark und wie weit das auch Auswirkungen auf die Geschlechterrollen und den Status der Frauen hatte, ist schwer festzustellen. Aber obwohl heutige Gartenbaukulturen an sehr verschiedenen Orten in der Welt existieren, kann man erstaunlich gleichartige Verhaltensweisen beobachten, so daß wir mit einiger Zuversicht ihre Lebensweise als Modell für das Neolithikum gebrauchen können, besonders wenn man einige dieser Verhaltensweisen auch in archäologischem Material widergespiegelt sieht.

Studien über die Rolle der Frauen in verschiedenen Typen von Ackerbaugemeinschaften zeigen ein bemerkenswert übereinstimmendes Bild. (5) In Gesellschaften, wo mit dem Pflug gearbeitet wird und Tiere in größerer Anzahl gehalten werden, wird die meiste landwirtschaftliche Arbeit von Männern verrichtet. Frauen haben keinen direkten Anteil daran oder nur in einer ganz untergeordneten Rolle. Andererseits sind bei den gartenbautreibenden Völkern, die Hacken oder Grabstöcke verwenden, um einzelne Löcher oder Reihen von Löchern für Wurzeln oder Samen zu graben, fast ausschließlich Frauen für die ganze landwirtschaftliche Produktion zuständig. Eine Untersuchung von 104 heutigen Gartenbaugesellschaften hat gezeigt, daß bei 50 % der Gruppen ausschließlich Frauen für die landwirtschaftliche Arbeit zuständig waren. Bei 33 % erledigten Frauen und Männer gemeinsam verschiedene Aufgaben, und in nur 17 % waren ausschließlich Männer für die Landwirtschaft zuständig, und das, nachdem diese Gesellschaften schon Jahrzehnte oder Jahrhunderte in Kontakt mit Gesellschaften sind, in denen Männer bei der Produktion eine größere Rolle spielen und dabei ideologisch unterstützt werden. (6)

Gartenbau ist noch weit verbreitet, besonders in den Tropen, in vielen Teilen von Afrika, Mittelamerika und Asien. Die typische Arbeitsweise in diesen Gebieten ist eine abwechselnde Kultivierung, wobei Felder ein paar Jahre lang bepflanzt werden und, wenn die Fruchtbarkeit des Bodens nachläßt, ein anderes Stück gerodet und bepflanzt wird. Die Männer helfen oft bei der Beseitigung von Bäumen und Buschwerk; aber die Frauen erledigen meistens das Hacken, Säen, Pflegen und Ernten. Untersuchungen zu Beginn dieses Jahrhunderts haben gezeigt, daß diese Art des Anbaus früher weiter verbreitet war als heute. Wahrscheinlich ist auch, daß sie noch verbreiteter war zu einer Zeit, als die meisten Teile der Welt noch keinen Kontakt mit europäischen Händlern und Missionaren hatten und deren vorgefaßten Meinungen darüber, was Frauen und was Männer zu tun hätten.

Die heutigen Gartenbau treibenden Völker, die hauptsächlich in den tropischen Regenwäldern leben, müssen dichten Wald und Unterholz roden, bevor sie mit dem Anbau beginnen können, und, wie wir gesehen haben, ist dies gewöhnlich die Arbeit der Männer. In Südwestasien, in den Gebieten, wo der Ackerbau zuerst praktiziert wurde, war die natürliche Vegetation ganz anders. Die Pollenanalyse an neolithischen Fundstellen zeigt, daß eine natürliche Graslandschaft vorherrschte, mit Eichen und Pistazienwäldern in den höher gelegenen Gebieten. Dieses Grasland urbar zu machen war eine relativ leichte Arbeit. Vielleicht wurden am Anfang die ausgesuchten Getreidesamen auf sandige Stellen mit geringer Vegetation gesät, oder man hat wildes Gras ausgerissen oder abgebrannt, bevor der Samen gesät wurde. Die Rodungsarbeit, die die Arbeit der Männer bei den heutigen Gartenbaukulturen ist, hat damals wohl kaum existiert. Vermutlich gingen die Männer immer noch auf die Jagd, wie zu der Zeit, als die Gesellschaft noch ganz auf das Sammeln angewiesen war und wie sie es in manchen heutigen oder vor kurzem noch existierenden Gartenbaukulturen taten, bevor die Landknappheit und das Eingreifen moderner Regierungen die Bedeutung der Jagd in vielen Gebieten einschränkten.

Die meisten traditionellen Gartenbau treibenden Völker halten wenige oder gar keine Tiere. Vielleicht werden wilde Tiere gejagt und eine oder zwei domestizierte Arten werden in geringer Zahl gehalten, die gewöhnlich am Hof leben und nicht in Herden gehalten werden. In Neuguinea und auf den pazifischen Inseln werden zum Beispiel Schweine gehalten. Sie gelten als sehr wertvoll, und auf ihre Pflege verwendet man große Mühe. Da diese Tiere nicht zum Pflügen gebraucht werden und ihr Mist nicht zum Düngen benutzt wird, besteht das enge Verhältnis zwischen Ackerbau und Haustierhaltung, das in höher entwickelten landwirtschaftlichen Kulturen zu finden ist, nicht. In Südwestasien lassen sich jedoch die ersten archäologischen Spuren von domestizierten Schafen, Ziegen und Schweinen etwa zu derselben Zeit wie der früheste Pflanzenanbau nachweisen; man hat sie oft an denselben Ausgrabungsstätten gefunden, obwohl es in Abu Hureyra, einer der frühesten Fundstellen für Ackerbaugesellschaften, so scheint, als ob in der ersten Phase des Getreideanbaus Fleisch nur durch das Jagen wilder Tiere beschafft wurde. (7) Demnach könnte die gleichzeitige Erfindung der Kultivierung von Pflanzen und der Domestizierung von Tieren ein echter und wichtiger Unterschied zwischen heutigen und neolithischen Garten- bzw. Ackerbaukulturen sein. Andererseits ist es unmöglich, das relative Verhältnis von angebauten Pflanzen und der Zahl der Haustiere an einer archäologischen Fundstelle zu bestimmen, weil Tierknochen gewöhnlich gut überdauern, während Samen und Pflanzenreste selten und nur dann festzustellen sind, wenn während der Ausgrabungen spezielle Techniken angewandt werden. Wahrscheinlich kann man die an der Fundstelle einst gehaltenen Tiere zum großen Teil nachweisen, während die meisten Körner und Pflanzenreste entweder verzehrt oder ausgesät wurden und keine archäologischen Spuren hinterlassen haben. An den meisten neolithischen Fundstellen findet man Knochen von wilden Tieren zusammen mit denen von Haustieren, die Jagd muß also neben dem Ackerbau weiter betrieben worden sein. Wie waren die Geschlechterrollen in diesen frühen neolithischen Gemeinschaften? Wendeten manche Männer ihre Kenntnisse über Tiere, die sie durch die Jagd gewonnen hatten, auf die Haltung von Haustieren an? Oder jagten die Männer weiterhin, so wie bei heutigen Gartenbaukulturen, während Frauen oder Kinder sich um die kleine Zahl der domestizierten Tiere kümmerten, etwa das Junge eines Muttertieres, das von den Jägern getötet worden war und das von Kindern »gerettet« und gepflegt wurde?

Frauen sind für das Sammeln pflanzlicher Nahrung bei fast allen Wildbeutern, von denen wir etwas wissen, zuständig, und sie sind auch für den Anbau von Pflanzen bei den heutigen Gartenbauern verantwortlich. Man kann also mit großer Wahrscheinlichkeit annehmen, daß sie für diese Aufgaben auch in der Vergangenheit zuständig waren. (8) Daraus ergibt sich, daß Frauen in der Lage waren, die Kultivierung von Pflanzen in den verschiedenen Stadien zu entwickeln, zusammen mit den dazu gehörenden anderen Neuerungen, wie etwa die Hacke und Aufbewahrungs- und Zubereitungsmethoden. Zwei Fragen stellen sich dabei: Wie hat sich diese neue Produktionsweise entwickelt? War es ein plötzlicher Durchbruch oder ein allmählicher Prozeß? Und gibt es an den Orten, wo die Landwirtschaft zuerst auftauchte, archäologische Belege dafür, daß Frauen diese revolutionäre Veränderung herbeigeführt haben?

Die archäologischen Belege für den Übergang zum Ackerbau sind schwer zu erkennen. Bei Pflanzen tauchen morphologische Veränderungen auf, die sowohl durch unabsichtliche als auch durch die absichtliche Auslese bestimmter Eigenschaften eintreten, aber nur nach jahrelangem Anbau. Tiere, die getrennt von ihren Artgenossen und mit einer begrenzten Anzahl von Zuchtpartnern gehalten werden, verändern sich ebenfalls nach einigen Generationen. Diese Veränderungen treten jedoch erst lange nach dem entscheidenden Schritt ein: dem Manipulieren der wilden Tiere durch die Menschen, die sie gefangen halten oder mit Nahrung versorgen. Wenn an einer Ausgrabungsstätte Körner von Wildgras gefunden werden, ist deswegen schwer zu sagen, ob sie von einer Wildbeuterfrau gesammelt oder von einer Frau einer bäuerlichen Kultur absichtlich an einer ausgesuchten Stelle gepflanzt wurden.

Eine Reihe wichtiger Ausgrabungen in Südwestasien in den letzten zehn Jahren hat neues Material für die einzelnen Entwicklungsstadien der Landwirtschaft erbracht. (9) Die Ansiedlungen und Hausformen der ersten Bauern und ihre materielle Kultur sind nun besser bekannt. Aber die meisten dieser Ausgrabungen haben geringe Ausmaße im Vergleich zu Ausgrabungen in Nordwesteuropa. Wenn größere Ansiedlungen ausgegraben würden, könnte man vielleicht erkennen, daß manche Gebiete oder Häuser für eine Aufgabe, andere für eine andere benutzt wurden. So zum Beispiel zeigen Ansammlungen von Abschlägen, wo Feuersteinwerkzeuge hergestellt wurden. Ähnliche Belege für unterschiedliche Aufgaben bei der Nahrungsmittelproduktion sind bei nahöstlichen neolithischen Ausgrabungen noch nicht gefunden worden. (10) Wenn man sie fände, könnte man vielleicht die Belege mit dem Geschlecht der Skelette in Verbindung bringen, die man oft unter dem Boden solcher Häuser findet. Wenn man davon ausgehen darf, daß die tote Person in diesem Haus gewohnt oder gearbeitet hatte, dann könnte diese Korrelation, wenn man eine genügend große Anzahl von Fällen zur Verfügung hätte, vielleicht den Beweis erbringen, daß Frauen mit bestimmten Aufgaben zu tun hatten, Männer mit anderen. Obwohl, so viel ich weiß, eine solche Untersuchung noch nicht angestellt worden ist, wäre sie doch im Rahmen der Archäologie durchaus möglich und würde nur eine größere Quantität von relevantem Material erfordern, welches wir zweifellos aus Grabungen in naher Zukunft erwarten dürfen.

Wie können wir uns die Entdeckung der Landwirtschaft vorstellen?

Analog zu den heutigen Wildbeutern waren es, wie wir gesehen haben, mit
großer Sicherheit die Frauen, die für das Sammeln pflanzlicher Nahrung
zuständig waren, die, das muß man immer wieder betonen, den größten
Teil der Nahrung bei allen Naturvölkern ausmachte. Sie kannten daher
wahrscheinlich die Orte, wo bestimmte Pflanzen zu finden waren. Eine Art
eßbarer Pflanze wuchs vielleicht an einem Fluß, eine andere im Schutz von
Bäumen. Nachdem sie ihr Leben lang das Wachsen der Pflanzen beobachtet hatten, müssen diese Frauen viel über die komplizierte Biologie der
Pflanzen gewußt haben. Sie würden die jungen Triebe und Schößlinge
erkannt haben, die voll entwickelt waren, wenn sie später im Jahr an dieselbe Stelle zurückkamen. Sie würden bald erkannt haben, daß bei weniger
Regen und Sonnenschein die Pflanzen nicht so gut wuchsen und es weniger zu essen geben würde. Sie würden wohl auch erkannt haben, daß die
Samen auf die Erde fallen mußten, damit an derselben Stelle im nächsten
Jahr neue Pflanzen wuchsen. Wenn die ganze Pflanze herausgerissen oder
gegessen wurde, wuchs im nächsten Jahr an dieser Stelle keine mehr, aber
wenn einige Samen heruntergefallen waren oder woanders verstreut wurden, wuchsen sie statt dessen an der neuen Stelle. Zweifellos werden viele
Tausende von Wildbeuterfrauen dies bemerkt haben, hielten es aber vielleicht nicht für vorteilhaft, die Stelle bestimmen zu können, an der Nahrung wuchs. Wie wir im letzten Kapitel gesehen haben macht der Ackerbau
das Leben nicht unbedingt leichter. Viele heutige Wildbeuter, zum Beispiel
die !Kung in der Kalahari-Wüste wissen wohl, daß ihre Nachbarn Ackerbau
betreiben, auch wie man es macht, aber sie bleiben lieber bei ihrem traditionellen, einfachen Leben: »Warum sollen wir etwas anbauen, wenn es so
viele Mongongo-Nüsse in der Welt gibt?«

Der Übergang vom Sammeln und Jagen zum Ackerbau führte sicher zu
vielen Veränderungen der Lebensweise, die die frühesten Erneuerer nicht
voraussehen konnten. Um etwa 10000 v. Chr. haben wahrscheinlich
Frauen in ganz Europa und Südwestasien einen Teil ihrer Zeit mit dem
Sammeln von Getreide und anderen Pflanzen, die in ihrer Umgebung
wuchsen, verbracht; die Männer verbrachten ihre Zeit wahrscheinlich mit
Jagen. Wenn die Frauen dachten, daß bestimmte Pflanzen nur noch in einiger Entfernung reif wurden, oder die Männer feststellten, daß es in der
Nähe immer weniger Tiere gab, nahmen sie ihr bißchen Habe und zogen
ein paar oder auch viele Kilometer weiter, bis sie zu einem besseren Platz
kamen. Wie oft ein solcher Umzug nötig war, war wohl sehr unterschiedlich. In manchen Teilen der Welt oder in gewissen Jahreszeiten war ein solcher Umzug vielleicht alle paar Tage nötig, anderswo konnten sie vielleicht
einige Monate an einer besonders günstigen Stelle bleiben. In manchen

besonders günstigen Gegenden in Europa war ein Umzug vielleicht sogar nur zwei- oder dreimal im Jahr nötig, zwischen ein paar regelmäßigen Wohnorten, oder aber man zog um, weil eine besonders beliebte Pflanzenart nur in einiger Entfernung zu haben war. Die Pflanzen, die als Nahrung dienten, waren natürlich von Gebiet zu Gebiet verschieden, und einige waren besser zum Anbau geeignet als andere. In den Gebirgstälern von Südwestasien wuchs eine Anzahl von Grassorten, deren Samen gekocht oder zu Mehl verarbeitet werden konnten und besonders schmackhaft und nahrhaft waren, wie man herausfand. Diese Gräser, die wir als Weizen und Gerste kennen, fand man nur in Gebirgstälern. Andere Pflanzen, die man dort auch aß, wuchsen eher im Tiefland, etwa in Flußtälern. Getreidesorten reifen nur einmal im Jahr, aber diese Samen konnte man aufheben und zu einer späteren Zeit essen. Wildbeuter tragen normalerweise keine Nahrung mit sich herum, aber einige Frauen, die Getreidekörner sammelten, stellten vielleicht fest, daß sie in ein paar Tagen genug Nahrung für eine längere Zeit sammeln konnten. Einige blieben vielleicht an der Stelle, wo sie die Körner gefunden hatten, während andere sie lieber über einige Entfernung zu Orten trugen, wo sie noch andere Nahrung fanden. (11)

Diese Entdeckungen würden wahrscheinlich zwei wichtige Folgen gehabt haben: Erstens, einen Wechsel von einer nomadischen Lebensweise zu einer seßhaften, und zweitens eine bedeutende Zunahme der Bevölkerung. (12) Zunächst einmal wäre es sicher mühsam gewesen, schwere Taschen mit Getreide herumzuschleppen. Und wenn man sie irgendwo gelassen hätte, um später darauf zurückzugreifen, wäre das Getreide möglicherweise gefunden und verzehrt worden, von anderen Menschen oder von Tieren. Man merkte sicher bald, daß man besser jemanden bei den Kornvorräten zurückließ, um sie zu bewachen. Vielleicht blieben die älteren Mitglieder der Gruppe zurück, während die anderen weiter Nahrung suchten. Wenn man genügend Getreide für den größeren Teil des Jahres gesammelt hatte, konnte man wahrscheinlich leichter mehrere Monate an einem Ort verweilen, vorausgesetzt, daß noch andere Nahrungsquellen in der Nähe waren. Wenn das Getreide von dem Aufbewahrungsort zu der Stelle gebracht wurde, wo man es aß, fielen sicherlich Körner auf die Erde, von denen einige keimten. Wenn die Gruppe im nächsten Frühjahr noch an derselben Stelle lebte oder dorthin zurückkehrte, bemerkten einige Frauen wahrscheinlich die neuen Weizen- und Gerstenpflanzen, die nun dort wuchsen. Vielleicht beobachteten einige besonders aufmerksame Frauen oder auch ein Kind, wie der auf die Erde gefallene Samen keimte und allmählich wuchs, bis er als Getreidepflanze erkennbar war. Dies geschah jahrein, jahraus in vielen verschiedenen Siedlungen in

der Nähe des natürlichen Vorkommens von Weizen und Gerste. Bis absichtlich einige der kostbaren Körner in der Nähe des Lagers auf die Erde
gestreut wurden, in der Erwartung, daß neue Pflanzen daraus entstehen,
fehlte aber noch ein entscheidender Schritt. Andererseits, wenn dieser
Schritt einmal getan war, hätte man sich den längeren Weg zu dem Ort, wo
das Getreide sonst geerntet wurde, erspart. Dann hätte man wohl notwendigerweise während die Pflanzen wuchsen in der Nähe bleiben müssen,
um hungrige Tiere und Menschen abzuwehren. Und wenn das reife Korn
geerntet war, müßte man es sorgfältig lagern und schützen, bevor man es
im Winter allmählich hätte aufzehren können. Ohne es besonders zu beab-
sichtigen, hätte also die Gruppe das ganze Jahr am selben Ort bleiben müssen; zu keiner Jahreszeit konnte die ganze Gruppe einfach wegziehen. Aus
nomadischen Wildbeutern wurden so seßhafte Bauern.

Heutige nomadische Wildbeuter bauen meistens nur rudimentäre
Unterkünfte oder gar keine. Sie bleiben nur kurz an einem Ort, so daß
festere Bauten nicht nötig werden. Außerdem haben sie gewöhnlich nur
wenig Besitz, da dieser nur eine zusätzliche Last wäre. Aber sobald eine
Gruppe nicht mehr regelmäßig umherzieht, sondern ständig an einem Ort
bleibt, ändern sich diese beiden Faktoren. Ein Haus zu bauen, das einige
Zeit überdauert, lohnt sich nun, und Gartenbau treibende Menschen
errichten fast immer feste Gebäude zum Übernachten und, – was vielleicht
wichtiger ist –, um die Nahrungsmittel aufzubewahren, die sie geerntet
haben. Dasselbe Muster kann man klar an den archäologischen Belegstük-
ken für den Übergang vom Wildbeuterdasein im Paläolithikum und Mesolithikum zum Anbau von Feldfrüchten im Neolithikum erkennen. In der
Phase unmittelbar vor dem Ackerbau im heutigen Westjordanien, die als
Natufian-Phase (nach dem Hauptfundort Natuf) bezeichnet wird und die
auf ungefähr 10000–8000 v.Chr. datiert wird, bestanden jahreszeitlich
bewohnte Lager aus runden oder ovalen Hütten mit Steinfundamenten,
aber wahrscheinlich nur leichten Aufbauten, kaum mehr als Unterstände.
In den darauffolgenden Phasen in diesem Gebiet, aus denen man archäologische Hinweise auf Ackerbau hat, waren die Häuser sorgfältiger gebaut.
In Mureybet, das ich schon erwähnt habe, wurden ganz solide rechteckige
Hütten gebaut, einige aus behauenen Kalksteinblöcken, andere mit Lehm-
wänden in einem hölzernen Rahmen, auf Fundamenten aus Stein. Vorratsbehälter waren in den Fußboden der Häuser eingelassen, und die Tatsache,
daß die Wände verputzt waren, läßt darauf schließen, daß die Häuser für
eine beträchtliche Zeit bewohnt waren. (13)

Als die Menschen sich, bedingt durch den landwirtschaftlichen Zyklus,
darauf einließen, mehr oder weniger dauerhaft an einem Ort zu wohnen

und anfingen, Behältnisse herzustellen, um Dinge aufzubewahren, würde
es leichter gewesen sein, Besitztümer anzusammeln, wie etwa Schmuck,
Vorratsbehälter und Werkzeuge. Die Werkzeuge der Wildbeuter müssen
entweder leicht sein, damit man sie herumtragen kann oder einfach herzustellen, wenn man sie nach Gebrauch wegwirft. Wenn sie aber aufgehoben
und gepflegt werden können, kann auf ihre Herstellung mehr Mühe verwendet werden. Frühe landwirtschaftliche Geräte waren etwa spitze
Stöcke, um Löcher für den Samen zu graben, oder Mahlsteine, um Korn zu
mahlen. Da die Frauen die Notwendigkeit für diese Geräte entdeckten,
haben vielleicht sie, und nicht die Männer, die Werkzeuge auch hergestellt.
(14) Prähistorische Wildbeuterfrauen benutzten wahrscheinlich Felltaschen, um gesammelte Nahrung zum Lager zurückzubringen, genauso
wie die heutigen Wildbeuterfrauen; Menschen, die Ackerbau betrieben,
brauchten solidere Behälter, um Nahrungsmittel in ihren Häusern aufzubewahren, sie brauchten sie aber nicht herumzutragen. Geschnitzte Holz-
gefäße und Keramikgefäße wurden in den meisten frühen bäuerlichen
Kulturen benutzt, in der Vergangenheit wie auch heute noch, aber nur selten von Wildbeutern. Weil Keramikgefäße an archäologischen Fundstellen

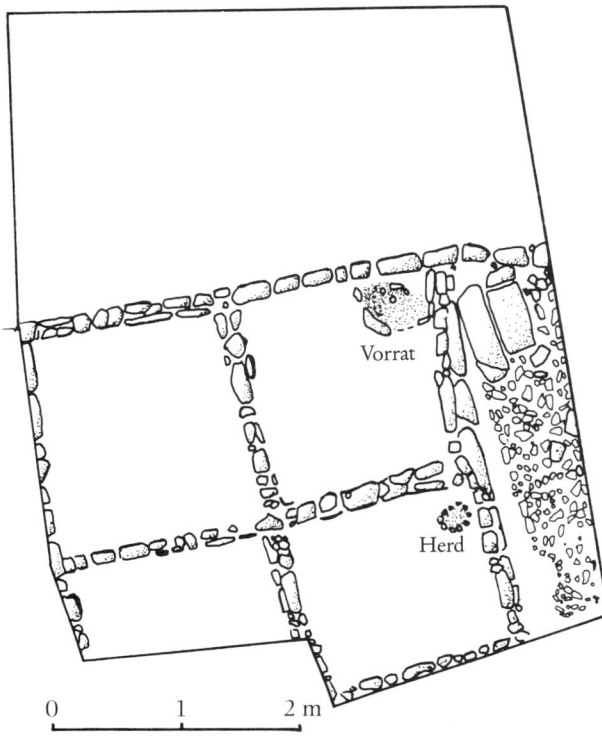

Vorrat

Herd

0   1   2 m

*21: Plan eines Hauses aus
dem frühen Neolithikum aus
dem Dorf Mureybet in Sy-
rien. Es ist aus behauenen
weichen Kalksteinen mit Ton-
mörtel gebaut. Einer der vier
Räume (rechts unten) enthielt
eine versenkte, mit Steinen
umrandete Herdstelle, ein anderer (rechts oben) ein Vor-
ratsbehältnis. Der Hof war
gepflastert. Nach Mellaart,
1975.*

oft gut erhalten sind, sind sie das erste, worauf ein Archäologe sich bezieht,
wenn er eine Fundstelle oder eine Periode beschreibt. Die Töpferei wurde
in Südwestasien erfunden, in demselben Gebiet, in dem Ackerbau zuerst
betrieben wurde, aber wahrscheinlich erst einige hundert Jahre nachdem
sich die Menschen an ein seßhaftes Leben gewöhnt hatten.

Da Keramikgefäße wohl zuerst benutzt wurden, um Getreide aufzubewahren oder um pflanzliche Nahrung zu kochen – beides fällt in den Aufgabenbereich der Frauen – entdeckten wahrscheinlich Frauen eher als
Männer das Formen und anschließende Brennen von Ton.

Eine andere Folge der Fähigkeit Besitztümer zu behalten und Nahrung
aufzubewahren, war, daß zum ersten Mal manche Menschen mehr ansam-
meln konnten als andere. Wenn jemand ein Werkzeug oder eine Notration
Nahrung brauchte, die ein anderer übrig hatte, konnte er es leihen oder als
Geschenk annehmen und der Leiher würde sich dem Verleiher oder Spender verpflichten. Reichtum, Schulden und Verpflichtung und damit eine
soziale Gliederung aufgrund unterschiedlicher Besitzverhältnisse konnten

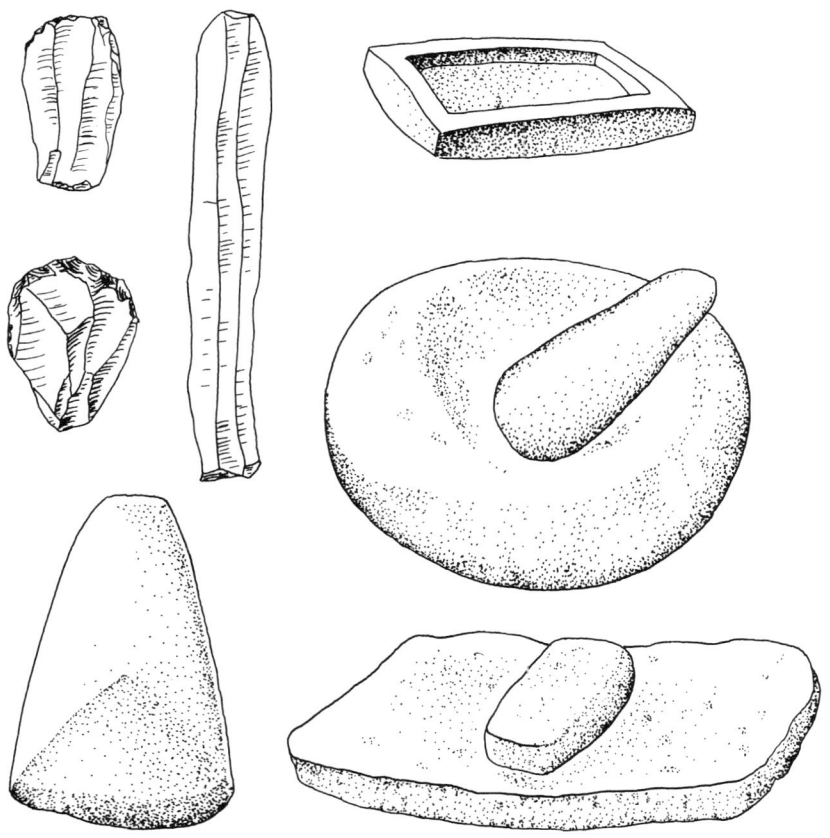

sich das erste Mal im Neolithikum entwickeln, und das ist ein entscheidendes Thema, auf das wir später zurückkommen werden.

Auch kleine Kinder mußten nun nicht mehr ständig herumgetragen werden. Wie wir im letzten Kapitel sahen, haben Wildbeuterfrauen, die alle paar Tage oder Wochen lange Wege zurückzulegen haben, selten mehr als ein Kind unter drei oder vier Jahren zur gleichen Zeit. Ein Kind die ganze Zeit herumzutragen war schwer genug; zwei zu tragen fast unmöglich.

Wildbeuter verfügen über wenig Nahrung, die für Kleinkinder geeignet ist. So werden die Kinder lange von der Mutter gestillt. Wenn kontinuierlich gestillt wird, findet meistens kein Eisprung statt, und das führt zu einem gewissen Abstand in der Geburtenfolge. Aber wenn einmal lange Wege nicht mehr so oft zurückgelegt werden müssen und Nahrung – besonders Getreide, das von Kleinkindern besser verdaut werden kann – zuverlässig vorhanden ist, könnte das zu einer Zunahme der Geburtenrate, vielleicht einhergehend mit einer gewissen Abnahme der Kindersterblichkeit und bald zu einem Bevölkerungswachstum geführt haben. (15) An vie-

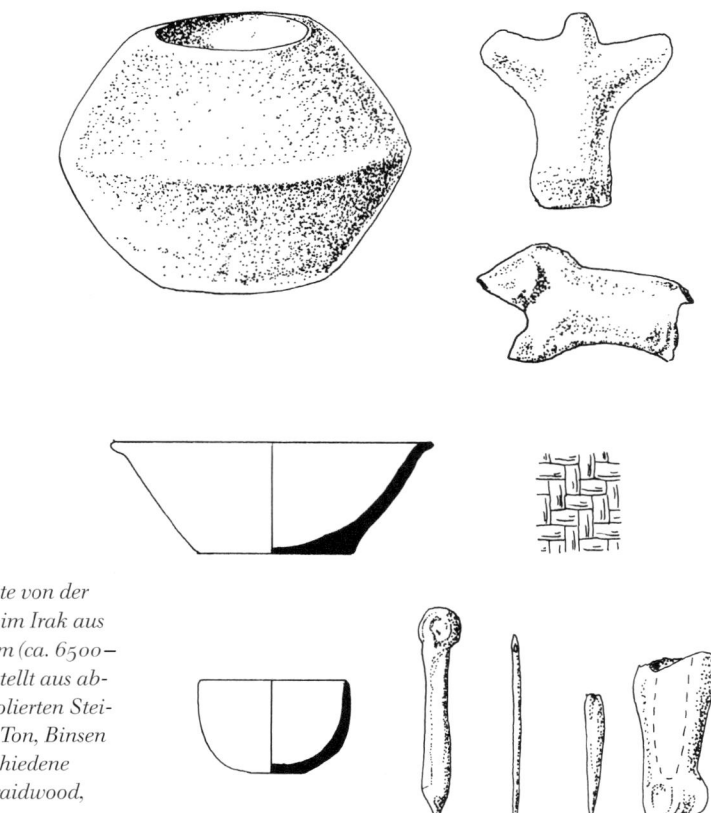

22: Typische Artefakte von der Fundstelle in Jarmo im Irak aus dem Frühneolithikum (ca. 6500– 6000 v. Chr.), hergestellt aus abgeschlagenen und polierten Steinen, ungebranntem Ton, Binsen und Knochen. (Verschiedene Maßstäbe). Nach Braidwood, 1967.

len neolithischen Fundstellen in Südwestasien zeigt sich die schnelle
Zunahme der Bevölkerung an der zunehmenden Zahl der Häuser in aufeinanderfolgenden Phasen. Die bekannte neolithische Fundstelle von Jericho ist ein besonders gutes Beispiel. Hier scheint sich das Basislager einer
kleinen Wildbeutergruppe plötzlich zu einer blühenden kleinen Stadt entwickelt zu haben.

Der Ackerbau muß dieses Bevölkerungswachstum ermöglicht haben,
aber er muß auch von Anfang an zu einem Circulus vitiosus von sozialen
und wirtschaftlichen Veränderungen geführt haben, aus dem es keinen
Ausweg gab. Mehr Nahrung konnte aus jedem Stück Land gewonnen werden, aber jeder mußte auch mehr arbeiten, um diese Nahrung zu produzieren. Bei mehr Menschen konnten mehr auf den Feldern arbeiten, es mußten aber auch mehr ernährt werden. Die Erfindung der Töpferei und anderer Fertigkeiten führte vielleicht zu einem Wunsch oder einem Bedürfnis
nach neuem materiellen Besitz. Aber die Herstellung dieser Dinge wäre
auf Kosten der Feldarbeit gegangen, und auch diese Menschen mußten mit
ernährt werden. Ein Hauptthema für Archäologen, die sich mit dieser Periode beschäftigen, ist, ob das Bevölkerungswachstum den Ackerbau oder
die Einführung des Ackerbaus das Bevölkerungswachstum ermöglichte.
Aber nachdem einmal die Veränderung erfolgt war, mußte jeder mehr
arbeiten, um mehr zu produzieren, und die Möglichkeit einer Rückkehr
zum Wildbeuterdasein wurde immer geringer. Die Menschen in Südwestasien und dann in Europa sind in eine Spirale von Bevölkerungswachstum
und immer mehr Arbeit, um alle Menschen zu ernähren, eingebunden
worden. Aber vielleicht begannen sie auch, ein bequemeres und sicher
materialistischeres Leben zu genießen. Auf jeden Fall wird die Einführung
des Ackerbaus allgemein als ein Fortschritt betrachtet und als ein positiver
und wichtiger Zivilisationsschritt; und sehr wahrscheinlich ist diese außer-
ordentliche und wesentliche Erfindung nicht von Männern, wie immer
angenommen wird, sondern von Frauen gemacht worden.

Die Expansion der Ackerbaugemeinschaften

Während der nächsten drei oder vier Jahrtausende, nachdem sich der
Ackerbau in Südwestasien durchgesetzt hatte, verbreiteten sich das dazu-
gehörige Wissen und die Fertigkeiten allmählich in fast ganz Europa.
Durch den Erfolg der neuen Methode, Nahrungsmittel anzubauen, konnte
die Bevölkerung wachsen. Als Folge davon wurden die Gemeinschaften
immer wieder zu groß, um alle ernähren zu können, und wahrscheinlich

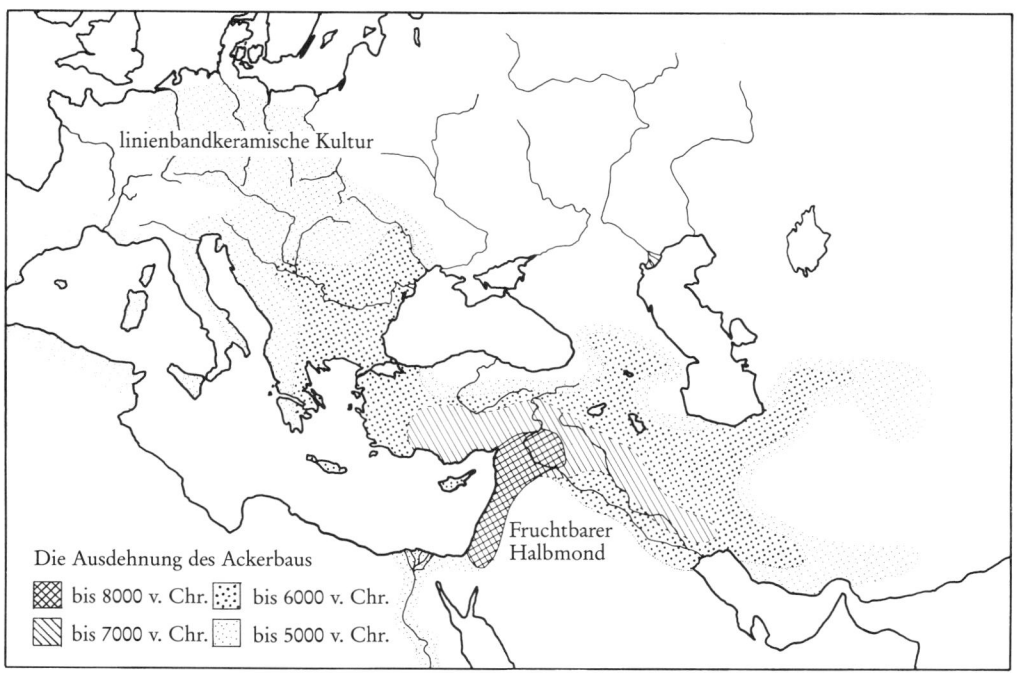

*23: Die Verbreitung des Ackerbaus; die Angaben
beruhen auf Daten der Radiocarbonmethode.
Nach Sherratt, 1980.*

haben sich Teile von der Gruppe abgespalten und sind auf der Suche nach
neuem Land, das sie bebauen konnten, weggezogen. Manchmal lernten
Wildbeuterfrauen Fertigkeiten vielleicht auch von einer Ackerbau treibenden Gruppe, auf die sie trafen. Über die Jahrtausende und auf dem riesigen
Gebiet Europas gibt es eine große Vielfalt von archäologischen Funden aus
diesen ersten Ackerbaugesellschaften, vielleicht am bekanntesten sind die
Ausgrabungen, die der linienbandkeramischen Kultur zugeordnet werden.

Diese Kultur (16), so genannt nach der Art der Dekoration ihrer Keramik, existierte zwischen etwa 5500 und 4800 v. Chr. Siedlungen wurden
entlang den Flußtälern der Donau, des Rheins und anderer großer Flüsse
und Nebenflüsse Zentraleuropas gefunden, wo der feine Lößboden besonders geeignet für den Ackerbau war. Die Gebiete, die tatsächlich gerodet
und genutzt wurden, waren sehr klein. (17) Die Knochen von Jagdwild an
den Ausgrabungsstätten belegen, daß die Jagd in den Wäldern der Umgebung noch eine Rolle spielte. (18) Wenn Frauen die hauptsächlichen Nah-
rungsproduzenten in diesen neuen Siedlungen waren, was wir noch ausführlicher belegen wollen, kann man wahrscheinlich annehmen, daß sie

eher als die Männer fruchtbaren Boden erkannten und für die Rodung aus-
wählten, auch wenn wir, aufgrund ethnologischer Analogien, annehmen
dürfen, daß die Männer bei der Rodung geholfen haben. In heutigen Gartenbaukulturen, etwa in Neuguinea oder Südamerika, rodet man den Wald
dadurch, daß man die Rinde von großen Bäumen ringförmig abschält, so
daß sie eingehen. Kleinere Bäume und Unterholz werden gefällt. Nachdem die abgestorbene Vegetation einige Wochen oder Monate getrocknet
ist, wird sie verbrannt. Das gerodete Land wird gleichzeitig durch die Asche
gedüngt. Danach kehren die Männer zur Jagd zurück, während sich die
Frauen um den Ackerbau kümmern.

Die Menschen der linienbandkeramischen Kultur bauten in etwa die
gleichen Pflanzen an wie die ersten Bauern im Nahen Osten, hauptsächlich Weizen, aber auch Erbsen, Bohnen und verschiedene andere Pflanzen.
Auch in technischer Hinsicht wird die Anbauweise ähnlich wie die der
ersten Bauern im Nahen Osten gewesen sein, bevor das einfache Hacken
durch den Pflug ersetzt wurde. Frauen waren wahrscheinlich die, welche
die meiste, wenn nicht die ganze landwirtschaftliche Arbeit verrichteten.
Handmühlen für das Mahlen von Getreide wurden manchmal in Frauengräbern der Linienbandkeramiker gefunden, nie jedoch bei Männern (19),
was darauf schließen läßt, daß Frauen für die Nahrungszubereitung
zuständig waren, auch wenn das nicht unbedingt bedeutet, daß sie für den
Ackerbau überhaupt zuständig waren. Knochen von domestizierten Tieren
kommen an Fundstellen der linienbandkeramischen Kultur häufig vor,
mehr von Rindern als von Schweinen. Außerdem lassen die Knochen von
Wild darauf schließen, daß die Jagd noch wichtig war; mindestens ein Drittel des verzehrten Fleischs wurde durch die Jagd beschafft. (20) Man hat
auch Fische gefangen und Vögel gejagt. Die Frage, wie wichtig Fleisch im
Vergleich zu pflanzlicher Nahrung war und wer für das Vieh zuständig war,
ist immer noch offen. Wenn die Tiere, was oft angenommen wird, in dem
einen Ende des für die Linienbandkeramiker typischen Langhauses (vgl.
Abb. 26) überwinterten, dann würde das bedeuten, daß nur wenige Tiere
gehalten wurden. Dafür spricht auch, daß die Böden eher für den Anbau
von Pflanzen geeignet waren als für Weiden und daß Siedlungen von Wäldern umgeben waren. (21) Die Aufgabe, sich um nur wenige Rinder und
Schweine zu kümmern, war vielleicht den Frauen überlassen, während die
Männer weiterhin jagten und fischten.

Charakteristisch für die linienbandkeramische Kultur war das große,
rechteckige Langhaus (Abbildung 26). Ein Dorf bestand aus etwa einem
Dutzend dieser Häuser und wurde gewöhnlich von mehreren hundert
Menschen bewohnt. Die Form und Größe der Häuser reflektiert in jeder

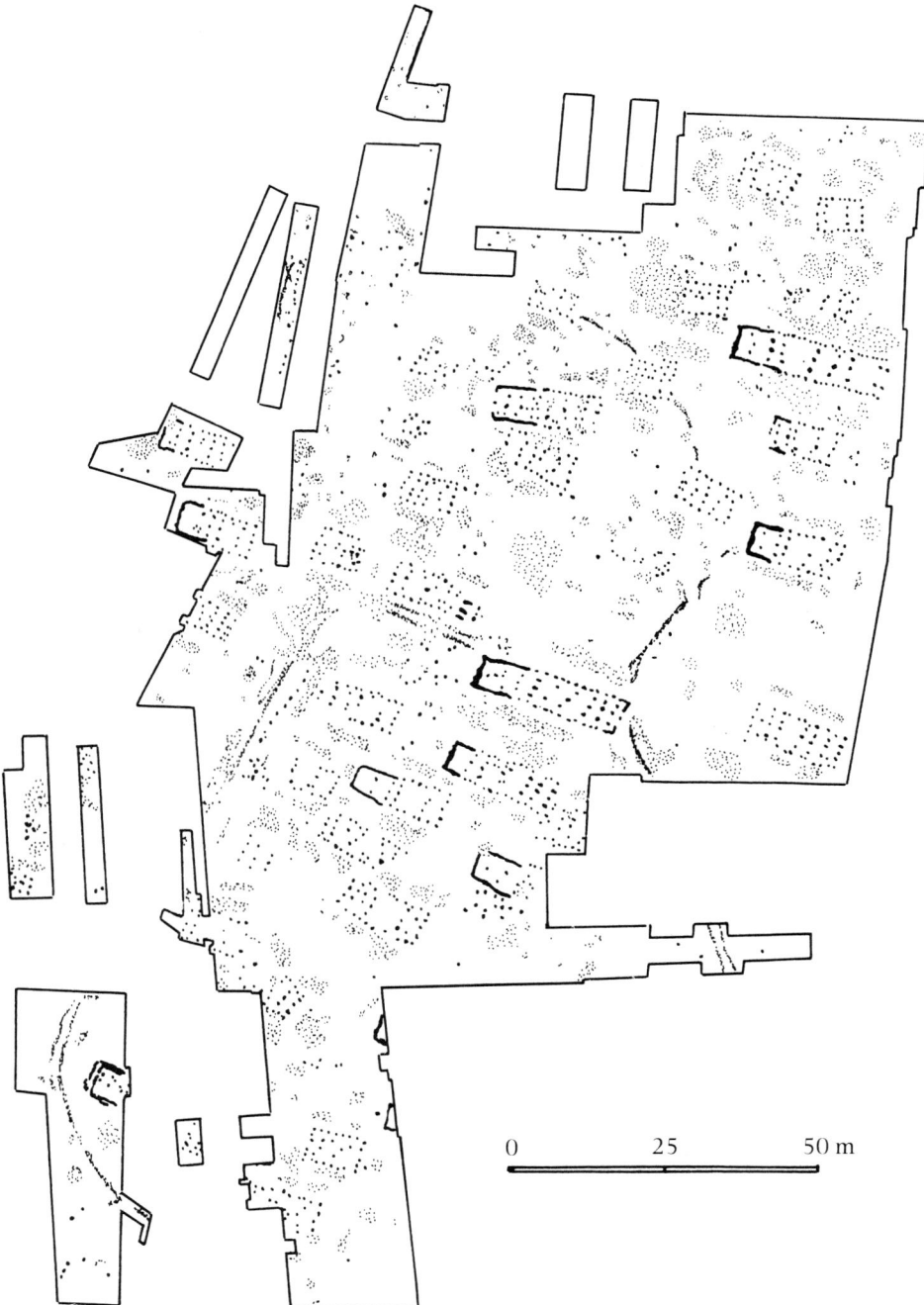

24: *Grundriß des ausgegrabenen Gebiets eines Dorfes der linienband-*
keramischen Kultur bei Sittard, Niederlande, aus dem 5. Jahrtausend
v. Chr. Man sieht die rechteckigen Langhäuser mit den Löchern, die die
Hauspfosten hinterlassen haben. Entlang der Häuser sind flache Gruben;
die Gräben, die das Dorf umgeben, sind klar zu sehen. Nach Piggot, 1965.

*25: Eine Gruppe typischer Artefakte der linien-
bandkeramischen Kultur: Keramik-Gefäße, Messer und Pfeilspitzen aus Feuerstein und »Schuhlei-
sten«-Keile. Bonn, Rheinisches Landesmuseum.*

Gesellschaft, jedenfalls teilweise, ihre soziale Organisation und auch die
Struktur der Familie und damit die Stellung der Frauen in dieser Gesellschaft. In zwei Untersuchungen (22) hat man versucht, diesen Zusammenhang mit ethnographischen Daten zu erhärten. Melvin Ember hat die
These aufgestellt, daß sich die »Residenzfolge« (d.h. Wohnsitzwahl nach
der Heirat, entweder zieht die Frau an den Wohnsitz des Mannes = patrilokal oder der Mann an den Wohnsitz der Frau = matrilokal. Anm. des Über-
setzers) an der Größe der Häuser erkennen läßt, während John Whiting
und Barbara Ayres behaupten, daß sich aus der Form der Häuser auf Polygamie oder Monogamie schließen läßt. Nach Ember sind in matrilokalen
Gesellschaften, wo Frauen nach ihrer Heirat in denselben Siedlungen wohnen bleiben, größere Häuser, die von größeren Familienverbänden benutzt
werden, häufiger als in patrilokalen Gesellschaften, wo kleinere Häuser
von kleineren Familien-Einheiten bewohnt werden. Schwestern und ihre
zugezogenen Ehemänner nehmen wahrscheinlich eher an der Hausarbeit
teil und wohnen unter demselben Dach als Brüder mit zugezogenen Ehe-

frauen in patrilokalen Gesellschaften. Offensichtlich braucht die matrilokale erweiterte Familie mehr Platz im jeweiligen Haus, und dieses wird
eine größere Wohnfläche haben als ein Haus, das für eine kleinere Familie
gebaut ist. Eine Übersicht über die ethnographischen Beispiele, für die
genügend Daten über Hausgrößen und Wohnsitzwahl zur Verfügung
stand, ergab statistisch, daß Häuser in patrilokalen Gesellschaften im
Durchschnitt eine Wohnfläche von 30 qm und fast immer weniger als 55
qm hatten, während ethnographische Daten für eine allerdings ziemlich
kleine Anzahl von matrilokalen Gesellschaften Häuser von 80 qm im
Durchschnitt ergaben, mit einer einzigen Ausnahme von unter 55 qm.
Auch wenn nur über 33 Gesellschaften Angaben vorlagen, ergibt sich doch
ein statistisch signifikantes Bild. Aus Whitings und Ayres Untersuchung
läßt sich folgern, daß rechteckige Häuser, so wie die der Linienbandkeramiker, eher auf Monogamie als auf Polygamie schließen lassen. Natürlich
können diese ethnographischen Erkenntnisse auf archäologische Beispiele
nur mit Vorbehalt angewendet werden. Die kleine Zahl der untersuchten
Gesellschaften, und die Möglichkeit, wenn nicht gar Wahrscheinlichkeit,
daß eine Gesellschaft der Vergangenheit sich anders verhielt als eine in
unserer Zeit, sollte uns davor bewahren, eine Hypothese als gesetzmäßige
Gewißheit anzusehen. Außerdem kann der bewohnte Teil des Hauses auch
nicht immer von anderen Teilen des Hauses unterschieden werden, die
andere Funktionen hatten, z.B. die der Vorratshaltung. Immerhin können
Unterschiede in der Hausgröße anhand der Ausgrabungspläne leicht festgestellt werden, und mit Hilfe von Embers Untersuchung kann man daraus
eine Hypothese in bezug auf die Residenzfolge einer Gesellschaft (matrilokal oder patrilokal) ableiten.

Die Häuser der Linienbandkeramiker und der auf sie folgenden Kulturen in Mitteleuropa, die Lengyel-, Rössener und Tripolje-Kulturen, sind
für vorgeschichtliche Zeiten ungewöhnlich groß. Sie sind rechteckig und
haben eine Breite von 5 bis 6 Metern. Dies ist wahrscheinlich die maximale
Breite, die mit einem Giebeldach, so daß das Regenwasser ablaufen kann,
noch gedeckt werden konnte. Die Länge der Häuser variiert zwischen 7
und 45 Metern, meistens sind es zwischen 6 bis 20 Meter, im Durchschnitt
17 Meter. (23) Die Häuser haben eine Fläche zwischen 30 und 120 Quadratmetern, durchschnittlich etwa 100 Quadratmeter, was in die Kategorie
fällt, die typisch für eine matrilokale Residenzfolge ist. Wir müssen aber
berücksichtigen, daß wir die Funktion von jedem Teil des Hauses nicht
immer genau bestimmen können. Alle Häuser sind ähnlich gebaut. Ein
Drittel des Hauses hat eine stärkere Außenmauer als der Rest, und man hat
das so interpretiert, daß dieser Teil des Hauses als Winterstall für das Vieh

genutzt wurde. Eine andere Interpretation sieht darin nur einen Windschutz. In dem Phosphatgehalt des Bodens, der einen Hinweis auf Viehhaltung geben könnte und der Verteilung der Artefakte zeigt sich jedenfalls keine Auffälligkeit, wie man sie erwarten könnte, wenn Teile des Hauses vollkommen unterschiedliche Funktionen gehabt hätten. Dies ist insofern wichtig, als es die Berechnung des Wohnraums betrifft und dadurch die Anzahl der Menschen, die wahrscheinlich in einem solchen Haus gewohnt haben. Das andere Ende des Hauses hat immer starke Innenpfosten, die wahrscheinlich ein Obergeschoß trugen, das auch als Speicher gedient haben könnte, obwohl der Raum darunter noch eine Wohnfunktion gehabt haben könnte. Demnach kann man annehmen, daß wahrscheinlich ein Drittel, möglicherweise zwei Drittel der Hausfläche nicht zum Wohnen benutzt wurden. Andere Anhaltspunkte, wie etwa innere Aufteilungen oder Herdstellen, die auf die Existenz von kleinen Einheiten in einem ausgedehnten Familienverband hinweisen könnten, hat man nicht, was aber auch an dem schlechten Erhaltungszustand der Fundstellen liegen mag. Verschiedene Häuser der Tripolje-Kultur des Mittelneolithikums, an der Nordküste des Schwarzen Meeres, die von ähnlicher Form und Größe sind, haben zwischen einem und fünf Backöfen, und die Anzahl der Herdstellen entspricht ziemlich genau der Länge des Hauses. Aufgrund dessen hat man in einer anderen Studie (24) geschlossen, daß ein Abschnitt von 5 bis 6 Metern eines Langhauses von einer Familie bewohnt wurde, so daß zum Beispiel ein Langhaus von 20 Metern Länge vielleicht 4 Familien beherbergte. Viele, aber nicht alle Häuser der Linienbandkeramiker haben über 55 Quadratmeter und damit die Größe, die nach Ember für die Bestimmung matrilokaler oder patrilokaler Residenzfolge entscheidend ist. Eine Erklärung für die Häuser unter 55 qm wäre, daß sie von etwas kleineren Familienverbänden bewohnt wurden; viel schwerer dagegen ließe sich die Existenz der größeren Häuser erklären, wenn der kleine Familienverband die Norm gewesen wäre. Ich möchte deswegen annehmen, daß die Residenzfolge matrilokal war, beruhend auf der Großmutter mütterlicherseits und ihren Töchtern mit deren Männern und Kindern. Familien mit nur einer oder zwei Töchtern würden mit kleineren Häusern auskommen als solche mit vier oder fünf Töchtern. Wie wir schon gesehen haben, legt das archäologische Material, aus dem hervorgeht, daß Ackerbau die wirtschaftliche Basis der linienbandkeramischen Kultur war, auch nahe, daß Frauen wirtschaftlich und folglich politisch involviert waren, was zusammen mit der Tatsache, daß Frauen einen überdurchschnittlich hohen Status hatten, wiederum auch für matrilokale Gesellschaften charakteristisch ist.

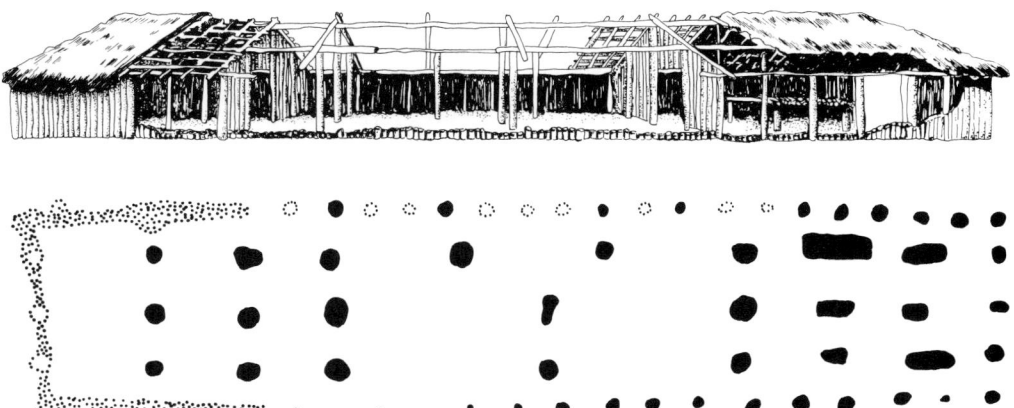

26: Rekonstruktion und Grundriß eines typischen
Langhauses der linienbandkeramischen Kultur
aus Geelen in den Niederlanden. Nach Clarke,
1977.

Die Vermutung, daß die matrilokale Residenzfolge die Norm bei der
linienbandkeramischen Kultur war, wird durch zwei Theorien unterstützt,
die in zwei wichtigen Studien erörtert werden. Obwohl sie unabhängig voneinander sind, beziehen sich beide ganz allgemein auf Gesellschaften, die
im Begriff sind, sich auszudehnen oder fortzuziehen. Und dies gilt ganz
deutlich für die linienbandkeramische Kultur und die anderen frühen neolithischen Gruppen, die Europa zwischen dem 6. und 3. Jahrtausend v. Chr.
bevölkerten.

Eine Studie (25) über Gesellschaften, die erst vor kurzem in ein neues
Gebiet gezogen waren, zeigt, daß überdurchschnittlich viele matrilokal
waren. Die Vorteile einer solchen Gesellschaftsform in einem neuen Gebiet
sind klar. Bei matrilokaler Residenzfolge ziehen die Männer bei ihrer Heirat von ihrem Heimatdorf weg, so daß erwachsene männliche Verwandte
über die Dörfer verstreut sind. Ein Krieg mit anderen Ansiedlungen derselben Kultur wird dadurch weniger wahrscheinlich, da dies bedeuten würde,
daß sie ihre eigenen Brüder bekämpfen und töten müßten. So hätte man
sich in den neu gegründeten Dörfern darauf konzentrieren können, Land
urbar zu machen, neue Häuser zu bauen usw., und sich nicht vor Überfäl-
len ängstigen müssen. Wenn sie aber von anderen Völkern bedroht waren
– vielleicht von den Ureinwohnern des Gebiets, in das sie gezogen waren –
wäre es leichter gewesen, Verwandte aus anderen Dörfern zu Hilfe zu
holen.

Nach einer anderen Theorie (26) war der Erfolg einer Gesellschaft in einem neu besetzten, wenig oder gar nicht besiedelten Gebiet begrenzt durch die Anzahl der Arbeitskräfte, die Land urbar machen und bebauen konnten. Da in erster Linie Frauen für das Wachstum der Gruppe wichtig sind, hätten sie vielleicht einen etwas höheren Status gehabt als in Gesellschaften, wo die Vermehrung der Arbeitskräfte nicht so wichtig war. Andererseits könnte die Frage, ob der Nachwuchs zur Familie der Mutter oder des Vaters gehörte – das heißt, matrilineare oder patrilineare Abstammung – in den Herkunftsfamilien in dem Maße zu sozialen Spannungen geführt haben, wie jede Familie neue Mitglieder brauchte. Dies war eine ganz andere Situation als später, als nicht die Zahl der Arbeitskräfte sondern Land die wichtigste Ressource war, wodurch wiederum Frauen ihre soziale Position weniger gut hätten verhandeln können.

Noch ein Grund spricht eher für eine matrilokale als eine patrilokale Residenzfolge bei Gruppen, die sich in einem Gebiet neu ansiedeln: In Gesellschaften, in denen Frauen bereits größeren Einfluß auf überlebenswichtige Entscheidungen hatten, waren ihre Argumente, daß man mehr Land brauche, um die Familie zu ernähren und deswegen wegziehen müsse, vielleicht wichtiger als andere soziale Überlegungen, etwa in der Nähe der Sippe zu bleiben, was in patrilokalen Gesellschaften vielleicht den Ausschlag dafür gegeben hätte, nicht wegzuziehen.

Wie wir gesehen haben, können Bestattungen mit ihren Grabbeigaben nützliche Hinweise auf die Sozialstruktur einer Gesellschaft geben, und für die linienbandkeramische Kultur scheinen sie das Modell einer Gesellschaft zu bestätigen, wo die Frauen nicht von den Männern beherrscht wurden. Friedhöfe mit Körperbestattungen, weniger häufig mit Brandbestattungen, werden oft bei Dörfern aus der linienbandkeramischen Kultur gefunden. Die Gräber enthalten wenige Grabbeigaben und auffällig ist, daß sich die Grabbeigaben von Frauen und Männern weder quantitativ noch qualitativ unterscheiden. Pfeilspitzen sind nur in Männergräbern, Handmühlen und Ahlen bei Frauen gefunden worden.

An einigen Ausgrabungsstätten hat man nur in Männergräbern Schmuckstücke aus Muscheln gefunden, die aus beträchtlichen Entfernungen eingeführt wurden, aber an anderen Fundstellen sind sowohl Frauen als auch Männer mit diesen Muscheln begraben.

Ein Vergleich der linienbandkeramischen Kultur mit der Kultur der Irokesen an der Ostküste Nordamerikas wäre interessant, auch wenn man keine direkten Analogieschlüsse ziehen kann, da ohne Zweifel zwei Völker nicht identisch sind. Es ist aber oft verlockend, eine archäologische Fundstelle als eine Art von Abbild einer ethnologisch erforschten Gesellschaft zu betrachten, um das Bild zu vervollständigen und damit eine Theorie zu untermauern. Zwischen Fundstätten der linienbandkeramischen Kultur und der der Irokesen bestehen zwar wichtige Unterschiede, aber es gibt auch bemerkenswerte Ähnlichkeiten. Ein kurzer Vergleich lohnt sich, um eine Vorstellung davon zu entwickeln, wie die linienbandkeramische Kultur gewesen sein könnte, und um ein Modell zu haben, an dem das direkte archäologische Material, das wir von der linienbandkeramischen Kultur haben, neu geprüft werden kann.

Die Irokesen lebten in dem heutigen Staat New York zur Zeit der ersten europäischen Siedler in diesem Gebiet und wurden von einigen Forschern und Missionaren im 16. und 17. Jahrhundert beschrieben. (27) Sie sind besonders deswegen interessant, weil Frauen einen hohen Status und ziemlich viel Macht hatten. Die Gesellschaft war matrilinear und matrilokal, die Wirtschaft beruhte auf Gartenbau: Mais, Bohnen und Kürbisse wurden angebaut, und man hat auch Nüsse, Wurzeln und Pilze gesammelt. Die Menschen der linienbandkeramischen Kultur benutzten ganz ähnliche Hacktechniken, um hauptsächlich Weizen und Hülsenfrüchte anzubauen. Ein wichtiger Unterschied ist, daß die Irokesen keine Tiere hielten. Die Frauen waren fast ausschließlich für alle landwirtschaftlichen Tätigkeiten zuständig, die Männer gingen auf die Jagd. Die Menschen der linienbandkeramischen Kultur hielten dagegen Rinder, Schafe und Schweine. Wenn das Vieh in dem einen Ende des Langhauses überwinterte, können es nicht sehr viele Tiere gewesen sein, so daß es vielleicht zum Aufgabenbereich der Frauen gehörte, sich um das Vieh zu kümmern. Das Land war bei den Irokesen Gemeineigentum und wurde von den Frauen gemeinsam bestellt. Wie die Menschen der linienbandkeramischen Kultur mußten die Irokesen Waldgebiete urbar machen, die den Wäldern Europas damals ähnelten. Die Männer rodeten, vielleicht mit Hilfe der Frauen, den Wald, indem sie die Rinde der Bäume abschälten und dann das abgestorbene Unterholz verbrannten, wie man das für Europa auch annimmt.

Erstaunliche Ähnlichkeiten haben die Häuser. Wie die Menschen der linienbandkeramischen Kultur bauten die Irokesen massive Langhäuser, die einen gesamten Familienverband beherbergten. In jedem Irokesenhaus wohnte eine ältere Frau oder Hausmutter, gewöhnlich die Großmutter, zusammen mit ihren Töchtern und deren Ehemännern und Kindern. Jede Untereinheit hatte ein eigenes Wohngebiet mit Herdstelle, aber die Nahrungsmittel waren gemeinsamer Besitz und wurden von der Hausmutter verteilt, die die Macht hatte, unerwünschte Männer aus dem Haus zu weisen oder ihnen Nahrungsmittel zu verweigern. Dies gab den Frauen Entscheidungsrecht über praktisch alle Aktivitäten der Männer, einschließlich der Kriegsführung. Obwohl die Diskussion über Dorf- und

Stammesangelegenheiten den Männern vorbehalten war, war es unmöglich, eine Entscheidung auszuführen, wenn die Frauen dagegen waren.

Das archäologische Material, das aus der linienbandkeramischen Kultur des Frühneolithikums in Europa zur Verfügung steht, legt nahe, daß die soziale und wirtschaftliche Struktur dieser Gesellschaften den Frauen eine hoch angesehene und führende Rolle in vielen Lebensbereichen ermöglichte und sie mit den Männern mindestens gleichgestellt waren, und die Ähnlichkeiten in der Stammesgesellschaft der Irokesen könnte diese These verstärken.

Die »Revolution der sekundären Produkte« (28) – die Männer übernehmen die Macht

In einem früheren Abschnitt wurde gesagt, daß Frauen fast mit Sicherheit die Grundprinzipien der Landwirtschaft »erfanden«, zusammen mit den dazugehörigen Fertigkeiten und Geräten, die Ackerbau überhaupt erst möglich und rentabel machten. Als die Haupternährer waren sie wahrscheinlich geachtet und hatten den gleichen Status wie die Männer. Aber zwischen damals und heute ist, außer in den allereinfachsten Jäger- und Sammlervölkern oder Gartenbaukulturen, der Status der Frauen drastisch gesunken und fast überall ist die Landwirtschaft eine vorwiegend männliche Beschäftigung. Woher kam diese Veränderung, und wann trat sie ein? Zwei Tatsachen stehen fest: erstens war zur Zeit der ersten schriftlichen Zeugnisse Landwirtschaft überall in Europa eine vorwiegend männliche Aufgabe, Männer besaßen das Land und die Geräte. Zweitens wurden in den Teilen der Welt, wo Landwirtschaft immer noch hauptsächlich von Frauen betrieben wurde, wenn überhaupt, nur einige wenige Tiere gehalten, keine großen Herden. (29) Der Übergang zu männlicher Vorherrschaft in der Landwirtschaft erfolgte also irgendwann zwischen den ersten Stadien des Neolithikums und dem Erscheinen der ersten schriftlichen Zeugnisse und könnte mit der veränderten Rolle der Tiere in der Landwirtschaft des vorgeschichtlichen Europas zu tun haben. Solch eine drastische Veränderung der Lebensweise, ob sie sich nun allmählich über Jahrtausende entwickelte oder als eine plötzliche »Revolution« eintrat, war wahrscheinlich mit noch anderen gesellschaftlichen Veränderungen verbunden. Ethnologen haben gezeigt, daß in heutigen Gesellschaften eine signifikante Korrelation zwischen Pflugbau, patrilinearer Deszendenz und Landbesitz besteht, ebenso wie es eine Korrelation zwischen Gartenbau, intensiver Arbeitsbeteiligung und dem daraus folgenden hohen Status der Frauen gibt. Wir können Anhaltspunkte für diese Veränderung in archäologischem Material suchen: Veränderungen in der Familienstruktur, im Reichtum und in den Besitzverhältnissen könnten sich zum Beispiel an Fundstellen von Siedlungen oder bei Bestattungen zeigen, wie wir in späteren Kapiteln sehen werden.

Ich beziehe mich auf archäologisches Material aus dem Neolithikum in Europa. Die gleichen Veränderungen haben auch im Nahen Osten stattgefunden und sind vor kurzem von Autumn Stanley dargestellt worden. (30)

Man nimmt an, daß die wesentlichen Veränderungen in der Landwirtschaft ungefähr um 3000 v. Chr. stattfanden, im Jungneolithikum. Das wären fünf Jahrtausende nach der Einführung der Landwirtschaft im Nahen Osten. Ähnliche Veränderungen sind in vielen Gebieten Europas um etwa dieselbe Zeit festzustellen. Andrew Sherratt (31) nimmt an, daß die wenigen Haustiere im Neolithikum nur wegen ihres Fleisches gehalten wurden. Der Verzehr von Milch und Milchprodukten war wahrscheinlich unbedeutend, und die Tiere wurden auch nicht zum Ziehen von Pflügen oder Karren benutzt. Alle diese Neuerungen kamen später und revolutionierten nicht nur die landwirtschaftliche Produktion, sondern verringerten die Arbeit in der Landwirtschaft überhaupt. Dazu kam, daß die größere Bedeutung der Haustiere und ihrer Produkte die Notwendigkeit der Jagd verringerte. Als sich das ausgewogene Verhältnis der Arbeiten – von Jagd, Anbau von Pflanzen und geringer Tierhaltung – zu einer Wirtschaftsform mit Ackerbau und Viehwirtschaft wandelte, änderten sich wohl auch die Aufgaben und Rollen von Frauen und Männern. Wir wollen die Belege dafür genauer betrachten.

Sowohl Karren als auch Pflüge werden zum ersten Mal auf Tontafeln und Siegelzylindern in Mesopotamien um den Beginn des 4. Jahrtausends v. Chr. abgebildet, und beides scheint sich innerhalb der nächsten fünfhundert Jahre schnell bis nach Europa verbreitet zu haben. Auf einer der frühesten Abbildungen des Pflügens (Abbildung 27) sieht man einen Ochsen, der einen Pflug mit zwei Handgriffen und einem Sätrichter zieht, mit dem Samenkörner tief in die Erde eingebracht werden konnten, was in wasserarmen Gegenden wichtig war. Interessant ist, daß die beiden Menschen auf der Abbildung – der eine führt das Tier von vorn, der andere lenkt den Pflug – als Männer mit Bärten gezeigt werden. Auch auf frühen Abbildungen aus Gräbern des Alten Reichs in Ägypten sind es Männer, die den Pflug führen. In Europa sind die frühesten Belege dafür, daß der Pflug benutzt wurde, Spuren in einer tieferen Bodenschicht. Diese kann man manchmal bei Ausgrabungen feststellen, und Beispiele aus Dänemark und Britannien hat man auf die Mitte des 4. Jahrtausends v. Chr. datiert. (32) Aufgrund die-

*27: Zwei Männer, die einen Pflug mit
zwei Handgriffen führen und lenken.
Abbildung auf einem Siegelzylinder aus
Mesopotamien, spätes 3. Jahrtausend
v. Chr. Oxford, Ashmolean Museum.*

ser Pflugspuren läßt sich natürlich nicht, wie bei den bildlichen Darstellungen, sagen, ob ein Mann oder eine Frau den Pflug geführt hat. Aus etwa der gleichen Zeit finden wir Abbildungen von angeschirrten Ochsen aus Polen. Die ersten Hinweise auf Karren, die die Effizienz der Landwirtschaft sehr gesteigert haben müssen, sind Tonmodelle aus Ungarn, ebenfalls aus der Mitte des 4. Jahrtausends und Wagenräder, die sich in Nordwesteuropa im Wasser erhalten haben und die aus dem späten 4. Jahrtausend stammen.

Eine andere Neuerung, die wohl zur selben Zeit eintrat, war die Milchwirtschaft und Haltung von Milchkühen in großem Maßstab. Abgesehen davon, daß Milch für die Ernährung vorteilhaft ist, ist es, wenn Zugtiere gezüchtet und Herden gehalten werden, außerdem »kostengünstiger«, über eine lange Zeit regelmäßig Milch von ihnen zu erhalten als nur einmal Fleisch. Man kann das Vier- bis Fünffache an Proteinen und Kalorien erzielen. Dabei ergeben sich jedoch zwei Probleme. Viele Menschen vertragen keine Milch, so daß sie in Yoghurt oder Käse umgewandelt werden muß, bevor sie konsumiert werden kann. Und zweitens sträuben sich die meisten Muttertiere, anders als die hochgezüchteten modernen Milchkühe, ihre Milch an jemand anderen als ihre Kälber abzugeben. Besondere Techniken und Einrichtungen mußten gefunden werden, um sie zu melken. Beides läßt vermuten, daß Melken nicht zu den ersten Erfindungen

der Landwirtschaft gehörte. In kleinem Maßstab wurde Melken schon im
5. Jahrtausend im Nahen Osten praktiziert. Die Viehhaltung als Teil einer
gemischten bäuerlichen Wirtschaft und damit eine bemerkenswerte
Milchproduktion kam in den meisten Gebieten Europas einige tausend
Jahre später, erst nachdem andere Entwicklungen, etwa die Erschließung
von großen Weideflächen, stattgefunden hatten. Veränderungen in den
Formen der Keramik in großen Teilen Europas und in Südwestasien lassen
auf eine Reihe von neuen Arbeitstätigkeiten schließen, die mit dem Melken und der Verarbeitung von Milch verbunden sein könnten. (33) Einige
Abbildungen von Melkszenen finden sich im Nahen Osten, Ägypten und
Südosteuropa seit der Mitte des 3. Jahrtausends. Bei den meisten ist das
Geschlecht des Melkenden unklar. Wo man es dagegen erkennen kann, ist
es immer männlich. Eine ägyptische Abbildung aus einem Grab der zweiten Hälfte des 3. Jahrtausends zeigt Männer, die Kühe melken, und ein
minoisches Siegel zeigt eine Kuh, die von einem Mann gemolken wird.
Nach Funden von Rinderknochen ist es jedoch wahrscheinlich, daß das
Melken schon vor der Zeit, aus der diese Abbildungen sind, eingeführt worden war. Die Analyse von Rinderknochen aus neolithischen Fundstellen in
der Schweiz aus dem frühen 4. Jahrtausend zeigt, daß Kühe mehr als zwei
oder drei Jahre gehalten wurden, was eher auf Milchwirtschaft als auf
Fleischproduktion hindeutet. Sherratt vermutet, daß in Nordwesteuropa
vielleicht kleine Milchviehherden gehalten wurden, da wegen des dichten
Waldes größere Herden unmöglich zu halten waren. Obwohl in Hirtengesellschaften (die ganz oder fast ganz von Viehhaltung abhängig sind)
Hüten, Melken und Verarbeitung von Tierprodukten nicht unbedingt auf
ein Geschlecht festgelegt sind, scheint es, wenn die Tierhaltung nur Teil
einer gemischten Landwirtschaft ist, wie wohl im neolithischen Europa, oft
von der Größe der Herden abzuhängen, wie beteiligt die Frauen sind.
Wenn nur wenige Tiere gehalten werden, sind es die Frauen, die sie, neben
anderen Landarbeiten, betreuen und melken, während die Männer weiterhin jagen. In Gemeinschaften mit Ackerbau und Viehwirtschaft, in denen
Tierhaltung in großem Maßstab betrieben wird, wie es für die Zeit nach
der »Revolution der sekundären Produkte« in Europa angenommen werden kann, sind die Männer meistens mehr mit Hüten und Melken beschäftigt und überlassen den Frauen oft die Herstellung von Käse und Joghurt.

Eine dritte Innovation, die sich archäologisch leichter nachweisen läßt,
war das systematische Spinnen und Weben von Wolle. Die Wolle selbst
blieb manchmal erhalten, wenn die Bedingungen günstig waren, und an
Ausgrabungsstellen werden oft Spinnwirteln und Webgewichte gefunden.
Diese Innovation ist im Zusammenhang mit unserer Fragestellung beson-

ders wichtig. In den Homerischen Epen, in Belegen aus Mykene und später aus dem klassischen Griechenland, wie auch in frühesten Belegen aus anderen Gebieten, sind Spinnen und Weben fast überall weibliche Arbeiten. Sie bilden einen wichtigen Teil der Wirtschaft und bedeuten wahrscheinlich eine zusätzliche zeitaufwendige Beschäftigung für die Bäuerin. Vielleicht wäre es nicht zu schaffen gewesen ohne andere Arbeiten an die Männer abzugeben. Flachs wurde schon im frühen Neolithikum angebaut und als Gewebe gesponnen; Schafe, die eher Wolle, die gezupft werden konnte, als Haare produzierten, waren wahrscheinlich das Ergebnis einer bewußten Züchtung. Vielleicht wurde das schon im 5. Jahrtausend in Mesopotamien praktiziert, während in Europa die Schafhaltung anscheinend erst im 3. Jahrtausend verbreitet war. Ungefähr in dieser Zeit, oder vielleicht ein klein wenig später, zeigen die Skelette der Tiere eine Veränderung, die auf eine zunehmende Wollproduktion hinweist. Ein anderer wichtiger Beleg: Ein Großteil der Schafe wurde offensichtlich länger gehalten, als sie für die Fleischproduktion noch nützlich gewesen wären.

Aus diesen Innovationen – Pflügen, Melken, Spinnen und Weben – folgten andere wichtige Arbeiten. Pflüge mußten hergestellt und instand gehalten werden, Tiere mußten von klein an für ihre Aufgaben abgerichtet werden, sie mußten regelmäßig gemolken werden; die Milch mußte verarbeitet werden, oft mit eigens dafür angefertigten Geräten. Schafe mußten geschoren werden. Herden mußten gefüttert oder auf entsprechende Weiden geführt und getränkt werden. Das Spinnen und Weben von Wolle zu Garn und dann Tuch ist besonders arbeitsaufwendig, obwohl es mit anderen Aufgaben vereinbar ist, zum Beispiel mit dem Hüten der Kinder. Die Vielfalt und Menge der durch diese Innovationen verursachten Arbeiten sind beträchtlich, besonders wenn sie zu den Arbeiten, die der Ackerbau und die Betreuung der Kinder sowieso erforderten, noch dazukommen, auch dann, wenn jede einzelne dieser Arbeiten nur in kleinem Umfang ausgeführt wird. Bis zum 3. Jahrtausend hatten sich Landwirtschaft und Nahrungsmittelproduktion wahrscheinlich völlig geändert. Eine verhältnismäßig kleine Anzahl von Aufgaben, die eine Frau oder eine Gruppe von Frauen mit verhältnismäßig wenigen Arbeitsmitteln bewältigen konnte, war von einer Reihe von komplexen Tätigkeiten abgelöst worden, die die Arbeitskraft der ganzen Bevölkerung völlig in Anspruch nahm.

Obwohl das relative Verhältnis von Knochen von wilden und domestizierten Tieren an neolithischen Fundstellen in verschiedenen Zeiten und an verschiedenen Orten in Europa sehr unterschiedlich ist, wird an vielen Fundstellen aus dieser Zeit der Anteil an Knochen von Jagdwild kleiner, während an früheren Fundstellen, zum Beispiel denen der linienbandkeramischen Kultur, ein großer Anteil des Fleisches (etwa 30 % in manchen Fällen) von erjagten Tieren stammt. Dies ist ein weiterer Hinweis darauf, daß die Männer das Jagen aufgaben, um sich mehr der Landwirtschaft zu widmen und sie schließlich sogar ganz übernahmen.

Die »sekundären Produkte« (Nebenprodukte) der Viehwirtschaft, wie sie sich im Jungneolithikum entwickelten, hatten alle mit der größeren Bedeutung von Tieren für die Landwirtschaft, insbesondere von Rindern und Schafen zu tun (Schweine, die keine Nebenprodukte liefern und in der Pflege weniger Zeit beanspruchen, sind in diesem Zusammenhang weniger wichtig). Sie bedeuteten den Übergang vom einfachen Ackerbau zu intensiver Landwirtschaft, in welcher die Tierhaltung für Fleisch- und Nebenprodukte, die man dadurch gewann, und die zusätzliche Nutzung als Zugtiere genauso wichtig waren wie der Ackerbau selbst. Wenn die wenigen künstlerischen Darstellungen des Jungneolithikums und der nachfolgenden vorgeschichtlichen Perioden als Beleg dafür dienen können, daß die Männer nun mehr mit Landwirtschaft beschäftigt waren, so kann diese Annahme durch Analogien aus Gesellschaften mit einer ähnlichen wirtschaftlichen Grundlage, die in der ethnologischen Literatur beschrieben werden, gestützt werden. (34)

Dort, wo der Pflugbau und die Viehwirtschaft die vorherrschende Form der Landwirtschaft ist, spielen Männer allgemein die Hauptrolle bei der landwirtschaftlichen Arbeit. Frauen beteiligen sich entweder gar nicht oder nur wenig an der Landwirtschaft. Vielleicht helfen sie manchmal bei der Ernte oder Versorgung der Tiere. Ein auffallender Unterschied besteht heute zwischen Afrika, wo vor allem Hackbau und Asien, wo Pflugbau betrieben wird und Nutztiere gehalten werden. Selbst wenn die Frauen in manchen Gebieten Asiens noch an der Landwirtschaft beteiligt sind, arbeiten sie nicht so lange wie die Männer. In Afrika, wo man beim Ackerbau im wesentlichen ohne Pflug auskommt, arbeiten die Frauen viel mehr als die Männer. Der andere wesentliche Unterschied zwischen den beiden landwirtschaftlichen Verfahren ist, daß bei den asiatischen Pflugbauern soziale und wirtschaftliche Unterschiede eine viel größere Rolle spielen und die Extreme zwischen Armut und Reichtum und Landbesitz größer sind, als im Hackbau betreibenden Afrika. Auch wenn wir wissen, daß ethnologische Analogien problematisch sind, kann man trotzdem fragen, ob die Veränderungen, die in Europa während der »Revolution der Nebenprodukte« eintraten, Ähnlichkeiten hatten mit den Unterschieden zwischen der afrikanischen und der asiatischen landwirtschaftlichen Produktionsweise.

Für das neolithische Europa ist es schwer, die Einführung dieser Innovationen präzise zu datieren und zu sagen, ob sie gemeinsam innerhalb eines kurzen Zeitraums oder einzeln als eine allmähliche Entwicklung eintraten. Das früheste Beispiel eines Artefakts oder einer Neuerung zu datieren ist in der Archäologie äußerst schwierig, zum Teil deswegen, weil wir immer nur einen minimalen Teil der Stellen oder Stücke kennen, die einmal existiert haben und es selten ist, daß man einen bestimmten Fund genau datieren kann. Man ist sich auch nicht einig darüber, ob einige dieser Innovationen in verschiedenen Teilen Europas entstanden sind oder ob sie von einigen wenigen Zentren ausgingen. Wie auch immer, sie scheinen die übliche Reaktion auf ein allgemeines Problem gewesen zu sein: das Problem, mit dem Bevölkerungswachstum fertig zu werden und mit der Notwendigkeit, von äußerst fruchtbaren Böden und günstigen Bedingungen auf weniger günstige ausweichen zu müssen. Außerdem hätte die Einführung jedes Einzelaspekts nicht notwendigerweise zu einer sozialen Veränderung geführt. Sherratt nimmt an (35), daß sich alle diese Innovationen in Nordwesteuropa erst im Jungneolithikum oder zu Beginn der Bronzezeit durchgesetzt hatten. Wenn sich diese Innovationen über viele hundert Jahre oder mehrere Generationen hinzogen, würde kein Individuum zu der jeweiligen Zeit die Veränderungen richtig eingeschätzt haben. Aber von unserem heutigen Standpunkt aus kann die Veränderung revolutionär genannt werden, nicht nur für die Landwirtschaft selbst, sondern für das ganze soziale Gefüge.

Diese Veränderungen in der landwirtschaftlichen Produktion fanden in großen Teilen von Nordwesteuropa ebenso statt wie in den Gebieten von Südost- und Zentraleuropa, die wir bisher betrachtet haben. Und fast überall basierten sie auf einer früheren Art von gartenbauähnlicher Landwirtschaft. Wie in Südwestasien und Südosteuropa ist das 3. Jahrtausend in Nordwesteuropa archäologisch durch die Ausdehnung des besiedelten Gebiets, aus den fruchtbaren Flußtälern heraus in weniger fruchtbare Gebiete, bestimmt. Diese Ausdehnung war von deutlichen Veränderungen der Ansiedlungen, der Haustypen und von neuen Formen der Artefakte begleitet. (36) Das sind oft die äußeren Erscheinungen von tiefergehenden sozialen oder politischen Veränderungen, und wir dürfen annehmen, daß sie für die Frauen des vorgeschichtlichen und späteren Europas bis zum heutigen Tag bedeutende Folgen hatten.

Die sozialen Strukturen in heutigen Gartenbaukulturen sind ganz anders als in Gesellschaften, die intensive Landwirtschaft betreiben; sie haben anscheinend mit der Aufteilung landwirtschaftlicher Aufgaben und ihrer geschlechtsspezifischen Zuweisung zu tun. Einer der größten Unterschiede betrifft die Stellung der Frauen. Das bestärkt die Theorie, daß Männer im Jungneolithikum die meiste Arbeit übernahmen und die gesellschaftliche Stellung der Frau sank.

Wie wir gesehen haben, ist es wahrscheinlich, daß das Hüten der Tiere meistens den Männern oblag. Große Herden wurden oft weit weg vom Bauernhof oder von der Siedlung getrieben, da ständig neues Weideland gesucht wurde. Überfälle durch benachbarte Stämme gehörten anscheinend zum Hüten der Herden fast dazu – als eine andere Art von Jagd. Darin sieht man oft den Beginn des Kriegs, weil Menschen zum ersten Mal ein Gut besaßen, das wertvoll und relativ leicht zu rauben war.

Auch die Einführung des Pfluges führte wahrscheinlich dazu, daß die Landwirtschaft zu einer vorwiegend männlichen Aufgabe wurde. Analog zu den ethnographischen Beispielen werden die Frauen letztlich wahrscheinlich mehr Zeit mit der Nahrungszubereitung, Kinderbetreuung, der Herstellung von Textilien und anderen Handwerken verbracht haben.

Obwohl weniger Land für die Erzeugung der gleichen Nahrungsmenge benötigt wird, ist Pflugbau viel arbeitsintensiver als Hackbau. Wo der Boden karg ist, macht der Pflug die Landwirtschaft erst möglich. In einigen Gebieten des vorgeschichtlichen Europas konnte man erst so auf größeren Flächen von leichtem, sandigen Boden etwas anbauen, aber in anderen Gebieten könnte dadurch ein Bevölkerungswachstum möglich geworden sein, auch wenn Land knapp war. In den frühen Phasen des Neolithikums war Landknappheit wohl kein Problem, wenn man die schnelle Ausdehnung der Bevölkerung bedenkt. Im späteren Neolithikum könnte es jedoch einen Mangel an Land, das sich für die Landwirtschaft eignete, gegeben haben. (37) Man könnte von Frauen erwartet haben, mehr Kinder zu kriegen und damit mehr Arbeitskräfte zu erzeugen. Es wäre möglich, daß das als ihre Hauptaufgabe betrachtet wurde. Außerdem wurden Knaben vielleicht als zukünftige Arbeitskräfte in der Landwirtschaft höher geschätzt als Mädchen. Die Frauen selbst würden inzwischen von den Männern geringer geachtet worden sein: je mehr Zeit mit Schwangerschaft und dem Sorgen für Kleinkinder verbracht wurde, desto weniger Zeit blieb für landwirtschaftliche Arbeiten. Da Männer viele ihrer Arbeiten übernahmen, trugen die Frauen weniger zur Erzeugung der täglichen Nahrung bei, was vorher ein entscheidender Faktor für die Erhaltung der gleichen gesellschaftlichen Stellung gewesen war.

Viertens, eine weitere soziale Veränderung, die vielleicht ein indirektes Resultat der Revolution der sekundären Produkte gewesen sein könnte, war der Übergang von matrilokaler zu patrilokaler Residenzfolge und von matrilinearer zu patrilinearer Deszendenz. Aus ethnographischem Material geht hervor, daß es eine starke Wechselwirkung zwischen der von Männern dominierten Landwirtschaft, patrilinearer Deszendenz und patrilokaler Residenzfolge gibt. Ein Bauer wird seinen Söhnen die notwendigen Fertigkeiten beibringen und von ihnen erwarten, daß sie sein Land bearbeiten und sein Vieh hüten. In einem matrilinearen System sind es die Söhne seiner Schwester und nicht seine eigenen, die Herden, Land und Geräte nach seinem Tod erben. Dies ist nicht im Interesse des Mannes, wenn hauptsächlich er die Landwirtschaft betreibt. Als Frauen mit der Landwirtschaft mehr zu tun hatten, würden sie die wichtigsten Fertigkeiten von ihrer Mutter gelernt haben und es wäre für sie naheliegender gewesen, auch deren Land und Gerätschaften zu erben. Es scheint jedoch weniger individuellen Landbesitz in Gartenbaukulturen gegeben zu haben und – so ist diese Kultur definiert – es wurden weniger Geräte benutzt. So steht also, materiell gesehen, typischerweise in matrilinearen Systemen viel weniger auf dem Spiel als in patrilinearen.

Schließlich brachte die Entwicklung der Landwirtschaft nicht nur eine starke Zunahme von zum Teil sehr zeitaufwendigen Arbeiten, sondern auch eine Vielfalt von materiellen Besitztümern wie Werkzeuge, Geräte und Gefäße für die landwirtschaftliche Arbeit und die Nahrungszubereitung mit sich. Zwei Konsequenzen müßten sich daraus ergeben haben. Zum einen könnte man es als Ansporn zur Entwicklung einer handwerklichen Spezialisierung sehen, wenn manche Individuen sich auf die Herstellung eines bestimmten Gegenstandes konzentrierten, welchen sie dann gegen andere Produkte oder Dienstleistungen tauschten. Zuerst könnte dies zusätzlich zur normalen landwirtschaftlichen Arbeit geschehen sein, aber nach und nach könnten einige Menschen festgestellt haben, daß sie genug Nahrung und andere lebensnotwendige Dinge erwerben konnten, wenn sie nur ihren Spezialartikel herstellten. Auf diese Weise muß sich der Tausch verbreitet und verfeinert haben. Zum anderen hätte dieser materielle Besitz ebenso wie die Haustiere selbst einen beträchtlichen Reichtum begründet, der angesammelt und von einer Generation zur anderen hätte weitergegeben werden können. In den frühen Stadien der Landwirtschaft kam man vielleicht durch Glück oder besondere Fähigkeiten zu mehr Nahrung, aber ohne die Mittel oder die Notwendigkeit, diese in materielle Güter umzuwandeln, hätte dies kaum soziale Konsequenzen gehabt. Als jedoch eine Familie mehr Vieh ansammelte oder bessere Pflüge erwarb oder durch spezielle handwerkliche Fähigkeiten mehr Güter eintauschen konnte, wurde der Abstand zwischen ihrem Reichtum und dem ihrer Nachbarn immer größer. In dieser scheinbar kleinen Veränderung wird oft (38) die Wurzel des gesamten europäischen Sozialsystems von Hierarchien, Klassen und Schichten gesehen. Der Unterschied zwischen reich und arm, der in Wildbeutergesellschaften unbedeutend ist, entwickelt sich allmählich, wenn in einigen Familien Besitz von Generation zu Generation weitergegeben wird, während andere nie in der Lage sind, Überschüsse zu erwirtschaften. Die Reichen konnten Macht erwerben, indem sie an ärmere Familien gegen Dienstleistungen etwas verliehen, als Gegenleistung zum Beispiel für Feldarbeit oder Unterstützung im Kampf gegen andere Gruppen. Dadurch konnten die Reichen noch reicher werden, während sich die Armen an andere Familien verschuldeten und immer mehr produzieren mußten oder für Dinge arbeiten mußten, die nicht direkt ihrem eigenen Unterhalt dienten. So entstand ein Circulus vitiosus, und man kann sehen, wie von da an sich dauernde Hierarchien entwickelten, nicht nur auf Reichtum begründet, sondern auch auf Macht und Stellung, auf eine Weise, die in Wildbeutergesellschaften unmöglich war. Dies führte auch zu Bedingungen, unter denen es möglich wurde, daß in einer Gesellschaft Menschen genauso wie materieller Besitz und Land als Tauschobjekte angesehen werden konnten. Ein Kind konnte von seinen Eltern als Arbeitskraft einer Familie zur Verfügung gestellt werden, der sie verschuldet waren, oder eine Frau zur Arbeit oder Erzeugung von zusätzlichen Kindern.

Wie solch grundsätzliche Veränderungen wirklich stattfanden, ist nicht klar, auch wenn wir annehmen, daß sie sich in jeder Gemeinschaft in einem allmählichen Prozess durchsetzten. Die ganzen Konsequenzen der Entwicklung, die gerade beschrieben wurde, erfolgten wohl nur sehr langsam, vielleicht sogar über Jahrtausende, und sie ist chronologisch nur sehr schwer zu bestimmen. Auf jeden Fall hatten Frauen, die immer mehr auf Nebenarbeiten verwiesen wurden, am Ende des Neolithikums weniger eigene Mittel, mit denen sie ihren Status behaupten konnten. Es ist anzunehmen, daß, wie bei so vielen Neuerungen auch in der heutigen Welt, die sozialen und wirtschaftlichen Konsequenzen von scheinbar kleinen Veränderungen nicht zu erkennen waren, bis es zu spät war, um zu den früheren Sitten zurückzukehren. Die Entdeckung der Landwirtschaft, die zu Beginn des Neolithikums ein so positiver Schritt der Frauen war, sollte am Ende dieser Periode unvorhergesehene und verhängnisvolle Konsequenzen für sie haben.

Die Bronzezeit

Die Einführung des Kupfers und später seiner Legierung Bronze, mit der man Werkzeuge, Waffen und Schmuck herstellen konnte, leitete die Periode ein, die von den Archäologen als Bronzezeit bezeichnet wird. Das Metall war bereits seit dem 4. Jahrtausend v. Chr. bekannt, verbreitete sich in Westeuropa aber erst im 2. Jahrtausend. Es wurde schließlich seit dem 7. Jahrhundert in den meisten Verwendungszwecken vom Eisen verdrängt. Vor der Erfindung von wissenschaftlichen oder «absoluten» Datierungsmethoden, wie zum Beispiel der Radiocarbondatierung, war Bronze für Archäologen besonders wichtig, weil man damit leicht die Zeit bestimmen konnte. Ihre Bedeutung für die Veränderung des Lebens der Menschen der damaligen Zeit wird jedoch leicht überschätzt. Die neuen Materialien müssen im täglichen Leben nicht unbedingt alle eine wichtige Rolle gespielt haben. Archäologen diskutieren ausführlich, was die Entdeckung der Bronze bewirkt hat. Ebenso wichtig sind jedoch gesellschaftliche Aspekte, wie etwa die Frage, welcher Anteil der Bevölkerung Zugang zu dem neuen Material hatte und welche indirekten Auswirkungen es auf die Gesellschaft hatte.

In ganz Europa scheint sich der Übergang von Gemeinschaftsgräbern zu Einzelgräbern etwa gleichzeitig mit der Einführung von Kupfer und Bronze vollzogen zu haben; vielleicht deshalb, weil es zum ersten Mal möglich wurde, persönlichen Reichtum zur Schau zu stellen. Der individuelle Reichtum führte seinerseits dazu, daß sich soziale Schichten herausbildeten und verstärkte damit eine Entwicklung, die, wie wir gesehen haben, nach dem Übergang zur Landwirtschaft begonnen hatte. Offenbar bildeten sich wohlhabende Eliten, und bewegliche und dabei wertbeständige Besitztümer standen vermutlich hoch im Kurs, nicht nur in Form von Bronze, sondern auch von Gold, Gagat, Bernstein und anderen Materialien, die in Europa oft über weite Entfernungen getauscht und gehandelt wurden. Der gesellschaftliche Wandel hatte zweifellos auch bedeutende Auswirkungen auf das Leben der Frau. In manchen von Ethnologen untersuchten Gesellschaften repräsentieren die Frauen männlichen Reichtum. Frauen tragen Schmuck und Juwelen, ob sie nun von ihnen selbst oder von ihren männlichen Verwandten erworben wurden; in anderen Gesellschaften dienten die Frauen selbst als Tauschobjekt in Geschäften unter Männern. Konnten die Frauen der Bronzezeit eigenen Reichtum erwerben und besitzen, oder hatten einige von ihnen nur reiche Ehemänner? Welche Rolle spielten sie im Handel, waren sie Kaufleute oder Ware? Und was bedeutete die Einführung der neuen Materialien für ihr Leben?

Die archäologischen Belege, die Aussagen über Frauen erlauben, unterscheiden sich in der Bronzezeit beträchtlich von denen früherer Perioden. In weiten Teilen Europas wurden die Toten nun einzeln begraben, jeder mit eigenen Grabbeigaben und individuellem Ritus. Frauen können deshalb oft klar von Männern unterschieden werden, aufgrund ihres Skelettes oder der Aschenreste und durch die charakteristischen Grabbeigaben, mit denen sie bestattet wurden. Zahl und Qualität der gefundenen Beigaben variieren stark, und es wurde ausführlich über die Bedeutung bestimmter Gegenstände sowie die generellen Unterschiede zwischen den Bestattungsformen diskutiert. Insbesondere hat sich die Forschung darum bemüht, den relativen Wert verschiedener Grabbeigaben zu schätzen. War zum Beispiel ein kleiner Goldring mehr oder weniger wert als eine große Bronzeaxt? Das ist eine sehr schwierige, aber auch sehr wichtige Frage, da Frauen und Männer normalerweise mit unterschiedlichen Beigaben begraben wurden. Es ist auch unmöglich zu sagen, ob es nicht vielleicht wertvolle Grabbeigaben aus vergänglichem Material gab, wie zum Beispiel feine Textilien oder seltene, prächtige Vogelfedern. Die Untersuchungen, die in diesem Kapitel vorgestellt werden, haben eine Reihe von Anhaltspunkten dafür erbracht, daß Frauen in den verschiedenen Phasen der Bronzezeit und in verschiedenen Teilen Europas relativ wohlhabend waren und einen hohen Status hatten. Eine weitere ergiebige Quelle sind Felszeichnungen in Teilen Skandinaviens und der südlichen Alpen, obwohl ihre Interpretation viele Fragen offenläßt. (1)

Doch zunächst wollen wir uns dem minoischen Kreta zuwenden. Zu Beginn der Bronzezeit hatten die Völker des östlichen Mittelmeeres bereits eine Stadtkultur hervorgebracht; in der Architektur, Technik und anderen Aspekten ihrer Kultur waren sie dem Rest Europas weit voraus. Manche Archäologen bezeichnen sie deswegen auch als »Zivilisationen«; damit soll ausgedrückt werden, daß diese Völker viel höher entwickelt waren als die »Barbaren« im übrigen Europa. Es muß offenbleiben, ob ihre Architektur und die Tatsache, daß von ihrer Kultur viel mehr erhalten ist, wirklich Rückschlüsse auf große Unterschiede zwischen dem Lebensstil der meisten Bewohner des minoischen Kreta und dem des westlichen Europas zuläßt, insbesondere, was das Leben der Frau betrifft. Andererseits wissen wir über das Leben der Frau im minoischen Kreta viel besser Bescheid als über das anderer Frauen der Vorgeschichte in Europa, weshalb wir die Belege etwas ausführlicher vorstellen wollen. Hinzu kommt, daß die minoische Kultur oft als klassisches Beispiel eines Matriarchats angeführt wird.

War das minoische Kreta ein Matriarchat?

In der ersten Hälfte des 2. Jahrtausends v. Chr. stand die minoische Zivilisation auf der Mittelmeerinsel Kreta in voller Blüte. Ihrer Technik nach gehört sie zur frühen Bronzezeit. Was von dieser Gesellschaft überdauerte, einschließlich ihrer Kunst und Steinarchitektur, ist gut erhalten und viel reichhaltiger als bei anderen europäischen Kulturen der frühen Bronzezeit. Und doch ist das minoische Kreta eine vorgeschichtliche Kultur, da wir keine schriftlichen Zeugnisse über das Leben oder die Gedanken der Menschen besitzen. Wohl fand man an vielen Stellen Tontafeln mit Inschriften in minoischen Hieroglyphen und »Linear-A«-Schrift, doch sie konnten bisher noch nicht entziffert werden. Unser Verständnis der archäologischen Funde ist deswegen ebensosehr von unserer Interpretation abhängig wie bei den Funden aus der Steinzeit.

Das Kreta der frühen Bronzezeit ist bekannt für seine riesigen Paläste. Der berühmteste, Knossos, wurde von Sir Arthur Evans zu Beginn unseres Jahrhunderts ausgegraben. (2) Andere Paläste in Phaistos, Mallia und Ayia-Triadha sind fast genauso eindrucksvoll. Jeder besteht aus eine Reihe von labyrinthartig angeordneten Räumen, die an drei oder vier Seiten um einen großen, offenen Innenhof gebaut sind. Raumkomplexe unterschiedlicher Größe wurden als Empfangsräume, Wohnräume und Lagerräume interpretiert. An den Wänden, oder vielmehr meistens in Bruchstücken auf dem Boden liegend, fanden die Ausgräber in einigen Fluren, Wohn- und Empfangsräumen Spuren kunstvoller Wandbilder oder Fresken. Viele von ihnen wurden rekonstruiert, manchmal aus sehr kleinen Bruchstücken, obwohl die Bedeutung mancher Szenen nicht immer klar war. Zu den berühmtesten der in Knossos gefundenen Kunstwerke zählen Figurinen von barbrüstigen Frauen in langem Rock, um deren Arme sich eine oder mehrere Schlangen winden. (3) Auf diese Figurinen sowie die Themen einiger Fresken stützt sich die wohlbekannteste Kontroverse darüber, ob es matriarchalische Gesellschaften gegeben hat oder nicht.

Die Fresken sollten noch am ehesten eine Deutung erlauben. Fast zum ersten Mal in der menschlichen Geschichte finden wir Szenen, die Frauen und Männer bei einer Reihe von Tätigkeiten zeigen; von besonderer

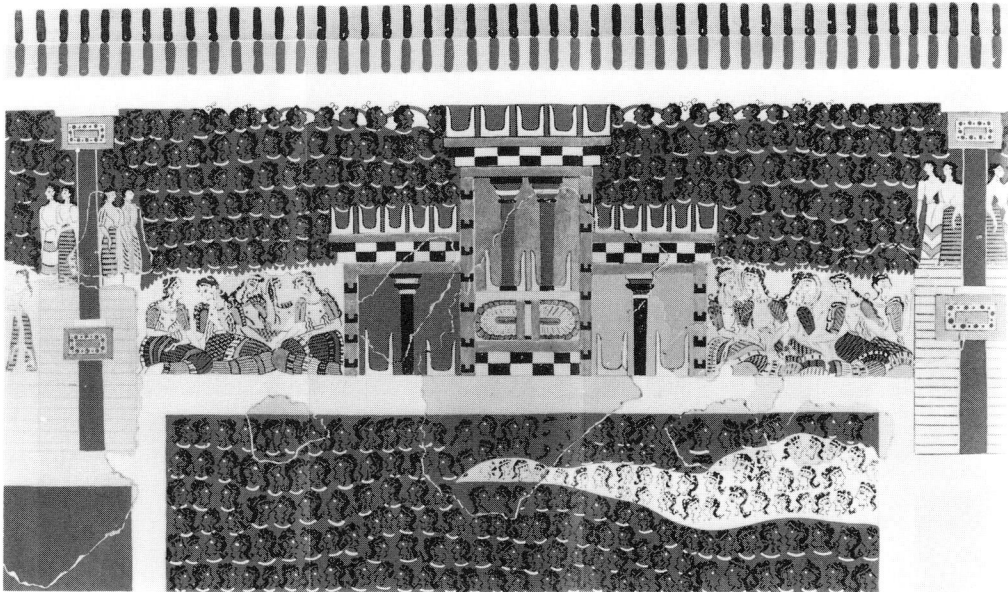

28: Ausschnitt aus dem Großen Fresko
von Knossos. Aus: Evans, 1921–24.

Bedeutung ist, daß sich die Geschlechter größtenteils unterscheiden lassen. In den meisten Szenen kann man sie leicht an den Unterschieden in Kleidung und Haartracht erkennen, darüber hinaus haben die Minoer anscheinend die Haut der Frauen weiß und die der Männer braun dargestellt. Dasselbe findet man auch bei ägyptischen Grabbildern aus der gleichen Zeit; im übrigen gibt es genügend weitere Geschlechtsmerkmale, die den verhältnismäßig sicheren Schluß zulassen, daß alle weißhäutigen Figuren Frauen und alle braunen Männer sind.

Auf diesen Fresken werden Frauen häufiger und manchmal detaillierter dargestellt als Männer. (4) Einige Wissenschaftler haben daraus den Schluß gezogen, daß Frauen in der minoischen Gesellschaft hohes Ansehen genossen. Aber obwohl die abgebildeten Tätigkeiten möglicherweise Rückschlüsse auf die Rolle der Frau zulassen, ist die bloße Existenz von Frauenbildern noch kein Beweis für hohen Status. Wie schon erwähnt, werden in unserer Gesellschaft überwiegend Frauen abgebildet – auch nackte, großbusige Frauen (Parallelen dazu findet man auch in der minoischen Kunst) – sei es in gewissen Magazinen und Zeitungen, in der Reklame usw. Aber diese Bilder dienen allein der Erbauung der Männer; sie sind keinesfalls ein Zeichen weiblicher Vorherrschaft, sondern eher symptomatisch für den niederen Status der Frau in unserer Gesellschaft.

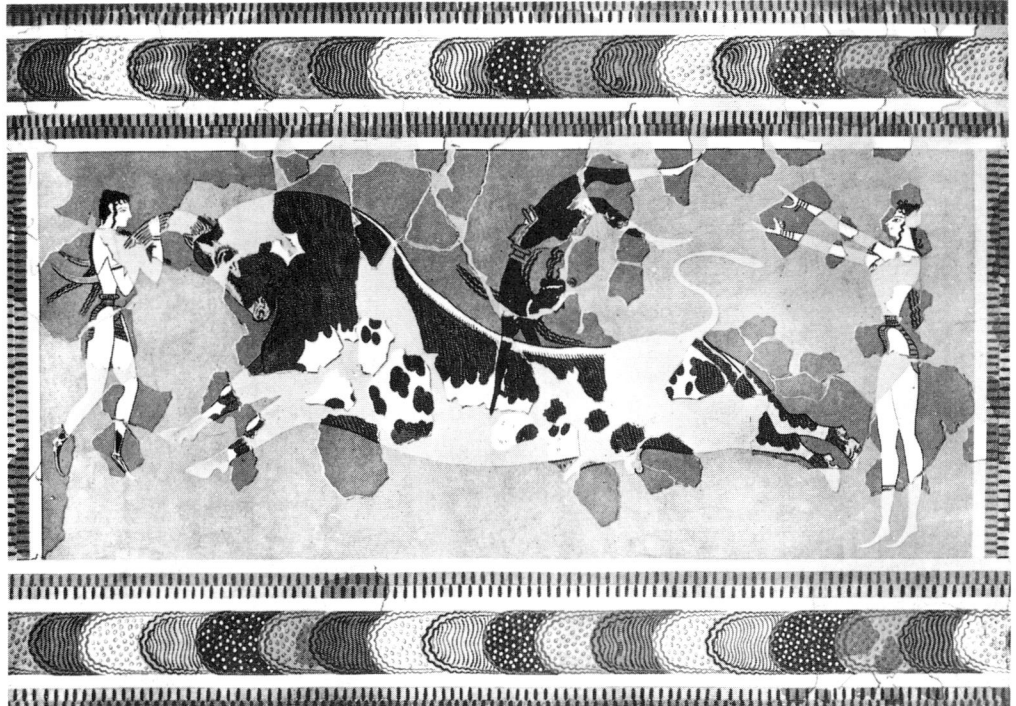

*29: Fresko aus Knossos mit Stiersprin-
gern. Die Figuren rechts und links sind
Frauen, kenntlich an ihrer weißen Gesichtsfarbe. Aus: Evans, 1921–24.*

Wichtiger ist deshalb in welchem Kontext Frauen dargestellt werden
und was sie tun. Wenn wir die Szenen allerdings für bare Münze nehmen,
unterstellen wir damit, daß sie tatsächlich alltägliche Beschäftigungen zeigen und nicht etwa Szenen aus der Mythologie, der Sage, einer Phantasie-
welt oder einem Ritual, und diese Annahme wird nicht immer leicht zu
rechtfertigen sein. In der Tat sind viele Spezialisten für minoische Kunst der
Ansicht, daß alle Szenen auf den Fresken rituelle oder religiöse Handlungen darstellen. Auf einigen Fresken sind Menschengruppen abgebildet, die
anscheinend bei einer Art von Zeremonie oder religiösem Ereignis
zuschauen. In dem bekanntesten, dem Großen Fresko von Knossos, sitzen
in der vordersten Reihe Frauen mit gelockten Haaren und kunstvollem
Schmuck; dahinter, kleiner und weniger detailliert gezeichnet, sitzen
Frauen und Männer zusammen. Hier sind die Männer anscheinend zahlreicher als die Frauen. Was kann man aus dieser Szene schließen? In seinem ersten Ausgrabungsbericht (5) war Evans der Ansicht, daß die Anwe-

senheit von Frauen in der ersten Reihe bedeutungsvoller sei als die Zahl
der Frauen bzw. Männer insgesamt. Er nahm an, daß die Sitze in der vordersten Reihe von göttlichen Wesen oder von besonders verehrten Individuen eingenommen wurden. Viele Analogien mit der Antike waren beliebt,
da man glaubte, die Minoer seien die direkten Vorfahren der Griechen.
Dies hat sich inzwischen als Irrtum herausgestellt, und die minoischen
Zeugnisse müssen nun für sich interpretiert werden. Frauen waren also bei
dem Ereignis zugegen. Es war ihnen nicht verwehrt dabeizusein, sie wurden nicht zu Hause gelassen. (6) Einige von ihnen hatten gute Sitzplätze,
aber dies ist kaum ein hinreichender Beweis dafür, daß sie einen hohen
oder gar übergeordneten Status in allen Bereichen der minoischen Zivilisation einnahmen.

Auf dem Fresko mit dem Faltstuhl sind offenbar zwei Reihen von Menschen abgebildet, Männer und Frauen, die paarweise auf Hockern sitzen
und ihre Becher erheben. Vielleicht trinken sie der größeren weiblichen
Figur in der Mitte der Gruppe zu, die manchmal als Göttin (7), manchmal
als Priesterin interpretiert wird. Ein anderes Bild, bekannt als das Priester-
königbild, zeigt eine Person, anscheinend einen Mann, der eine Prozession
von Frauen anführt, die offenbar Geschenke oder Opfergaben tragen. Dies
gilt als Beweis dafür, daß trotz des vermutlich hohen Status der Frau der
Palast von einem Mann regiert wurde, vielleicht dem legendären König
Minos, der die Prozession anführt. Es gibt hier aber einige Zweifel: Die
Figur, von der nur der obere Teil erhalten ist, hat eine weiße Gesichtsfarbe,
die in der Regel sonst eine Frau bezeichnet, dagegen deuten Körperform,
Muskeln und das Fehlen von Brüsten auf einen Mann. So zeigen eine
Reihe von Bildern Frauen in scheinbar hohen Stellungen, was auf eine Art
von Herrschaft schließen ließe. Doch wenn diese Bilder erklärende Unter-
schriften hätten, würde uns vielleicht klar, daß sie etwas ganz anderes
bedeuteten!

Eines der bekanntesten minoischen Wandgemälde und auch eines der
interessantesten in bezug auf weibliche Aktivitäten ist die Stiersprung-
szene. Drei Figuren nehmen teil, alle tragen einen kurzen Rock. Zwei,
deren Gesicht dunkel getönt ist, sind vermutlich Männer, eine hat ein wei-
ßes Gesicht und ist wohl eine Frau. Eine ähnliche Szene ist auf einem
Becher aus Vaphio dargestellt, wo eine Figur, aufgrund der Haartracht vielleicht eine Frau, anscheinend zwischen den Hörnern eines Stieres hin-
durchgeschleudert wird. Frauen nahmen also zusammen mit Männern am
Stierspringen teil, einem Sport oder vielleicht einer religiösen Handlung,
die beträchtliche Geschicklichkeit und Kraft sowie lange Übung erforderte
(8) und die sicherlich eine hohe Gefahr für Leib und Leben mit sich

brachte. Welche Bevölkerungsschicht daran teilnahm, wissen wir nicht. War es eine Ehre, als Stierspringer gewählt zu werden, oder etwas, wozu Sklaven verurteilt wurden? Es ist wahrscheinlich, daß die erforderliche Geschicklichkeit entweder sehr bewundert wurde oder eine religiöse Bedeutung hatte, so daß sie auf dem Fresko dargestellt wurde.

Wir finden auch Darstellungen von Frauen, die bestimmte landwirtschaftliche Arbeiten verrichten, zum Beispiel Obstbäume pflegen oder Krokusse sammeln. Man hat diese Szenen oft als religiöse Handlungen gedeutet, etwa als Pflege eines heiligen Baums, oder als Göttinnen, die einen Fruchtbarkeitszauber oder Ritus vollziehen. Auch wenn diese Interpretation stimmt, zeigen die Bilder einige der normalen Arbeiten von Frauen, wie wir sie vorher im Zusammenhang mit der Landwirtschaft beschrieben haben.

Fast noch beeindruckender als die kretischen Fresken selbst sind vielleicht einige Wandbilder aus Akrotiri, auf der Insel Thera (Santorin) (9) nordöstlich von Kreta, wo die Reste einer ausgedehnten Stadt ausgegraben wurden, die zur selben Zeit wie Kreta existierte. Die Fundstelle war besonders gut erhalten, weil sie seit einem Ausbruch des Vulkans auf der Insel, der die Stadt im 16. Jahrhundert v.Chr. zerstörte, mit Vulkanasche und Lava bedeckt war. Ein besonders eindrucksvolles Fresko stammt aus dem »Westhaus«. Es erstreckt sich über drei Wände eines Raumes und zeigt drei Städte, jede auf einer Insel für sich, getrennt durch das Meer, auf dem Schiffe segeln. In jeder Stadt kann man Menschen bei einer Reihe von Tätigkeiten erkennen. Wenn die Regel, daß Männer mit brauner und Frauen mit weißer Hautfarbe gemalt wurden, auch für Akrotiri zutrifft, dann schauen die einzigen dargestellten Frauen in einer der Städte von den Dächern ihrer Häuser herunter, während andere, in langen weiten Röcken und farblich abstechenden Miedern, Wasserkrüge auf dem Kopf tragen. Auf den Schiffen scheinen keine Frauen zu sein, noch sehen wir sie bei Tätigkeiten auf dem Land. Wo liegen diese Städte? Auf Kreta oder auf Thera? Zeigt dieses Fresko wieder eine rituelle oder mythologische Szene, oder ist sie ein getreues Abbild des Lebens minoischer Frauen?

Was die Architektur der Paläste betrifft, so beeindruckt sie den Besucher der verschiedenen Ausgrabungsstätten vor allem durch ihre Komplexität. Zahlreiche Räume verschiedener Größe gruppieren sich um einen offenen Hof: In Knossos nennt man eine Gruppe von Räumen das »Gemach der Königin«; es besteht aus dem »Megaron« oder der Halle und dem »Badezimmer« der Königin. Einige Wissenschaftler nehmen an, daß die Königin über einen Privatbereich und Unabhängigkeit verfügt haben müsse, da sie ihre eigenen Gemächer besaß. »Man kann kaum umhin, in dieser Zimmeranordnung einen gebührenden Respekt für das schwache Geschlecht sowie eine Hochschätzung ihrer Gesellschaft zu sehen.« (10) Auf der anderen Seite wurde argumentiert, dies zeige, welch »bescheidene Geschöpfe« die minoischen Frauen gewesen seien, oder daß sie als untergeordnet angesehen und in einem abgelegenen Teil des Palastes gehalten wurden. Anstatt sich mit einer dieser gleichermaßen unbeweisbaren Meinungen auseinanderzusetzen, prüfen wir besser, aufgrund welcher Belege diese Räume überhaupt als Gemächer der Königin identifiziert wurden. Bei der Ausgrabung prähistorischer Anlagen ist eines der schwierigsten Probleme des Archäologen, festzustellen, welchem Zweck ein bestimmter Raum, ein ganzes Haus oder eine Stelle im Freien früher gedient hat. Manchmal hilft die Form, Größe oder Lage weiter, oder bestimmte Kennzeichen wie ein Herd, der darauf schließen läßt, daß dort gekocht wurde oder aber, daß der Raum beheizt wurde und als Wohnraum diente. Noch öfter geben Artefakte, die man in dem betreffenden Raum findet, Hinweise, und bei neueren Ausgrabungen hilft die Notierung der genauen Lage solcher Artefakte, ein noch präziseres Bild zu gewinnen. Große Teile der minoischen Paläste bestehen aus langen, engen Räumen, an deren Seiten große Tongefäße oder Pithoi aufgereiht sind, in denen man Reste von Getreidekörnern, Trauben und Oliven gefunden hat. Diese Räume dienten also als Vorratskammern. In anderen Räumen fand man Anzeichen handwerklicher Tätigkeit. Werkzeuge, die einem bestimmten Handwerk dienten, Rohmaterialien, zum Gebrauch zurechtgelegt oder als Abfallstücke, und fertige, halbfertige oder fehlerhafte Stücke zeigen, daß der Raum eine Werkstatt war. So zum Beispiel gibt es in Knossos die Werkstatt eines Herstellers von Steinvasen, mit unvollendeten Stücken und liegengelassenen Werkzeugen, und in Mallia wurde die Werkstatt eines Siegelschneiders gefunden.

Aber was könnten wir in einem Schlafzimmer finden, da doch nur unter ganz außergewöhnlichen Umständen – die in Knossos nicht gegeben waren – Holz, Textilien oder andere organische Materialien überdauert hätten? Und wie hätte sich das Schlafzimmer einer Königin von dem eines Königs (oder irgendeiner anderen Person) unterschieden? Vielleicht teilte die Königin das Schlafzimmer des Königs. In Homers »Odyssee«, die einige Jahrhunderte später geschrieben wurde, sich aber möglicherweise zum Teil auf eine Zeit kurz nach der Hochphase des minoischen Kreta bezieht, teilen Odysseus und seine Frau Penelope sehr wohl ihr Schlafzimmer. Und können wir überhaupt sicher sein, daß die Bewohner des Palastes von Knossos tatsächlich ein König und eine Königin waren?

In der Südost-Ecke des Palastes von Knossos gibt es eine Reihe ineinander übergehender Räume, die sich auf ein großes Treppenhaus hin öffnen.

Einige dieser Räume sind groß und werden durch offene Lichtschächte erhellt. Einer, bekannt als Raum der Doppeläxte, ist ein besonders großer und luftiger Doppelraum mit einer Veranda und fein gehauenem Steinmauerwerk; auf jedem Block ist eine Doppelaxt abgebildet. Da der Ausgräber, Arthur Evans, diesen Raum als einen der angenehmsten des Palastes empfand, nahm er an, dies sei wahrscheinlich der Raum des Herrschers gewesen, in dem er Recht sprach und andere Herrscherpflichten erfüllte. Ein paar Räume weiter, und auf verschiedenen Wegen erreichbar, findet sich ein weiterer großer Raum, ebenfalls durch Lichtschächte gut erhellt. Im Lichtschacht außerhalb dieses Raumes wurden Reste von Fresken mit einer Seeszene und Delphinen gefunden; ein anderes Fresko zeigt eine Tänzerin. Diese Szenen wurden restauriert und an den Wänden der Räume angebracht. Da man fand, daß sie »weibliche« Themen behandelten, ordnete man diese Räume der Königin zu. Wäre nach heutigem Analogiedenken die Annahme gerechtfertigt, daß Tänzerinnen eher an den Wänden eines Frauen- als eines Männergemachs zu finden sind? In neueren Ausgrabungen anderer minoischer Paläste wurden ähnliche Raumfolgen freigelegt, fast identisch in ihrer Anordnung und Lage innerhalb des Palastes. Wir können wohl annehmen, daß sie alle dieselbe oder eine ähnliche Funktion hatten, brauchen aber deshalb Evans' Deutung nicht zu übernehmen. Vielleicht hatte er recht mit der Annahme, daß Anordnung, Beleuchtung und Dekoration der Räume im ganzen darauf schließen lassen, daß sie zu Wohnzwecken dienten, doch der einzelne Raum läßt unterschiedliche Interpretationen zu. Warum soll er nicht ein Schlafzimmer oder ein Wohnzimmer, ein Aufenthaltsraum, ein Empfangsraum oder ein Eßzimmer gewesen sein? Um anzunehmen, daß die zwei besten Räume dem König und der Königin vorbehalten waren, müßten wir mehr über die soziale Organisation des Palastes wissen. Solche Annahmen sagen uns mehr über die Ansichten der spätviktorianischen Ausgräber als über die der Minoer.

An einer anderen Stelle im Palast von Knossos fand Evans die gemauerten Reste von zwei Sitzen mit einer breiten Mulde in der Mitte, beide niedriger und breiter als der Thron im »Thronsaal«. Auf den Fresken sind die Frauen oft eher kauernd als sitzend dargestellt, woraus Evans schloß, daß ein niedrigerer Sitz für Frauen möglicherweise bequemer gewesen sei. Die weitere Folgerung, daß Frauen mit ihren breiteren Becken breitere Sitze benötigten, diskutiert Evans allerdings nicht! (11) Die beiden niedrigen Sitze befinden sich in Räumen, die wohl als Arbeitsräume dienten, wahrscheinlich als Küchenräume. Entweder waren niedrigere Sitze also praktischer und bequemer für Arbeiten, die auf dem Fußboden verrichtet wurden, oder sie zeigen, daß bei der Küchenarbeit Frauen tätig waren.

Obwohl Sir Arthur Evans selbst sehr vorsichtig mit seiner Interpretation des »Gemachs der Königin« war, haben sich zahlreiche Autoren seither auf diese offensichtlich hypothetische Annahme berufen, um ihre eigenen Hypothesen über den Status minoischer Frauen zu untermauern: Daß sie ihren eigenen Lebensbereich hatten, zeige entweder, wie bescheiden und zurückgezogen sie lebten, oder es beweise die Wertschätzung, die man ihnen entgegenbrachte. Zu welchen Schlüssen über den Status der Frauen – selbst hochgestellter Frauen – man auch aufgrund der Fresken kommen mag, scheint es doch sehr zweifelhaft, ob sie durch die Architektur der Paläste untermauert werden können.

Der Status der Frau in der minoischen Kultur wurde außerdem von den sogenannten »Schlangengöttinnen« abgeleitet. (12) Diese Terrakotta- oder Fayence-Figurinen wurden nicht nur in den Palästen, sondern oft auch an anderen Stellen auf Kreta gefunden. Sie zeigen barbrüstige Frauen, deren langes Haar hinten mit einer großen Schleife zusammengebunden ist. Sie tragen bodenlange Röcke, und um ihre erhobenen Arme winden sich eine oder mehrere Schlangen. Die Figurinen wurden nur in bestimmten Teilen der Paläste gefunden, die als Schreine oder Tempel interpretiert werden, da sie regelmäßig Strukturen enthalten, die man als Altäre deutete. Auch in einigen Berghöhlen Kretas entdeckte man ähnliche Statuetten, zusammen mit Figurinen von Tieren, Vögeln, Schlangen und Bäumen, und vermutete deshalb, daß diese Höhlen ebenfalls als Kultstätten dienten. Ähnliche Darstellungen weiblicher Figuren finden sich auch auf Fresken, Sarkophagen und kleineren Gegenständen wie Ringen und Siegeln; dort werden sie manchmal anscheinend von anderen Menschen, hauptsächlich Frauen, verehrt. Frauen nehmen ferner an rituellen Handlungen teil, bei denen Tiere auf Opfertischen geschlachtet oder Opfertränke vergossen werden. Wie schwierig es ist, die Funktion solcher Statuetten zu bestimmen, haben wir schon in Kapitel II anhand früherer, neolithischer Figurinen, die gewisse Ähnlichkeiten mit den minoischen Figuren aufweisen, erörtert. Aber das gehäufte Auftreten und die Darstellungsweise der letzteren lassen doch vermuten, daß sie irgendeine Frau oder Frauen darstellen, die eine besondere Stellung in der Gemeinschaft hatten. Ist es eine Göttin, wie Evans und viele andere Gelehrte annehmen, oder eine wirkliche Frau, vielleicht eine Priesterin oder Geweihte, die der Göttin oder den Göttern Opfer brachte oder besondere Funktionen inne hatte, oder war es eine Königin oder andere Frau, die in dem Palast wohnte? Das letztere ist unwahrscheinlich, außer wenn diese Frau zusätzlich eine Priesterin oder Göttin war, da sich die Schlangenfrau in Kleidung und Haartracht ganz deutlich von den anscheinend normal gekleideten Frauen unterscheidet, die zuweilen auf

Siegelsteinen dargestellt werden. Im Vergleich zu ihnen sind die neolithischen Figurinen viel einfacher und kommen nicht in spezifischen Zusammenhängen vor.

Was können wir nun überhaupt über die Stellung der Frau in der minoischen Gesellschaft sagen? Sind Rückschlüsse über matrilineare oder patrilineare Verwandtschaftssysteme möglich? Deuten die oben beschriebenen
Funde darauf hin, daß das minoische Kreta eine matriarchalische Gesellschaft gewesen sein könnte, wie es einige der ersten Forscher und heutige
Feministinnen behauptet haben?

Zweifellos zeigen die Fresken Frauen bei vielfältigen, zuweilen auch
körperlichen Aktivitäten. Andere Szenen deuten auf ihre Teilnahme an
Bereichen des öffentlichen Lebens, zum Beispiel als Zuschauerinnen in
der Menge oder als Anführerinnen von Prozessionen. Es mag hier eine Verbindung zu religiösen Ritualen geben, bei denen Frauen entweder als Göttinnen, Kultführerinnen oder Priesterinnen gewiß eine beherrschende
Rolle spielten. Aber man muß dabei berücksichtigen, daß all diese Funde
aus Palästen stammen, die vorwiegend von reichen oder höhergestellten
Mitgliedern der Gesellschaft bewohnt wurden, und daß die Fresken vermutlich die Interessen dieser Menschen widerspiegeln. Wenn man sie für
sich nimmt, scheint es tatsächlich so, als hätten Frauen der Elite einen
höheren Status gehabt und an einer größeren Vielfalt von Aktivitäten teilgenommen als die Frauen vieler anderer Gesellschaften. Es bleibt jedoch
unklar, wie relevant die Fresken und andere Funde für das Leben der meisten Frauen Kretas während der minoischen Periode sind. Noch immer
besitzen wir keine oder nur wenige Anhaltspunkte, um beurteilen zu können, wie das Leben der Mehrheit der Frauen auf dem Land aussah, und die
Tatsache, daß Frauen der Oberklasse eine hohe Stellung in ihrer Gesellschaft einnahmen, erlaubt noch kein Urteil darüber, ob dies auch für
andere Frauen zutraf.

Was schließlich das Matriarchat betrifft, so ist die Bedeutung dieses
Begriffes in einem früheren Kapitel ausführlich behandelt worden; auch
habe ich versucht zu zeigen, wie wenig stichhaltiges Material es in heutigen
oder historischen Gesellschaften dafür gibt und wie schwer es durch
archäologische Belege nachzuweisen wäre. Auch wenn wir die Hypothese
aufstellen, daß Frauen, oder wenigstens die Frauen der höheren Schichten,
in Kreta ein besseres Los hatten als in vielen anderen Gesellschaften späterer Zeiten, kann man nicht geltend machen, daß sie tatsächlich Macht
besaßen. Auf der anderen Seite, und das gilt ebenso für die meisten anderen prähistorischen Gesellschaften, gibt es auch keinen Beweis dafür, daß
die Männer Macht auf Kosten der Frauen ausübten.

30: Eine der Schlangengöttinnen aus Knossos. Aus:
Evans, 1921–4.

Gräber, Grabbeigaben und Reichtum in Nordwesteuropa

Die archäologischen Funde aus der Bronzezeit in Nordwesteuropa unterscheiden sich beträchtlich von denen des minoischen Kreta. Das meiste, was wir über die Minoer wissen, kommt aus den Palästen. Über die Wohnweise der zeitgenössischen Bevölkerung nördlich und westlich der Alpen ist dagegen sehr wenig bekannt. Stattdessen haben wir, besonders für die frühen Phasen der Bronzezeit, die bestatteten Körper der Menschen selbst. In den meisten Teilen Nordwesteuropas gehört es in dieser Epoche zu den Bestattungsriten, den Toten mit einer Vielzahl von Grabbeigaben beizusetzen. Davon waren die meisten wahrscheinlich sein persönlicher Besitz. Diese Gegenstände vermitteln uns eine klare Vorstellung von der Kleidung der Frauen und den von ihnen – im Unterschied zu den von Männern – benutzten Gebrauchsgegenständen. Die Anzahl und Qualität der Grabbeigaben verschiedener Individuen lassen auf den Grad der Gleichheit oder auf soziale Unterschiede innerhalb der Gesellschaft schließen, und die Körper selbst geben uns Auskunft über das Alter, in dem Frauen und Männer starben, über ihren Körperbau und zum Teil auch ihren Gesundheitszustand. Die Einzelergebnisse dieser Grabuntersuchungen sind in verschiedenen Teilen Europas sehr unterschiedlich, und wie so oft bei archäologischen Befunden, gehen die Meinungen darüber, wie die jeweiligen Bestattungen zu interpretieren sind und was die Grabbeigaben bedeuten, weit auseinander.

Trotzdem gibt es im gesamten Untersuchungsgebiet einige gemeinsame Grundmerkmale. Am auffälligsten ist die Tatsache, daß sich die Grabbeigaben von Frauen ausnahmslos von denen der Männer unterscheiden. Zum ersten Mal läßt sich für die europäische Vorgeschichte eindeutig nachweisen, daß das Geschlecht ein grundlegender Faktor sozialer Differenzierung ist. Möglicherweise bestanden allerdings noch größere Unterschiede zwischen denen, die ein Anrecht auf eine formelle Bestattung hatten und dem Rest der Bevölkerung; ist es doch unwahrscheinlich, daß die Zahl der aufgefundenen Gräber einer bestimmten Zeit der Gesamtbevölkerung des jeweiligen Gebiets entspricht. Bei denjenigen, die formell begraben wurden, finden sich andererseits größere Unterschiede zwischen Männern und Frauen als zum Beispiel zwischen Individuen verschiedener Altersgruppen, was Beigaben und andere Einzelheiten der Bestattung betrifft, wie zum Beispiel die Körperseite, auf die die Leiche gelegt wurde. (13) Die Unterschiede entsprechen den heutigen Geschlechtsstereotypen in der westlichen Welt. Frauen wurden normalerweise mit verschiedenen Schmuckstücken begraben, wie zum Beispiel Nadeln, Halsketten und

Armbänder (in manchen Gebieten haben sie oft auch noch kleine Messer bei sich, die manchmal als Dolche beschrieben werden), während Männer ebenso regelmäßig mit Waffen bestattet wurden. In der Form sind diese Waffen – Dolche, Speerspitzen, Schwerter – ganz verschieden, aber man kann sie klar von weiblichem Schmuck unterscheiden.

In einigen wenigen ungewöhnlich gut erhaltenen Gräbern in Skandinavien lassen sich nicht nur Unterschiede zwischen Grabbeigaben nachweisen, die aus anorganischem Material hergestellt wurden, sondern auch in der Kleidung, da Wollstoffe überdauert haben. Die Toten wurden in Eichensärgen bestattet, die eine gerbende Wirkung hatten; außerdem befanden sich die Gräber unter Wasser. (14) Männer scheinen gewöhnlich eine Art Kilt, einen Umhang und eine Kappe getragen zu haben, während es für Frauen wohl zwei verschiedene Bekleidungsarten gab. In einem der bekanntesten Gräber, dem von Borum Eshøj in Dänemark, war eine Frau im Alter von 50 bis 60 Jahren beigesetzt, etwa 1,57 Meter groß, in einem kurzen Kittel, der vielleicht über einem bodenlangen Rock getragen und mit zwei Gürteln zusammengehalten wurde. Sie trug auch ein Haarnetz und mehrere Schmuckstücke. In Egtved wurde dagegen ein jüngere Frau zwischen 18 und 20 Jahren gefunden, die einen knielangen, lockeren Schnürenrock und einen kurzen Kittel mit Ärmeln trug, beide aus brauner Schafwolle. Wie die ältere Frau aus Borum Eshøj trug dieses Mädchen mehrere bronzene Schmuckstücke. Neben ihrem Körper lag ein Bündel mit den Aschenresten eines jüngeren Mädchens von acht oder neun Jahren. Der Altersunterschied ist zu gering, um anzunehmen, daß es sich um die Tochter der jungen Frau handelte. Auch in anderen Teilen Europas wurden in der Bronzezeit verbrannte Leichen neben den Toten beigesetzt, so daß man schon annahm, daß Diener und Sklaven beim Tod ihrer Herrin oder ihres Herrn geopfert wurden.

Die beiden erwähnten Gräber zeigen exemplarisch zwei Arten weiblicher Kleidung, wie man sie auch in einer Reihe von Gräbern der Bronzezeit in Dänemark gefunden hat. Ein beliebter Schmuck scheint ein Gürtel mit einer großen Bronzescheibe in der Mitte gewesen zu sein. Auch trugen die Frauen immer ein Haarnetz oder ein Haarband. Der hauptsächliche Unterschied zwischen den beiden Kleidungstypen liegt in der Rocklänge: Man hat ihn als Unterschied zwischen Sommer- und Winterkleidung, oder als Unterscheidungsmerkmal zwischen verheirateten und unverheirateten Frauen interpretiert. (15) Die Kürze und die »Offenherzigkeit« des Schnürenrocks der jungen Frau aus Egtved haben seit der Entdeckung des Grabes in den zwanziger Jahren zu manchen Kommentaren in der Literatur geführt, die bezeichnend für die Denkweise und die prüde Einstellung die-

*31: Rekonstruktionszeichnung von drei verschiede-
nen Typen der Frauenkleidung und einer Männer-
kleidung aus der Bronzezeit Skandinaviens. Aus:
Burgess, 1980; Zeichnung von Angie Townshend.*

ser Zeit sind. Zum Beispiel: »Es wäre vernünftiger und anständiger gewesen (selbst bei einem so primitiven Volk), wenn das Material (des Kittels) zu
einem Rock verarbeitet und das Schnürengewebe – eine Art von Fischnetz
– benutzt worden wäre, um den Oberkörper zu verhüllen…« und: »man
kann es schwerlich einen Rock nennen, da es kaum ihre Blöße bedeckt.«
(16)

Das lange Kleid der Frau aus Borum Eshøj hielt man für wesentlich
angemessener, und der kurze Rock wurde auch schon als Überrock interpretiert, der möglicherweise über einem längeren getragen wurde. Andererseits hat eine frühe, aber detaillierte Untersuchung bezweifelt, daß überhaupt lange Röcke getragen wurden. Die Frau aus Borum Eshøj, so wurde
vermutet, war in ein Leichentuch gehüllt, und auch sie hatte vielleicht
einen viel kürzeren Rock getragen. (17) Bronzefigurinen aus demselben
Gebiet, aber der späten Bronzezeit, zeigen Frauen, die den gleichen Kurz-
rock tragen, ohne einen langen darunter; wenngleich eines dieser Figürchen einen langen Rock zu tragen scheint. In anderern Gräbern ist zwar das

32: *Die Kleidung der jungen Frau von Egtved in Dänemark. Kopenhagen, Nationalmuseum.*

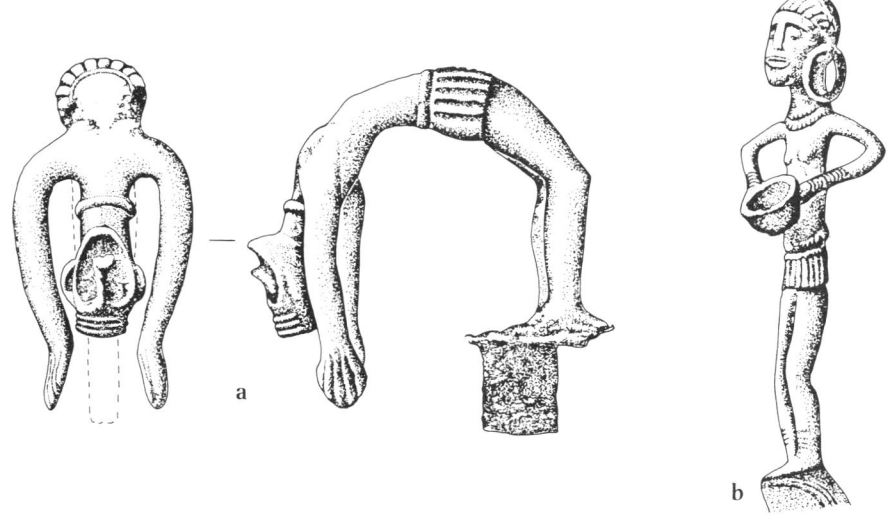

*33: Kleine Bronzefigurinen von Frauen der späten
Bronzezeit aus Dänemark: a. Fundort unbekannt.
b. Griff eines Messers aus Itzehoe, Schleswig-Hol-
stein. Nach Broholm und Hald, 1940.*

Tuch des Rockes nicht erhalten geblieben, man hat jedoch kleine Röhrchen
aus dünner Bronze gefunden, manchmal mit Stoffresten, die vermuten lassen, daß die Röhrchen den Saum eines Schnurrockes zierten, der dem aus
Egtved und dem der meisten Figurinen ähnelte. Möglicherweise gehörte
also zur normalen Kleidung einer Frau im Dänemark der Bronzezeit ein
kurzer, offener Rock, oder aber dieser war ein spezielles Kleidungsstück für
Zeremonien, einschließlich der Bestattung, und die Figurinen hatten
irgendeine rituelle Funktion oder stellten Göttinnen oder geweihte Frauen
dar.

Bevor wir uns die Bestattungsbräuche genauer anschauen, müssen wir
auf zwei methodische Probleme hinweisen. Früher hat man die Skelettreste zu den Artefakten im Grab in Beziehung gesetzt, um die Bestattungsbräuche zu erforschen. Neuere Studien basieren auf einer Untersuchung
der Skelettreste ganz unabhängig von den Grabbeigaben, auch wenn man
zunächst oft – wahrscheinlich meistens – von den Grabbeigaben auf das
Geschlecht schloß. Die zuverlässige Bestimmung des Geschlechts ausge-
grabener Skelette bietet viele Schwierigkeiten, aber gerade in unserem
Zusammenhang ist es wesentlich, Ausnahmen von der normalen Verwendung weiblicher und männlicher Grabbeigaben zu erkennen. Zum Beispiel: Wurden irgendwelche Waffen als Amtszeichen benutzt? Wenn ja,
kam es vor, daß manchmal auch Frauen, wenn auch nur vereinzelt und

unter besonderen Umständen, die wir nicht kennen, ein solches Amt inne-hatten und das Zeichen tragen durften? Oder gab es die Möglichkeit, seine Geschlechtsrolle zu verlassen, was ethnographisch häufig nachgewiesen ist? Diese Fragen könnte man nur dann beantworten, wenn jedes Skelett unabhängig von den Beigaben bestimmt würde.

In den meisten Gräbern hat man überhaupt keine Beigaben mehr gefunden, und das Geschlecht dieser Individuen wurde nur selten bestimmt. Es ist also besonders schwierig, irgendwelche Aussagen über sie zu machen. In anderen Fällen wurden ein oder mehrere Artefakte bei dem Skelett gefunden. Die übliche Annahme ist, daß das Individuum desto rei-cher und bedeutender war, je mehr Artefakte vorhanden sind. Aber viel-leicht wurden bei allen Bestattungen Beigaben verwendet, die nicht mehr erhalten sind, wie zum Beispiel Speiseopfer, einfache oder kostbare Texti-lien oder andere Dinge aus organischem Material, Dinge, die vielleicht einer ganz anderen Wertskala als die üblichen Beigaben angehörten.

Schauen wir uns trotz dieser Bedenken die Grabbeigaben der frühen Bronzezeit genauer an. Die Bestattungsbräuche der Bronzezeit gleichen sich in den meisten Teilen Europas, obwohl es örtliche Unterschiede in den Beigaben und der Art der Körperbestattung gibt. Wir wollen drei Gebiete betrachten, die Südwest-Tschechoslowakei, Südengland und Dänemark mit Südschweden; für sie liegen interessante Untersuchungen vor, die auch ein Licht auf die Geschlechterrollen werfen.

Der Friedhof von Branč in der Südwest-Slowakei

Die Arbeit von Susan Shennan (18) ist eine der wenigen archäologischen Untersuchungen, die den Status der Frau eigens berücksichtigt. Sie hat Gräber mit Beigaben analysiert, die auf einem Friedhof in Branč in der süd-westlichen Slowakei ausgegraben wurden. Man fand über dreihundert Gräber und konnte zeigen, daß es für Frauen und Männer verschiedene Grabbeigaben und Bestattungsweisen gab. Das Geschlecht der Skelette wurde von Paläopathologen unabhängig von den Grabbeigaben unter-sucht (die Unterscheidung ist allerdings nur bei Erwachsenen möglich), und das Alter jeder Person bei ihrem Tod bestimmt. Aufgrund der Abnut-zung der Zähne und der Verwachsung bestimmter Knochen und Gelenke wurden die Skelette Altersgruppen zugeordnet und auf einer Skala von fünf bis zehn Jahren eingetragen. Diese Information wurde dann mit der Bestattungsweise und den jeweiligen Grabbeigaben korreliert. Aufgrund dieser Daten stellte man Theorien darüber auf, welche Bedeutung gewisse

Gegenstände in bezug auf Alter, Geschlecht oder Status des oder der Toten hatten und auf welche Weise Gegenstände von dem Individuum vielleicht erworben wurden. Während die meisten Männer (69 Prozent) auf dem Friedhof von Branč auf der rechten Seite liegend beigesetzt worden waren, lagen die meisten Frauen (81 Prozent) auf der linken Seite. Man kann darüber spekulieren, warum die Sitte, Männer und Frauen auf verschiedenen Seiten liegend zu begraben, nicht immer befolgt wurde; wahrscheinlich ist der Grund für diese Unstimmigkeit eine fehlerhafte Geschlechtsbestimmung der Skelette, bei der eine hundertprozentige Sicherheit nicht immer erreichbar ist.

Unter den Artefakten, die bei den Körpern gefunden wurden, waren Schmuck, Waffen und Geräte aus Kupfer, Stein und Knochen. Anzahl und Qualität der Beigaben waren in den Gräbern sehr unterschiedlich. Shennan stellte eine Wertskala auf, und jedes Artefakt wurde zum einen nach der Schwierigkeit eingestuft, das Rohmaterial zu beschaffen, zum anderen nach der geschätzten Zeit, die nötig war, um den Gegenstand herzustellen. So war es möglich, den »Reichtum« jedes begrabenen Individuums zu berechnen. Wenn der Reichtum ererbt war, so argumentierte Shennan, dann konnte man erwarten, daß manche jungen Menschen mit reichen Beigaben beigesetzt wurden, auch wenn sie selbst noch keine Gelegenheit gehabt hatten, Reichtum durch eigene Anstrengungen oder Fähigkeiten zu erwerben. Ebenso sollte es möglich sein, den relativen Reichtum von Frauen im Vergleich zu dem von Männern zu bestimmen. Bevor wir uns jedoch den Schlußfolgerungen Shennans zuwenden, müssen wir klarstellen, daß diese Form der Werteinstufung von Grabbeigaben nicht unproblematisch ist, vor allem dann, wenn sich gegenseitig mehr oder weniger ausschließende Sets miteinander verglichen werden sollen, wie die Grabbeigaben von Frauen und Männern. In anderen archäologischen Studien hat man auf ähnliche Weise versucht, den Wert von Artefakten zu bestimmen, um Bestattungen in bezug auf ihren Reichtum zu vergleichen. Verschiedene Wissenschaftler, die sehr ähnliches Material untersuchten, haben unterschiedliche und oft einander widersprechende Wertskalen aufgestellt, die zudem unsere eigenen Wertvorstellungen widerspiegeln. Wie können wir den Wert eines Goldarmbandes mit einem aus Bronze oder aus Schiefer vergleichen? Wenn eines davon selten ist, dann kann es bedeuten, daß dieser Gegenstand schwer zu beschaffen, oder aber, daß er nicht sehr beliebt war. Der Wert, welcher der Herstellungszeit zugemessen wird, hängt davon ab, wie wir den Wert menschlicher Arbeitskraft einschätzen; und die Knappheit eines Rohmaterials muß nicht bedeuten, daß es als besonders kostbar empfunden wurde. Wie stufte wohl eine Gesellschaft

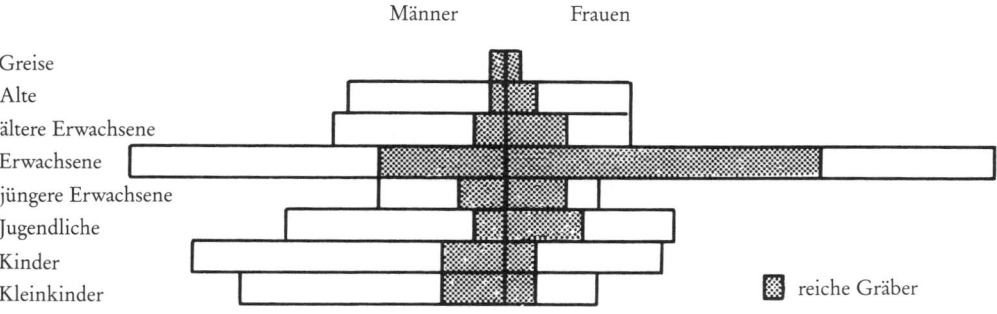

34: *Aufteilung der Gräber in Branč nach Alter und Geschlecht. Die reichen Gräber sind schraffiert. Shennan, 1975.*

das Gewicht einer Menge Rohmaterials im Vergleich zu der Kunstfertigkeit ein, die für die Herstellung des Gegenstandes erforderlich war? Schönheit wiederum ist ein besonders subjektiver Wert. In den meisten Gräbern der Bronzezeit haben Frauen und Männer ganz verschiedenartige Grabbeigaben. Während es verhältnismäßig leicht sein mag, zwei Frauengräber miteinander zu vergleichen, ist es sehr viel schwieriger, den relativen Reichtum von Frauen und Männern zu bestimmen. Studien dieser Art also können kein klares Bild der gesellschaftlichen Schichtung vermitteln, sondern nur eine ungefähre Vorstellung davon, wie die Mittel innerhalb einer Gesellschaft verteilt waren.

Die Gemeinde, die auf dem Friedhof in Branč begraben ist, war klein; sie umfaßte zu einer Zeit jeweils etwa 30–40 Menschen. Die Hälfte von ihnen waren Kinder. Der Reichtum und die unterschiedlichen Kombinationen von Grabbeigaben deuten darauf hin, daß es eine recht komplexe Gesellschaft mit mehreren gesellschaftlichen Schichten oder Klassen war. Einige Gräber enthielten besonders viele Artefakte und waren auf der Wertskala oben angesiedelt. Bestimmte Artefakte fanden sich nur in den reichsten Gräbern, und in den Gräbern wohlhabender Frauen waren oft sehr ähnliche Sets von Beigaben. Dies läßt vermuten, daß diese Gegenstände als Statussymbol oder Prestigegüter benutzt wurden. Wir wissen aus der Anthropologie, daß manche Gegenstände nur von bestimmten Individuen getragen oder benutzt werden dürfen und deren Stellung für jedermann in der betreffenden Gesellschaft unmittelbar deutlich machen. Typische Beispiele aus unserer eigenen Gesellschaft wären die Insignien eines Monarchen oder die Tracht einer Krankenschwester. Die reichsten Frauen in Branč gehörten alle vom Alter her zumindest zu den jüngeren Erwachsenen; wohlhabende weibliche Kinder waren verhältnismäßig selten. Diese Angaben können auf verschiedene Weise interpretiert werden. Die traditionellste wäre, daß die reichen Gräber einen Besitz widerspiegeln, der durch Heirat erworben wurde. Bei einigen Kindern wurde vielleicht die Ehe schon bei der Geburt arrangiert, aber dann starben sie jung. Daß es mehr reiche Frauen als reiche Männer gab, könnte auf Polygynie schließen lassen, das heißt, daß Männer mehr als eine Frau haben konnten. Ebensogut könnte man jedoch daraus folgern, daß die Frauen in dieser Gesellschaft einen hohen Status hatten.

Es fanden sich im Verhältnis mehr »reiche« Mädchen als Knaben (das Geschlecht wurde vermutlich aus den Grabbeigaben oder der Körperlage bestimmt, da das Skelett von Kindern keine Anhaltspunkte auf ihr Geschlecht gibt). Das legt die Vermutung nahe, daß Reichtum schon bei der Geburt zugeteilt wurde, das heißt, daß diese Mädchen in reiche Familien geboren wurden, mit der Aussicht auf eine Erbschaft. Wenn auch Männern Reichtum auf diese Weise zugeteilt wurde, dann wurde vielleicht Mädchen mehr mitgegeben als Knaben. Auf der anderen Seite könnte die niedrigere Sterberate reicher Mädchen im Vergleich zu der reicher Knaben bedeuten, daß reiche Mädchen besser gepflegt wurden, vielleicht indem sie bessere Nahrung oder Lebensbedingungen erhielten (obwohl die Unterschiede zum Teil auch darauf zurückzuführen sein könnten, daß Knaben im Kindesalter immer anfälliger sind für Krankheiten und häufiger sterben als Mädchen). Wenn Shennans Einteilung der weiblichen und männlichen Grabbeigaben stimmt, scheint es so, daß reiche Frauen erheblich wohlhabender waren als reiche Männer und durch eine bestimmte Kategorie von Besitztümern besonders herausgestellt wurden, während die Beigaben der Männer viel weniger einheitlich und charakteristisch waren. Dies läßt darauf schließen, daß die hohe Stellung dieser Frauen in einer Weise gekennzeichnet war, die sie für die ganze Gesellschaft sichtbar machte. Wenn diese Stellung erblich war, könnte dies erklären, warum größere Sorgfalt auf die Pflege reicher Mädchen verwendet wurde, besonders wenn die Abstammung matrilinear war, so daß die Zukunft der ganzen Gruppe von dem Überleben junger Frauen abhing. Mit derselben Statistik könnte man aber auch zu ganz anderen Ergebnissen kommen: nämlich daß die Gesellschaft patrilinear und polygyn war; daß den Frauen bei der Heirat wertvolle Dinge mitgegeben wurden; daß der Besitz Männern gehörte, aber durch die Frauen zur Schau gestellt wurde, so wie es auch in der modernen westlichen Gesellschaft der Fall ist. Dieses Problem unterstreicht jedoch nur die Doppeldeutigkeit vieler archäologischer Befunde.

Wenn wir dagegen die erstere Interpretation akzeptieren, so legt das Material von Branč und das weiterer Friedhöfe in der Umgebung, die das gleiche Bild zeigen, die folgende Deutung nahe: In der Südwest-Slowakei hatten die Frauen in der frühen Bronzezeit einen hohen Status; sie wurden als Kinder sorgfältiger gepflegt als die Knaben, und sie besaßen deutliche »Rangabzeichen«, die die Stellung einiger führender Frauen auf eine Weise anzeigten, wie sie für Männer nicht zutraf.

Ausgrabungen auf anderen Friedhöfen im umliegenden Gebiet (19) haben Hinweise darauf erbracht, daß wohlhabende Frauen mit einer spezifischen Kleidung in dem Gebiet erst nach und nach auftraten. In allen Friedhöfen außer dem frühesten haben die Frauen mehr Grabgüter als die Männer, und eine kleine Anzahl »reicher« Frauen trug eine bestimmte, jedoch einheitliche Kleidung, die in den archäologischen Funden in Form von kunstvollen Halsketten, Metallnadeln und Beingamaschen erscheint. Nur erwachsene Frauen besaßen diese spezielle Kleidung, und die Männer hatten nichts Entsprechendes. Das Wiederkehren dieses Musters auf verschiedenen Friedhöfen läßt vermuten, daß dieselbe Symbolik dazu diente, Frauen über ein weites Gebiet zu verbinden, obwohl wahrscheinlich nur jeweils eine oder zwei Frauen in jeder Gemeinde diese Kleidung trugen. Es scheint auch, daß der Unterschied zwischen wohlhabenden und armen Frauen mit der Zeit geringer wurde, wogegen männliche Gräber weiterhin durch Zeichen des Reichtums hervorgehoben wurden. War dies vielleicht ein Zeichen weiblicher Solidarität angesichts fortdauernder männlicher Konkurrenz? Bemerkenswert ist weiterhin, daß Besitzunterschiede in der Südwest-Slowakei längst nicht so ausgeprägt sind wie in vielen anderen Teilen Europas zur selben Zeit. Obwohl Shennan selbst nicht zu dem folgenden Schluß gekommen ist, möchte ich vermuten, daß die durch Rangabzeichen hervorgehobenen Frauen vielleicht zum Frauenrat eines Gebiets oder einer ähnlichen von Frauen geleiteten Gruppe gehörten, die möglicherweise darauf hinwirkte, die Entwicklung extremen Reichtums – und vielleicht größerer Machtentfaltung – wie sie in anderen Gebieten zu finden ist, eher zu unterbinden als zu fördern.

Südengland in der Bronzezeit

In Gräbern aus der frühen Bronzezeit in Südengland wurden ebenfalls deutliche Unterschiede zwischen den Geschlechtern festgestellt, obwohl man auch hier zu oft nur aufgrund der Grabbeigaben das Geschlecht des Skeletts bestimmt hat, ohne die Skelette für sich zu untersuchen. Bei der

üblichen Bestattungsform wurde die oder der Tote unter einem runden
Erd- oder Steinhügel begraben. Die im allgemeinen sehr sorgfältige Bau-
weise verdeckt die inneren Strukturen: In manchen Fällen ist ihre äußere
Form komplexer als nur ein einfaches Halbrund, besonders in Wessex in
Südengland, wo einige der Hügel eine Gruppe von sehr reichen Gräbern
enthalten, die man als »Wessex-Kultur« bezeichnet. (20) Zwei dieser
Hügelformen sind in unserem Zusammenhang besonders aufschlußreich.
Der kreisförmige Grabhügel (engl. disk barrow) besteht aus einem ringför-
migen Wall um einen flachen Graben herum; ein kleiner Hügel in der
Mitte bedeckt das Grab oder die Gräber. Dieser Typ findet sich im allgemei-
nen nur innerhalb größerer Gruppen oder Anlagen von Hügelgräbern verschiedener Form. Der glockenförmige Grabhügel (bell barrow) hat glok-

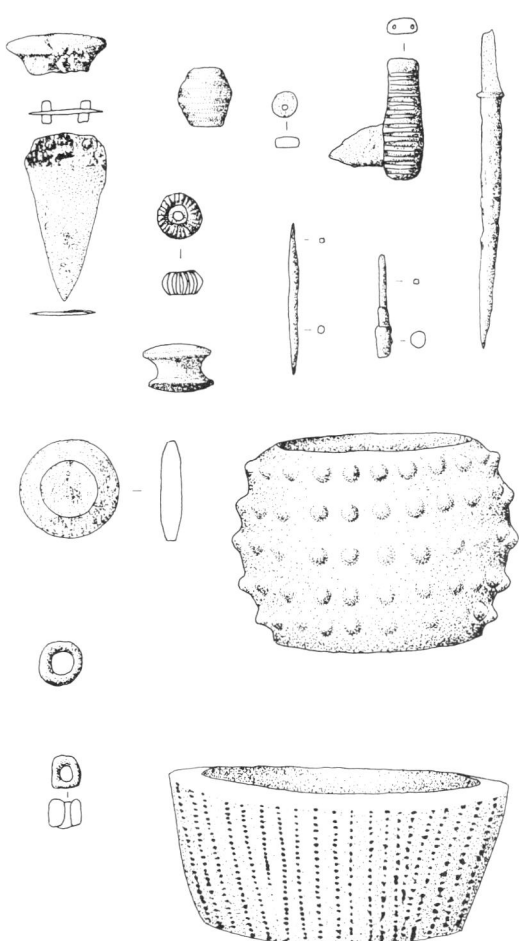

*35: Grabbeigaben aus zwei typischen
reichen Gräbern der Wessex-Kultur.
Aus dem Hügelgrab in Manton in
Wiltshire, bei einem der wenigen Ein-
zelskelette einer Gruppe gefunden, die
unabhängig von den Beigaben als
weiblich bestimmt wurde: ein Dolchmesser (Länge 4,6 cm); Schiefer-,
Bernstein- und Kalksteinperlen; ein
Hellebarden-Anhänger mit Blatt-
gold; Bronzeahlen; zwei kleine Tongefäße.
(Abb. S. 147): Fund aus einem vermutlichen Männergrab aus Wilsford in
Wiltshire: ein Dolch (Länge 20 cm);
ein Dolchmesser; ein Wetzstein-An-
hänger; eine Bronzenadel; eine Kno-
chenröhre (vielleicht eine Flöte). Nach
Gerloff, 1975.*

ken- oder S-förmig eingebuchtete Seiten, bedingt durch einen waagrech-
ten Böschungsabsatz oder »Berm« zwischen dem Grabhügel und dem Graben, der ihn umgibt. Die kreisförmigen Grabhügel sind ausnahmslos den
Frauen, die glockenförmigen den Männern zugeordnet. Die Grabbeigaben
zeigen ebenfalls interessante Unterschiede (Abb. 35). (21) Unter ihnen findet sich eine Vielzahl kunstvoller Artefakte aus Gold, Bronze und anderen
Materialien, doch die Vielfalt der Beigaben der Männer scheint etwa fünf-
mal so groß zu sein wie die der Frauen. Die Frauen haben gewöhnlich Halsketten und anderen Schmuck aus Gold, Bernstein, Schiefer und Fayence,
kleine Bronzemesser und kleine Tonbecher bei sich. Die Männer wurden
mit Bronzedolchen, Steinstreitäxten und anderen Waffen, mit einer Vielzahl von Bronze- und Knochennadeln und Pinzetten aus Bein bestattet.

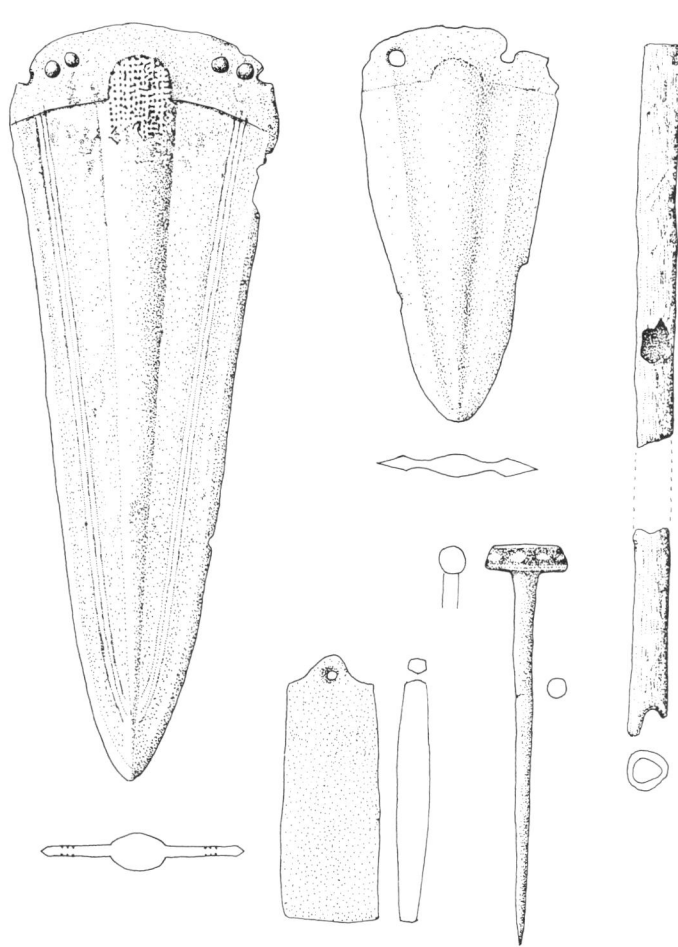

Die Gräber der Wessex-Kultur unterscheiden sich von denen einer anderen Gruppe, ebenfalls in Südengland, die etwa gleichzeitig oder wenig später datiert und als Deverel-Rimbury-Kultur bezeichnet wird. Charakteristisch für sie sind kleine landwirtschaftliche Ansiedlungen mit angrenzenden Feldern (s. Kapitel V), in deren Nähe man oft einen Bestattungsplatz mit kleinen runden Hügeln findet. (22) Die Friedhöfe der Deverel-Rimbury-Kultur liegen meist am Rand des Hochlandes von Wessex außerhalb der Kreidezone. Im allgemeinen deckte jeder Hügel eine Reihe von Gräbern, in denen nur wenige Grabbeigaben gefunden wurden, die jedoch die eingeäscherten Überreste von Frauen und Männern aller Altersgruppen in einem offenbar ausgeglichenen Zahlenverhältnis enthielten.

Es ist interessant, die Gründe für den Unterschied zwischen den Gräbern der Wessex-Kultur und der Deverel-Rimbury-Kultur hier zu erörtern, da wir ihn als indirekten Beweis dafür interpretieren können, daß die Frauen von Deverel-Rimbury einen höheren Status hatten als die der Wessex-Kultur. Die Siedlungen und Grabhügel der Deverel-Rimbury-Kultur liegen auf Böden, die für die Landwirtschaft, und insbesondere für den Ackerbau, sehr vorteilhaft sind. (23) Wie wir gesehen haben, waren Frauen am Ackerbau oft beteiligt, und wenn dies hier der Fall war, hätten die Frauen von Deverel-Rimbury einen höheren Anteil an der Nahrungsmittelerzeugung gehabt als die Frauen der Wessex-Kultur, die sich auf ihren kalkhaltigen Böden im Flachland wahrscheinlich mehr auf die Schafhaltung konzentrierten. (24) Ethnographische Belege zeigen, daß in Hirtengesellschaften Reichtum im allgemeinen viel auffälliger gezeigt wird – in der Form von tragbarem Schmuck – als in Ackerbaugesellschaften. Der scheinbare Reichtum der Wessex-Kultur könnte also, wenigstens teilweise, eine Täuschung sein. In Hirtengesellschaften ist der Status der Frauen oft niedrig (25), so daß die Frauen von Deverel-Rimbury wahrscheinlich angesehenere Mitglieder ihrer Gemeinschaft waren als ihre Genossinnen in Wessex. Es wird auch angenommen, daß diese Statusunterschiede sich in unterschiedlichem Heiratsverhalten zeigten. In der Wessex-Kultur – so die Theorie – wurden Frauen, die in den Aktivitäten der Gemeinschaft nur eine geringe Rolle spielten und wenig Rechte besaßen, außerhalb der Gemeinde verheiratet, fast in Form eines Handelsgeschäfts. Mit der Heirat waren sie für ihre eigene Gemeinde als Arbeitskraft verloren und hatten außer als Tauschobjekte wenig Wert. In der Deverel-Rimbury-Kultur dagegen scheint es vorwiegend endogame Ehen gegeben zu haben, das heißt, man heiratete bevorzugt innerhalb der Gruppe, um so eine wertvolle Arbeitskraft für die Gemeinschaft zu erhalten. Dies ist in Dörfern möglich, die aus einer Reihe von Familien bestehen. Land und Besitz konnten vielleicht an beide Geschlechter vererbt werden, was wiederum zu einer größeren Gleichheit zwischen Frauen und Männern führte. (26)

Gräber und Depotfunde in Südskandinavien

Das dritte für unser Thema interessante Gebiet ist Dänemark und Südschweden. Dort sind Gräber aus der Bronzezeit gründlich untersucht worden und die Ergebnisse dieser Untersuchungen können auf ganz Europa übertragen werden. Bei kaum einem dieser Gräber hat man versucht, das Geschlecht des Individuums aufgrund der Skelettreste zu bestimmen. Wie anderswo wurden die meisten je nach den Grabbeigaben als weiblich oder männlich eingestuft, obwohl viele Gräber, vermutlich die der ärmeren Mitglieder der Gesellschaft, wenige oder gar keine Beigaben enthielten. Üblicherweise wurden die Männer mit Waffen, Rasiermessern oder Pinzetten begraben, während Frauen Armreifen, Gürtelschnallen, Nadeln und besondere Broschen mitgegeben wurden. Messer, Fibeln und Doppelknöpfe fand man sowohl bei Frauen wie bei Männern, obwohl man sie im allgemeinen eher den Männern zuschreibt. (27)

Mit die erste wissenschaftliche Untersuchung, die den Reichtum von Gräbern der frühen Bronzezeit zu bestimmen versucht, war die von Klaus Randsborg (28) in Dänemark. Randsborg ging zunächst von der Feststellung aus, daß doppelt so viele Männer wie Frauen mit Grabbeigaben bestattet wurden; über ein ähnliches Verhältnis wurde vor kurzem aus Südschweden berichtet. (29) Randsborgs Methode, den Reichtum zu messen, unterscheidet sich von der Shennans (siehe oben). Da Erze in Dänemark nicht vorkommen und daher importiert werden mußten, nahm Randsborg an, daß das Gesamtgewicht von Bronze und Gold in dem jeweiligen Grab ein zuverlässiges Indiz für den gesellschaftlichen Status des Individuums sei. Bemerkenswert ist nun, daß doppelt so viele Männergräber wie Frauengräber Goldgegenstände enthielten. Außerdem enthielten viele männliche Gräber mehr als 200 Gramm Bronze, was nur bei wenigen Frauengräbern vorkam. Wenn zusätzlich noch das Gewicht des Goldes berücksichtigt wird, ist der Unterschied zwischen Frauen- und Männergräbern in der Tat bemerkenswert.

Daraus schloß Randsborg, daß Frauen einen erheblich niedrigeren Status als Männer gehabt hätten. Ein Problem liegt bei dieser Analyse jedoch auf der Hand: Männer wurden üblicherweise mit Waffen bestattet, die natürlich schwerer sind als der Schmuck, den man bei Frauen findet. Auch

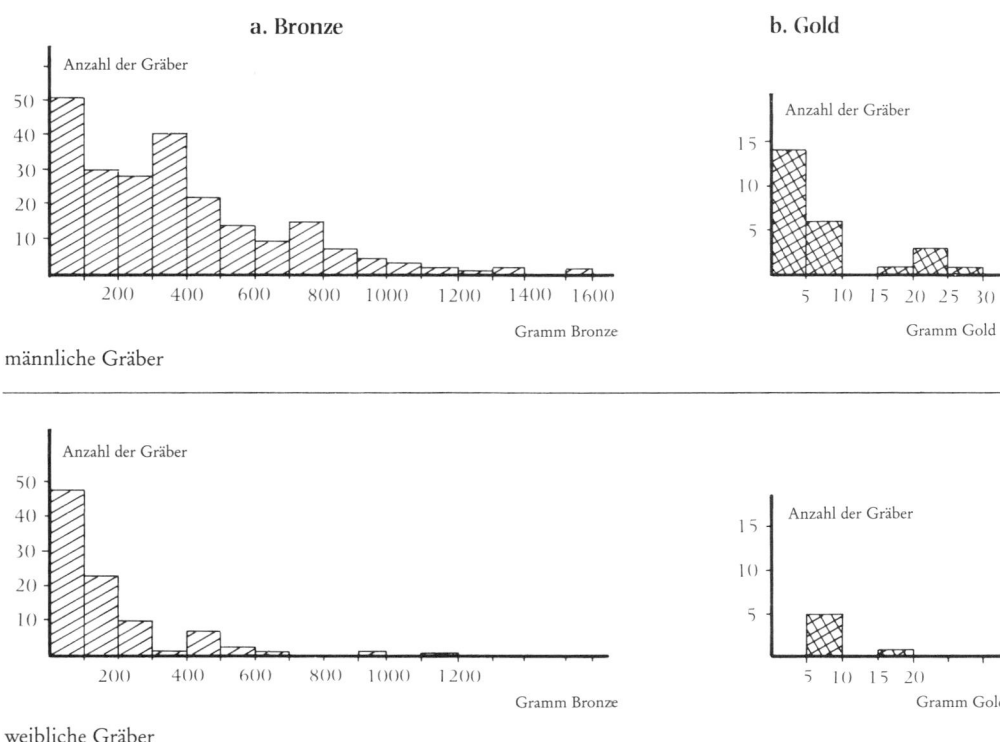

36: Das Gesamtgewicht von a. Bronzegegenstän-
den und b. Goldgegenständen, die in männlichen
und weiblichen Gräbern der frühen Bronzezeit in
Dänemark gefunden wurden. Nach Randsborg,
1974.

Randsborg ordnete sein Material chronologisch. Im Verlauf der frühen
Bronzezeit wurde den Toten immer mehr Bronze und Gold mitgegeben,
und der relative Anteil an diesen Metallen in Frauengräbern nahm zu.
Wenn diese Artefakte repräsentativ für alle Grabbeigaben der Zeit sind,
wäre dies ein Anzeichen dafür, daß sich der Status der Frauen von bescheidenen Anfängen in der frühen Bronzezeit an allmählich verbesserte.

In späteren Epochen der Bronzezeit änderten sich in Skandinavien, wie
in anderen Teilen Nord- und Westeuropas, die Bestattungsbräuche, und
die Anzahl der reich ausgestatteten Gräber nahm ab. Bestattungsrituale,
die archäologische Spuren hinterließen, kommen seltener vor. In einigen
Gebieten wurden die Erdbestattungen, die in der frühen Bronzezeit oft
Beigaben von Bronzeschmuck und -geräten enthielten, in der späteren

Bronzezeit durch Brandbestattungen abgelöst: Grabbeigaben fehlten entweder völlig oder beschränkten sich auf kleine Gegenstände wie Nadeln
und Pinzetten.

Bronzegegenstände werden nicht nur in Gräbern, sondern oft auch in
Depots gefunden; sie enthielten von zwei bis zu mehreren Dutzend Artefakte aus Bronze, die anscheinend absichtlich zusammen vergraben worden waren. Solche Depots wurden in ganz Europa gefunden; sie stammen
aus allen Perioden der Bronzezeit, besonders aber den späteren Phasen
und scheinen in manchen Gebieten zu dieser Zeit die reichhaltigen Grabbeigaben der frühen Bronzezeit abgelöst zu haben. Die Gegenstände
waren gewöhnlich gut erhalten, und in jedem Depot ähnelte die Skala der
Artefakte oft der Zusammensetzung der Grabbeigaben aus einer Erdbe-
stattung der früheren Zeit. In einigen Gebieten kann man daher »weibliche« und »männliche« Depots unterscheiden. In Skandinavien fand man
bestimmte Gruppen von Artefakten, die häufig vorkommen und jeweils
charakteristisch für Frauen bzw. Männergräber der frühen Bronzezeit sind,
in derselben Zusammenstellung auch in zeitgenössischen Depots. Das
macht es wahrscheinlich, daß die Depots ebenfalls den Besitz eines Individuums widerspiegeln und daß man weibliche und männliche Depots
unterscheiden kann. Für die späte Bronzezeit stammen die Funde aus
Depots und nicht aus Gräbern; die Annahme, daß auch sie jeweils Frauen
oder Männern zugeordnet werden können, stützt sich auf die Analogie zu
Geräten, Schmuck und Waffen, die in der frühen Bronzezeit mit dem jeweiligen Geschlecht beigesetzt wurden und auch auf einigen wenigen zeitgenössischen Figurinen dargestellt sind. Die Depots können also in ähnlicher
Weise wie die Bestattungen klassifiziert und entweder für sich oder zusammen mit ihnen analysiert werden, um Unterschiede im Besitz und Status
von Frauen und Männern durch die Phasen der nordischen oder skandinavischen Bronzezeit hindurch zu verfolgen. Man unterscheidet in diesem
Gebiet gewöhnlich sechs Perioden, und eine Reihe von Untersuchungen
hat gezeigt, daß sowohl bei den Grabbeigaben wie auch bei den Depotfunden der Reichtum der den Frauen zugeschriebenen Artefakte zunimmt,
was Vielfalt und Qualität betrifft, während die Menge und Qualität der als
männlich definierten Beigaben gleich bleibt oder sogar abnimmt.

Eine Untersuchung dänischer Depots durch Janet Levy (30) hat gezeigt,
daß es mehr weibliche Depots gab als männliche, außer in Periode II, wo
die Anzahl gleich war. In Periode II, dem späteren Teil der frühen Bronzezeit, enthielten männliche Depots eine Vielzahl verschiedener Artefakte.
Diese Vielfalt nahm dann bis zur Periode VI, dem Ende der Bronzezeit, allmählich und am Ende schnell ab. Auf der anderen Seite wurden die weib-

lichen Depots von Periode II bis V zahlreicher und nahmen dann, wie die
männlichen, in Periode VI stark ab. Der Schmuck der Frauen wurde immer
komplizierter, bis er in Periode V zum Tragen völlig unpraktisch geworden
war, während die Schwerter der Männer im Stil einheitlicher wurden und
in der Herstellung weniger kunstfertig.

Auch eine andere grundlegende Untersuchung befaßt sich mit Boden-
funden – Gräber, Depots, Einzelfunde – aus dem Dänemark der Bronzezeit, konzentriert sich aber auf Veränderungen in der Zahl der Schwerter,
die man Männern, und der Schmuckstücke, die man Frauen zuschrieb.
(31) Kristian Kristiansen hat gezeigt, daß im Verlauf der Bronzezeit die
Anzahl der Schwerter abnahm, während die Zahl der Schmuckstücke
stieg. (Abbildung 38 a.) In Periode I, der frühesten Phase der Bronzezeit,
wurden fast keine Schmuckstücke hergestellt; nach einer Zunahme in Periode II blieb die Menge der Beigaben für Frauen für den Rest der Bronzezeit
etwa gleich. Bei Beigaben für Männer war die Entwicklung anders. Die
Anzahl der Gräber und Depots, die Schwerter enthielten, nahm ab, obwohl
die Gesamtmenge der männlichen Fundstücke gleich blieb. Wir können
also im Dänemark der Bronzezeit den gleichen Wandel beobachten, den
wir bereits kennengelernt haben: ab der frühen Bronzezeit, wo in Bestattungen oder Depots kaum Hinweise auf Frauen vorkommen, schwächten
sich die Unterschiede im »Reichtum« weiblicher und männlicher Funde
im Verlauf der Bronzezeit immer mehr ab.

Die übereinstimmenden Ergebnisse all dieser Untersuchungen lassen
zwei Interpretationen zu: vielleicht stellten die Männer im Verlauf der
Bronzezeit ihren Status nicht mehr selbst durch eigene Prestigeobjekte zur
Schau, sondern setzten eher ihre Frauen dafür ein; oder die Veränderung
zeigt einen tatsächlichen Wandel in der gesellschaftlichen Rollenvertei-
lung zwischen den beiden Geschlechtern.

Kristiansen selbst zieht die erstere Interpretation vor (32); nach seiner
Auffassung hat sich die Einstellung dazu, wie der Mann seinen Status
demonstrierte, möglicherweise geändert: Der Mann stattete seine weibliche Verwandtschaft mit reichem Schmuck aus, statt selbst Statussymbole
zu tragen. Kristiansen nimmt an, daß etwa um die Mitte der Bronzezeit die
Notwendigkeit, bei Bestattungen Reichtum und Status zur Schau zu stellen, abnahm, da sich die hierarchische Gesellschaftsstruktur, die sich seit
der frühen Bronzezeit entwickelt hatte, stabilisiert hatte. Deswegen zeige
die scheinbare Abnahme männlichen Reichtums keinen wirklichen Niedergang, sondern vielmehr einen ideologischen Wandel in der Demonstration von Reichtum und Status und spiegele so vor allem männliche Einstel-
lungen und Verhaltensweisen wider. Aus demselben Grund wird Schmuck

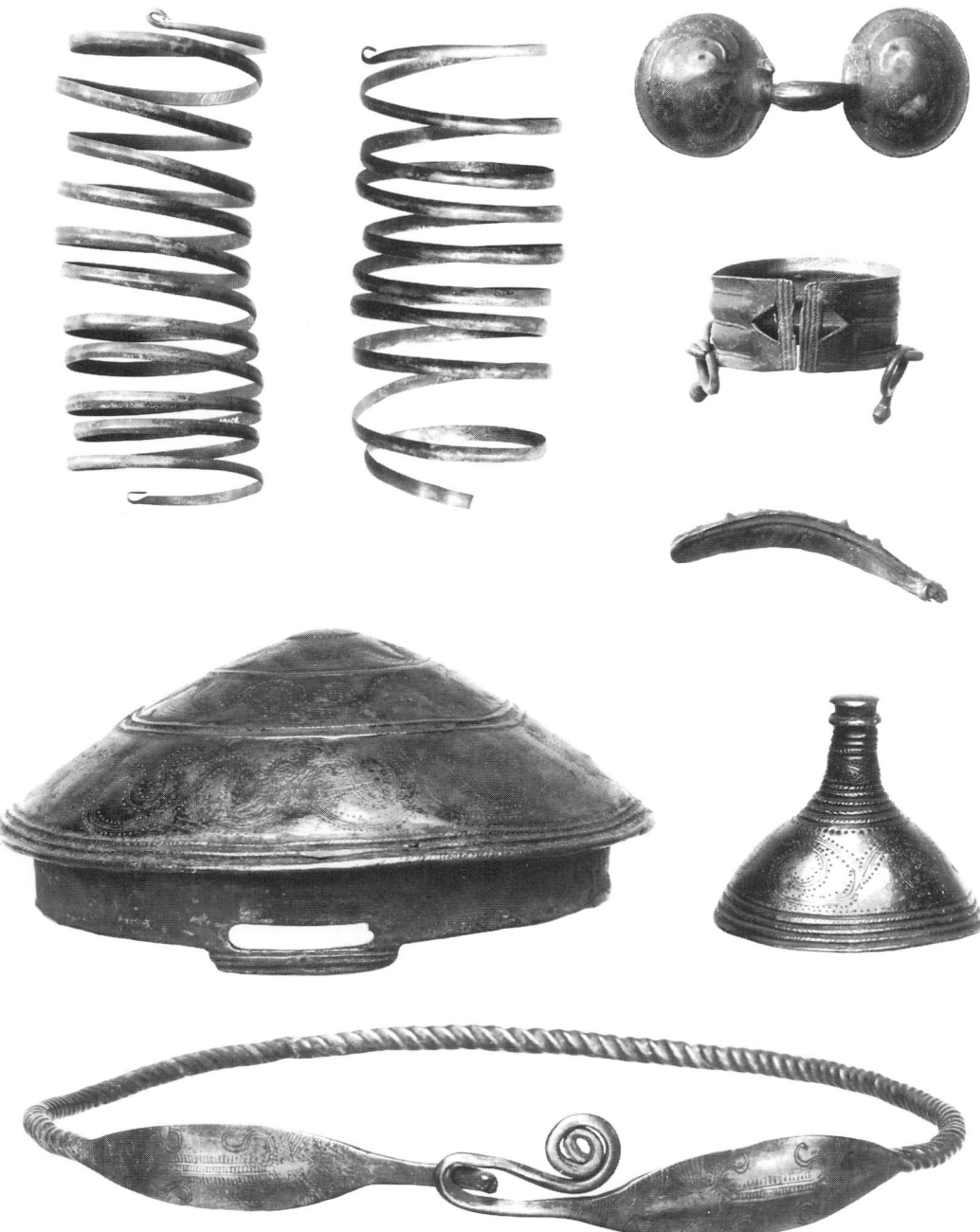

37: Ein typisches reiches weibliches Votivdepot der späten Bronzezeit, Periode V, aus Simested in Zentraljütland in Dänemark, mit (im Uhrzeigersinn aufgezählt) Armspiralen, einer Fibel, einem Armband, einer Sichel, einem Gürtelschmuck, einem gedrehten Halsschmuck (Durchmesser 19 cm, die anderen Objekte im selben Maßstab) und einem Hängegefäß oder Gürtelanhänger. Kopenhagen, Nationalmuseum.

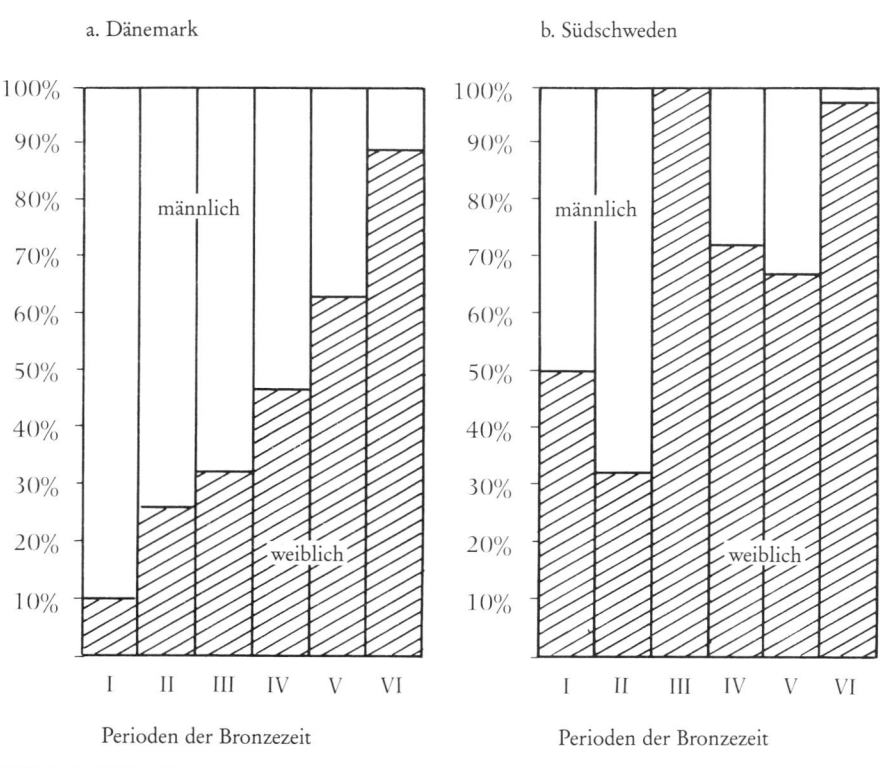

a. Dänemark   b. Südschweden

38: Das Verhältnis zwischen weiblichen (schraffierten) und männlichen Depotfunden
und Grabbeigaben in Südskandinavien in aufeinanderfolgenden Phasen der Bronzezeit: a. Dänemark, Schwerter (für Männer) und Schmuck (für Frauen) in Gräbern
und Depots (Angaben nach Kristiansen, 1984).b. Südschweden, nach der relativen
Zahl von Depots mit Schwertern und mit Schmuck (Angaben nach Larsen, 1986).

der Frau eine immer größere Bedeutung zugemessen, was zeigt, daß männlicher Reichtum zunehmend in Frauen und Töchter investiert wurde. Kristiansen nimmt an, daß Frauen als eine Art Faustpfand eine wichtige Rolle
in dem weitgespannten Netz von Handelsbeziehungen und Allianzen spielten, das nötig war, um den ständigen Nachschub von Bronze nach Skandinavien zu sichern.

   Man könnte aber auch argumentieren, daß die beschriebenen Veränderungen eine wirkliche Verschiebung zu größerer Gleichheit zwischen
Frauen und Männern anzeigen, zu einer Zeit, in der die Gesellschaft als
Ganzes stabiler wurde und der Wettbewerb zwischen Gruppen abnahm, so
daß sich ein festes Ranggefüge herausbilden konnte.

Wenn der Status der Frau sich zu dieser Zeit besserte, kann dies mit dem Übergang von einer Hirtengesellschaft zu einer Ackerbaukultur zusammenhängen, für die es in der späteren Bronzezeit in Skandinavien einige Anzeichen gibt. Die Erklärung dafür folgt einem ähnlichen Gedankengang wie bei der Diskussion der Verhältnisse in Südengland: Der Status der Frau wird auch hier verknüpft mit der Demonstration von Reichtum und der vorherrschenden Wirtschaftsform. Daß ein solcher Wechsel in der Wirtschaftsform tatsächlich stattfand, wird für Skandinavien durch Pollenanalysen belegt, die eine Zunahme des Getreideanbaus nachwiesen; anscheinend wurde Grasland zum Teil auch aufgegeben und bewaldete sich wieder. (33) Wenn die offensichtliche Zunahme des Reichtums bei Frauen nur von der Art und Weise abgehangen hätte, in der Männer ihren eigenen Reichtum zur Schau stellen wollten, hätte man das genaue Gegenteil (nämlich weniger reiche Funde in Frauengräbern) erwarten können: Denn gerade Männer in Hirtengesellschaften benutzen ihre Frauen viel öfter, um ihren eigenen Status zu zeigen, als dies Männer in Ackerbaugesellschaften tun. Obwohl die Rolle der Frauen an der landwirtschaftlichen Produktion in der Bronzezeit oder späteren Perioden vielleicht nie mehr so groß war wie im frühen Neolithikum, war ihr Beitrag doch wahrscheinlich erheblich größer als in Hirtengesellschaften, in denen Frauen normalerweise in der Produktion nur eine sehr geringe Rolle spielen. Randsborg (34) weist darauf hin, daß die Besiedelung in Dänemark sich offenbar von Landstrichen, die sich am besten zur Viehzucht eigneten, in Gebiete ausdehnte, die besser für Ackerbau geeignet waren. Untersucht wurden auch regionale Unterschiede in bezug auf den Status der Frau innerhalb Dänemarks, und wiederum schien der relative Status der Frau in solchen Gebieten höher zu sein, in denen der Boden sich besser zum Anbau von Getreide eignete. Ferner gibt es Hinweise darauf, daß Frauen möglicherweise für die Getreideernte verantwortlich waren. (35) In Frauen zugeschriebenen Gräbern und Depots fand man oft kleine Bronzesicheln. Diese wurden vielleicht tatsächlich zum Schneiden von Getreide benutzt oder dienten als Symbol einer rituellen Tätigkeit. (36) Beide Erklärungen würden jedoch den Schluß erlauben, daß Frauen mit der Ernte zu tun hatten. Die allmähliche Abkehr von der Viehzucht zu Beginn der Bronzezeit hat vielleicht auch in anderen Gebieten Europas stattgefunden, und vielleicht hat sie auch dort den Status der Frauen entsprechend beeinflußt.

Dasselbe Material können wir jedoch auch daraufhin untersuchen, was es über das religiöse Verhalten aussagt, insbesondere im Hinblick auf die Rolle von Frauen bei Ritualen. Es wird oft angenommen, daß die meisten Depots der späten Bronzezeit in diesem Gebiet als Teil eines Rituals angelegt wurden. Da Frauen zugeordnete Gegenstände vorherrschen, könnte man annehmen, daß Frauen einige dieser Rituale leiteten oder selbst ausführten und möglicherweise durch diese Tätigkeit an Status gewannen. (37) Man mag dabei an die kleinen Bronzefigurinen der späten Bronzezeit denken, die gewöhnlich in Verbindung mit Ritualen gebracht werden. Soweit man das Geschlecht überhaupt erkennen kann, sind die meisten weiblich. (38) Einige von ihnen tragen die kurzen Schnürenröcke, die sich auch in Gräbern der frühen Bronzezeit fanden; sie werden manchmal als Statuetten mythischer Wesen beschrieben. (39) Einige sind in Haltungen dargestellt – zum Beispiel nach rückwärts übergebeugt – die man treffend »rituelle Akrobatik« genannt hat; (40) sie stellen vielleicht geweihte Wesen und nicht die Gottheiten selbst dar. Wie wir schon gesehen haben, kann man von der Existenz weiblicher Gottheiten und der Rolle von Frauen bei religiösen Handlungen keineswegs direkt auf die Rolle der Frau und ihren Status im täglichen Leben schließen. Dennoch könnten diese Figurinen und die Bedeutung weiblichen Schmucks in skandinavischen Depots der späten Bronzezeit die Vermutung nahelegen, daß dies ein Gebiet war, in dem Frauen (aber auch nicht nur sie allein) eine wichtige Rolle spielten.

Die Grabbeigaben und die Depotfunde mit Metallarbeiten haben uns eine Fülle von Informationen geliefert, auf denen die Diskussion über Rolle und Status der Frau in der Bronzezeit aufbauen kann. Ich muß aber noch einmal wiederholen, womit ich begonnen habe: Diese Diskussion hat sich zwangsläufig auf Bestattungen konzentriert, von denen wir annehmen, daß sie den reicheren oder doch wohlhabenderen Mitgliedern der Gesellschaft vorbehalten waren. Die meisten Gräber der Bronzezeit enthalten keinerlei Beigaben; man nimmt an, daß dies die Gräber der ärmeren Leute waren. Wir können keinerlei Aussagen über den relativen Status dieser Frauen und Männer machen, und wenn wir eine beliebige Gesellschaft der heutigen Zeit zum Vergleich heranziehen, wird uns auch klar, daß unsere für die Reicheren entwickelten Theorien keine Rückschlüsse auf die »Normalbevölkerung« zulassen.

Frauenhandel?

Grabbeigaben, Depot- und Zufallsfunde von Metallgegenständen wurden auch dazu benutzt, um Handelsbeziehungen im Europa der Bronzezeit nachzuweisen. Die übliche Untersuchungsmethode ist, die stilistischen Merkmale der Artefakte einer Gegend zu bestimmen und festzustellen, ob Artefakte im gleichen Stil in kleinerer Anzahl in einem anderen Gebiet gefunden wurden. Wenn dies der Fall ist, kann man gewöhnlich annehmen, daß der Gegenstand gehandelt oder getauscht wurde oder vielleicht von einem Einwanderer in das Gebiet mitgebracht wurde. Neben dem Handel mit Fertigerzeugnissen kann man oft auch Handel mit Rohstoffen nachweisen.

Viele Rohstoffe, wie Steine, Metalle – besonders Kupfer – und Ton, aus dem Gefäße gemacht wurden, haben spezifische Anteile von Spurenelementen. Diese beeinflussen im allgemeinen weder die Qualität noch die Eigenschaften des Rohmaterials, doch kann das spezifische Verhältnis der verschiedenen Mineralien darauf hinweisen, woher es kommt. Durch eine Analyse der Spurenelemente läßt sich also feststellen, ob ein bestimmtes Kupferstück zum Beispiel aus Österreich oder Irland kam. Wenn der Gegenstand dann zum Beispiel in Schweden gefunden wurde, muß er oder das Rohmaterial vom Ursprungsland dorthin gebracht worden sein.

So wurde in Skandinavien eine Vielzahl oft sehr schöner Bronzeobjekte gefunden, obwohl es in dem Gebiet selbst keine Rohmaterialien (Kupfer und Zinn) für ihre Herstellung gibt. Analysen skandinavischer Bronzeobjekte haben gezeigt, daß ein Großteil des Rohmaterials aus den erzreichen Gebieten von Mittel-, Ost- und Südeuropa kam. Die charakteristischen skandinavischen Muster beweisen jedoch eindeutig, daß die Artefakte in Skandinavien hergestellt wurden. Dies führt zur ewigen Frage der Archäologie: Was wurde zum Tausch für die Rohmaterialien gegeben? Viele, wenn nicht die meisten Materialien der Vorzeit sind verlorengegangen. Dinge wie Nahrungsmittel, Kleidung, Bauholz, Felle und andere organische Materialien haben nur unter außergewöhnlichen Umständen überdauert. Aber sie waren ein ebenso wichtiger Teil des Lebens und des Handels wie die Metall- und Steingegenstände oder die Keramik, die einen so großen Anteil der archäologischen Funde ausmachen. So sehen wir oft nur die eine Seite einer Handelsbeziehung, die andere aber nicht, und das ist typisch für die Bronzezeit in Skandinavien. Was wurde dort damals für die Bronze getauscht? Die meisten Prähistoriker haben vermutet, daß es Bernstein war, den es in Skandinavien gibt, der aber in weiten Teilen Europas in Gräbern der Bronzezeit und an anderen archäologischen Ausgrabungsstätten gefunden wurde. Der dänische Archäologe Kristiansen hat jedoch eine andere interessante Vermutung. (41)

Für die frühe Bronzezeit geben Gräber mit vollständig erhaltener Schmuckausstattung wichtige Hinweise auf Handel und Fernverbindungen. Wenn jemand mit einem oder zwei fremden Schmuckstücken gefunden wird, die zu verschiedenen Zeiten und in verschiedenen Werkstätten angefertigt wurden, oder mit mehreren zusammenpassenden Schmuckstücken, die wahrscheinlich gleichzeitig erworben wurden, so deutet dies

darauf hin, daß man die Gegenstände einzeln und für sich gehandelt oder
erworben hat. Wenn ein Grab jedoch Schmuckstücke enthält, die vielleicht
zu verschiedenen Zeiten hergestellt wurden, aber alle aus derselben
Gegend stammen, die vielleicht weit entfernt vom Fundort liegt, so darf
man annehmen, daß das betreffende Individuum sie von dort mitgebracht
hat. Dieser Vorgang ist für die frühe Bronzezeit in Nordeuropa durch eine
Reihe von Funden belegt. Eine Frau mit einem Satz von Schmuckstücken
aus der Gegend von Lüneburg in Norddeutschland wurde auf der dänischen Insel Zeeland gefunden; man fand auch weiblich definierte Beigaben, die typisch für das skandinavische Gebiet sind, in Norddeutschland,
insbesondere in Pommern und südlich der Elbe. Männergräber mit skandinavischen Kleidungsstücken wurden dort bisher anscheinend noch nicht
entdeckt. Auch für die spätere Bronzezeit fand man nordische Schmuckstücke oft in nordeuropäischen Nachbarländern, und zwar in Zusammenhängen, die die Vermutung nahelegen, daß es sich hier um einen Aus-
tausch von Menschen und nicht nur von Gütern handelte. Sowohl die Lage
des Schmucks im Grab als auch Gebrauchsspuren auf dem Schmuck, der
in Depots gefunden wurde, zeigen, daß die Stücke in einer Weise getragen
wurden, wie sie für Skandinavien typisch war, dagegen ungewöhnlich in
den Fundgebieten. Der umgekehrte Fall – norddeutsche Ausstattungsge-
genstände in Skandinavien – ist viel seltener als der Fund skandinavischer
Stücke in Norddeutschland. Es ist auch festgestellt worden, daß weiblich
definierte Gegenstände viel weiter nach Süden gelangten als männlich
definierte Stücke. Andererseits kommen fremde Stücke, die man Männern
zuschreibt, in Skandinavien selbst viel häufiger vor als entsprechende
Objekte für Frauen. Kristiansens Erklärung für diese Verteilung ist, daß es
ein ausgedehntes Netz von Handelsbeziehungen in ganz Nordeuropa gab.
Bronzegegenstände und Rohmaterial müssen die hauptsächlichen Han-
delsgüter gewesen sein, und das System wurde gestützt durch wichtige
gesellschaftliche Kontakte und Verbindungen. Diese wurden vielleicht oft
durch Heiraten abgesichert, wobei die Frau zum Volk des Mannes ging.
Diese Eheverbindungen sorgten für verwandtschaftliche Beziehungen und
regelmäßige Kontakte zwischen den Gruppen und förderten einen unun-
terbrochenen Handelsaustausch.

Felsbilder in den Alpen und Skandinavien

Eine weitere wichtige Informationsquelle für die Rolle der Frau in der Bronzezeit sind die Felsbilder, die an verschiedenen Orten Europas gefunden wurden. Die beiden Hauptzonen sind Südschweden und die Südalpen. In beiden Gebieten entdeckte man Felsen mit Gravierungen; die detaillierten Zeichnungen zeigen Menschen bei verschiedenen Tätigkeiten. Oft werden diesen Gravierungen religiöse Funktionen unterlegt, obwohl es dafür keine eindeutigen Anhaltspunkte gibt. So besteht eine gewisse Unsicherheit darüber, inwieweit sie als Belege für alltägliche Beschäftigungen dienen können.

39 und 40 (nächste Seite): Bronzezeitliche Felsbilder aus Bohuslan und Scania, Südschweden. Einige der Figuren sind offensichtlich phallisch, andere bei ähnlichen Tätigkeiten nicht. Sind dies Frauen? Wie läßt sich die offensichtlich unterschiedliche Kleidung einiger Figuren interpretieren? Nach Gelling und Davidson, 1969.

In Skandinavien sind Schiffe, oft von Menschen gerudert, ein beliebtes
Motiv. Andere Gravierungen zeigen Waffen, manchmal in den Händen von
Kämpfern, oder Szenen mit Menschen, die die großen, gebogenen skandinavischen Trompeten oder Luren blasen. Die menschlichen Figuren sind
notwendigerweise sehr skizzenhaft dargestellt, gewöhnlich als Strich-
männchen, da das Einritzen in den harten Granit nicht leicht war. Von
daher wäre es schwierig zu sagen, ob der Künstler eine Frau oder einen
Mann zeigen wollte, wenn es nicht zahlreiche Figuren mit großem erigier-
tem Penis gäbe. Ist dies die Konvention, männliche Figuren darzustellen,
und bedeutet dies, daß alle anderen Figuren dann Frauen sind? Oder hat
es eine andere Bedeutung? Menschen, die Schwerter schwingen oder Dolche zücken, haben zum Teil einen Penis, zum Teil auch nicht. Man schreibt
aber gewöhnlich alle Gräber mit diesen Waffen Männern zu. Wie wir schon
gesehen haben, hat man andererseits bei vielen Untersuchungen von Gräbern keine unabhängige osteologische Bestimmung der Skelettreste vorge-
nommen. Ein anderes Merkmal für Frauen könnte »langes Haar« sein,
eine Art von gebogenem Zopf, der bei einigen Figuren oben auf dem Kopf
beginnt und den Rücken hinabreicht. (42) Wenn dies aber die einzigen dargestellten Frauen sind, dann wären Frauen sehr selten. Wenn jedoch alle
nicht-phallischen Figuren Frauen sind, dann sind sie genauso zahlreich
wie die dargestellten Männer und werden bei vielen verschiedenartigen
Tätigkeiten gezeigt.

41: *Felsen in Naquane, Val Camonica, Italien: Die Gravierungen zeigen Häuser, Haustiere, Jagdszenen und verschiedene andere Tätigkeiten. Nach Anati, 1961.*

Die eindrucksvollsten Felsbilder finden sich an zwei Orten: im Val Camonica in Norditalien und in Monte Bego in Südostfrankreich. (43) Die Szenen zeigen Kämpfe, aber auch Jagd und Landwirtschaft. Wie in Skandinavien haben einige der Figuren offensichtlich einen Penis. Auf Kriegs- und Jagdszenen kommen Figuren mit und ohne Penis vor. Emmanuel Anati, von dem der Großteil der neueren Arbeiten im Val Camonica stammt, hat festgestellt, daß sechs von zehn Figuren phallisch sind und vier von zehn keine Geschlechtsmerkmale aufweisen. Er nimmt auch an, daß

42: *Eine landwirtschaftliche Szene aus Seradina, Val Camonica. Die Figur zur Rechten scheint eine Frau mit einer Hacke zu sein, die ein Kind auf dem Rücken trägt. Sie folgt einem Pflug, der von zwei Tieren gezogen wird. Nach Anati, 1961.*

nur etwa vier Prozent der Figuren einwandfrei Frauen sind, die betend oder tanzend dargestellt werden, macht jedoch nicht klar, wie er sie identifiziert. Eine Szene zeigt zwei Menschen, die einen Pflug führen, der von zwei Tieren gezogen wird. Hinter ihnen ist eine Figur mit einer Hacke abgebildet, die anscheinend eine andere Figur auf dem Rücken trägt. Sie ist als eine Frau mit ihrem Kind interpretiert worden. Wenn es wirklich eine Frau darstellen sollte, müssen wir festhalten, daß keine weiteren Merkmale sie als solche kennzeichnen. Es wäre dann sehr wohl möglich, daß viele der anderen Figuren auch Frauen sind. Wenn man annimmt, daß die Interpretation der Szene zutrifft, zeigt sie natürlich außerdem deutlich, daß Frauen zusammen mit Männern auf dem Feld arbeiteten.

Die keltische Eisenzeit

Mit der Eisenzeit kommen wir in das Zeitalter der ersten schriftlichen Zeugnisse in Europa. Noch immer stammt das meiste, das wir über diese Zeit wissen, aus Ausgrabungen, und es bleibt schwierig, aus der Archäologie von Siedlungen, Gräbern und anderen Fundstellen etwas über die Lage der Frau zu erfahren. Doch während die Bewohner des nordwestlichen Europa noch der Vorgeschichte angehören, da sie keine schriftlichen Zeugnisse hinterlassen haben, brachten die Völker des Mittelmeerraumes, insbesondere die Griechen und Römer, bereits eine umfangreiche Literatur hervor, darunter geographische Darstellungen, Reiseberichte und geschichtliche Werke, die Beschreibungen von Völkern in anderen Teilen Europas enthielten. Wie wir sehen werden, gibt es eine ganze Reihe schriftlicher Zeugnisse über das Leben der Frau im Europa der Eisenzeit. Diese Schriftstücke unterscheiden sich in Qualität und Ausführlichkeit natürlich stark, und ihre Genauigkeit und Zuverlässigkeit muß sorgfältig geprüft werden.

Außerdem ist man sich keineswegs einig darüber, wie diese dokumentarischen Quellen auszuwerten sind und inwieweit man sie gemeinsam mit dem archäologischen Material benutzen kann. Ein gutes Beispiel dafür ist die Benennung dieser Geschichtsperiode, die die letzten Jahrhunderte vor der römischen Eroberung umfaßt. In den vorangehenden Kapiteln habe ich von den »Frauen des neolithischen Europa« oder den »Menschen der Bronzezeit« gesprochen. Wie sich die verschiedenen Völker des prähistorischen Europa selbst nannten, wissen wir nicht, da wir weder von diesen Gesellschaften selbst noch von schriftkundigen Nachbarvölkern schriftliche Zeugnisse haben. Wir müssen uns mit den Bezeichnungen begnügen, die Archäologen des 19. Jahrhunderts geprägt haben; sie beziehen sich jeweils auf das Material, aus dem manche Werkzeuge der Zeit gemacht wurden. Für die Eisenzeit sind wir in einer besseren Lage. Die Kulturen der Antike nannten die Menschen Europas im Norden und Westen »Kelten«, vermutlich eine Ableitung des Namens, den einige von ihnen für sich selbst verwandten. Zum ersten Mal wurden die Kelten in der Mitte des 5. Jahrhunderts v. Chr. erwähnt, und noch heute bezeichnen sich die Bewohner einiger westeuropäischer Regionen als keltisch. Im Altertum war der

Begriff geographisch sehr weit gespannt und bezeichnete die Völker eines Gebiets, das zumindest von den Pyrenäen bis zur Donau reichte. Seit wann Menschen sich selbst so nannten und in welchem geographischen Raum sie lebten, ist jedoch für die Zeit vor dem 5. Jahrhundert umstritten. Unser Thema berührt die Frage nicht unmittelbar. Im folgenden will ich mich deshalb der üblichen Praxis anschließen und die Begriffe »Kelten« und »Germanen« (für die germanischen Völker östlich des Rheins gilt dieselbe Überlegung) für die Bewohner des nordwestlichen Europa verwenden. (1)

Häusliche Organisation im Britannien der Eisenzeit

Siedlungen des 1. Jahrtausends v. Chr., besonders in Britannien, liefern oft wesentlich mehr archäologische Belege als die früherer Perioden, nicht nur in Form von Materialfunden – Artefakte und Wirtschaftsgüter –, sondern auch was die Interpretation der Strukturen betrifft. Einige sorgfältig durchgeführte Ausgrabungen haben die Frage aufgeworfen, wie die verschiedenen Gebäudeteile und Bereiche innerhalb der Häuser genutzt wurden. Bei einigen wurden Theorien darüber aufgestellt, welcher Anteil des häuslichen Raumes jeweils von Frauen und Männern genutzt wurde und welche Rolle jedem von ihnen zugewiesen war. Beides hängt unmittelbar mit der gesellschaftlichen Rolle zusammen, die Frauen spielten, und dem Status, den man ihnen zuerkannte.

Häuser, Bauernhöfe und Dörfer liefern dem Archäologen reiches Informationsmaterial über die Gesellschaft, die sie bewohnte. Wie Archäologen herausfinden, welchem Zweck ein bestimmter Raum oder Siedlungsteil diente, wurde bereits erörtert. Manchmal ist es leicht, Abfall einer bestimmten Tätigkeit oder einem Handwerk zuzuordnen, während dies in anderen Fällen große Probleme aufwerfen mag. Und selbst wenn die Tätigkeit bestimmt werden kann, wird selten, wenn überhaupt jemals, klar ersichtlich sein, ob diese Tätigkeit von einer Frau oder einem Mann ausgeführt wurde. Wenn jedoch bestimmte Werkzeuge regelmäßig als Grabbeigaben bei einem Geschlecht auftauchen, würden selbst die skeptischsten Archäologen zu dem Schluß kommen, daß die entsprechende Tätigkeit auch von diesem Geschlecht ausgeübt wurde. Finden wir nun solche Werkzeuge in einem bestimmten Bereich einer Siedlung, so können wir vermuten, daß Menschen dieses Geschlechts diesen Bereich benutzten. Für die späteren Perioden der Vorgeschichte existieren vielleicht auch literarische Hinweise auf bestimmte Tätigkeiten. Leider sind, zumindest in Britannien, nur relativ wenige Bestattungen der Eisenzeit bekannt, und in diesen fanden sich keine Werkzeuge unter den Grabbeigaben. Abgesehen von einigen schriftlichen Belegen, auf die wir später zurückkommen werden, sind direkte Hinweise auf Geschlechterrollen spärlich. Die bahnbrechende archäologische Arbeit des jüngst verstorbenen David Clarke über die eisenzeitliche Siedlung bei Glastonbury in Somerset ist deshalb besonders aufschlußreich, auch wenn viele seiner Interpretationen sehr umstritten sind. Ausgehend von den gefundenen Geräten stellt er detaillierte Überlegungen darüber an, wie einzelne Bereiche wahrscheinlich genutzt wurden und diskutiert sodann, was dies über die jeweilige Rolle von Frau und Mann aussagt.

Clarke hat in seiner Arbeit über die Siedlung von Glastonbury Befunde von Ausgrabungen neu ausgewertet, die im ersten Jahrzehnt unseres Jahrhunderts durchgeführt wurden. (2) Da die Lage jedes Fundgegenstandes bei der Ausgrabung außergewöhnlich genau erfaßt worden war, konnte er untersuchen, welche Beziehung zwischen einzelnen Kategorien von Artefakten und den Gebäuden bestand, die diese große dörfliche Siedlung des 2. oder 1. Jahrhunderts v. Chr. bildeten. Weil die Fundstelle in einem sehr sumpfigen Gebiet in Somerset liegt, sind Holz und andere organische Materialien ungewöhnlich gut erhalten, so daß eine besonders große Zahl von Artefakten untersucht werden konnte.

Clarke vermutet, daß die Siedlung aus einer Reihe von Gebäudegruppen oder -einheiten bestand, die sich jeweils aus ähnlichen Gebäudetypen zusammensetzten. Jede Gruppe bestand aus zwei Haupthäusern, einem kleineren Haus und verschiedenen Nebengebäuden, wie Werkstätten, Ställen, Backhäusern und Kornspeichern. Die Funktion, die er diesen Gebäudetypen zuschrieb, richtete sich nach den Geräten, die man dort fand und die auch vermutlich benutzt worden waren. Besonders interessant ist natürlich herauszufinden, wozu die größeren und kleineren Häuser dienten. Die größeren Häuser waren solide aus Fachwerk gebaut und enthielten unter anderem Pferde- und Wagengeschirr, Waffen, verschiedene Werkzeuge, Nadeln und Kämme sowie Tonscherben, von denen ein großer Teil kunstvoll verziert war. Die kleineren Häuser standen in der entgegengesetzten Ecke der Gebäudegruppe. In ihnen fand man weder Waffen noch Werkzeuge, noch Hinweise auf Metallbearbeitung, dagegen Belege für Spinnen und Weben, Fell- und Lederbearbeitung und das Mahlen von Korn. Auch entdeckte man Perlen, Armbänder und Bronzepinzetten. In den Nebenhäusern war ferner ein größerer Anteil der Keramik nicht verziert. Clarke nimmt ohne weitere Erörterung an, daß die Artefakte, die in den Nebenhäusern nicht vorkommen, Männern zugeordnet werden können und die vorhandenen Funde den Frauen. Während er die Zuordnung einiger Arte-

fakte zu einem Geschlecht mit entsprechenden Grabfunden begründet, ist
das Hauptunterscheidungsmerkmal der Häusertypen für ihn, daß die größeren Häuser den Männern gehörten oder überwiegend von ihnen genutzt
wurden – obwohl sich auch in ihnen manchmal Frauen aufhielten –, wogegen die Nebenhäuser »speziell den Frauen als Wohnung dienten«. Clarke
setzt also stillschweigend voraus, daß die oben erwähnten Tätigkeiten
Frauenarbeiten waren. Das Vorhandensein von Pferdegeschirren deutet er
als Beweis dafür, daß Frauen für die Herstellung und Erhaltung aller
Lederwaren zuständig waren. Die andere Interpretationsmöglichkeit –
wenn man Clarkes strikte Trennung der Häuser nach Geschlechtern akzeptiert –, daß nämlich das Pferdegeschirr zeigt, daß Frauen Pferde ritten oder
kutschierten, zieht er nicht in Erwägung!

Eine Gruppe von Gebäuden, die Clarke »Nebenhütten« nennt, wird
ebenfalls über frauenbezogene Artefakte definiert, wie Perlen, Spindeln
und Kämme, während dort selten Gegenstände gefunden wurden, die er
für männerbezogen hält. Werkzeuge aus Feuerstein tauchen in diesen
Gebäuden häufiger auf als anderswo in der Siedlung. Aus der Lage und Art
dieser Artefakte schloß Clarke, daß die Gebäude möglicherweise als Tier-
ställe, Vorratskammern oder Melkräume dienten und von Frauen benutzt

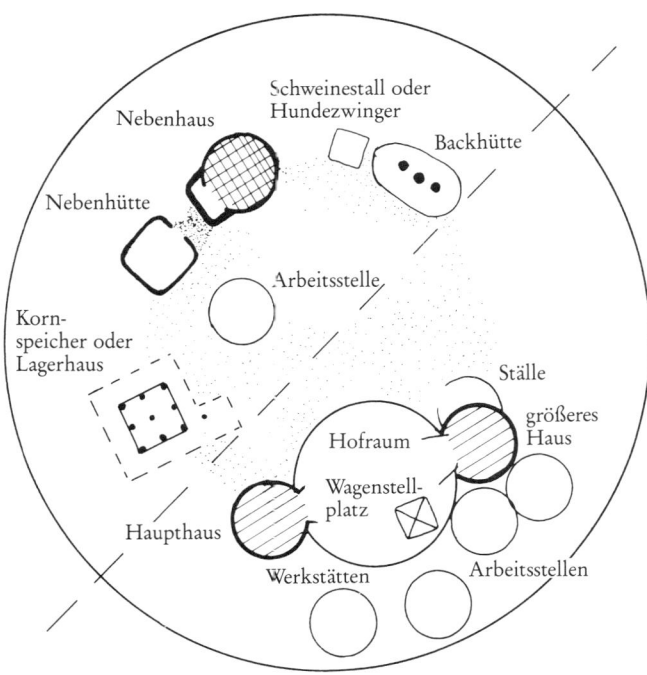

43: Planskizze der
vermutlichen Funk-
tionen von verschie-
denen Elementen
der Siedlungsgrup-
pen an der eisenzeit-
lichen Fundstelle
von Glastonbury in
Somerset. Nach
Clarke, 1972.

wurden, obwohl die Beweise dafür nicht sehr überzeugend sind. »Werkstätten« zeichnen sich durch die Existenz eines Sortiments von Werkzeugen und halbfertigen Gegenständen aus gedrechseltem Holz aus, wogegen »weibliche Artefakte dort nur in unerheblicher Anzahl vorkommen«. Die diesen Hütten zugeschriebenen Handwerke wurden nach dieser Interpretation also von Männern ausgeübt.

Clarke hat eine ganze Reihe von unbegründeten Hypothesen darüber aufgestellt, welche Artefakte von welchem Geschlecht benutzt wurden; ferner bewertete er das Fehlen mancher Artefakte sehr stark, obwohl es dafür viele andere gesellschaftliche Gründe gegeben haben kann. Würde zum Beispiel eine Frau bei einer handwerklichen Tätigkeit ihre schönsten Perlen tragen und verlieren? Auch die Zuordnung der Artefakte innerhalb der Ausgrabungsstätte ist nicht unproblematisch. Die Gebäude stammen aus verschiedenen Zeitschichten, und die Nutzung eines bestimmten Bereichs änderte sich mit der Zeit. Nicht immer kann eindeutig festgestellt werden, zu welcher Phase und damit zu welchem Gebäudetyp ein bestimmtes Artefakt gehört, obwohl gerade diese Zuordnung entscheidend für Clarkes Theorie ist. Auch andere Autoren haben auf spezielle Probleme in diesem Zusammenhang aufmerksam gemacht. So passen einige Funde gut in Clarkes Kategorien, andere jedoch nicht (3). Ein Beispiel: Nur eine der »Backhütten« hatte einen Backofen; eine hatte mehrere Feuerstellen, andere dagegen gar keine, und obwohl mittlerweile neuere Studien zu Glastonbury vorliegen, bestreiten die Ausgräber Bryony und John Coles inzwischen, daß in der Nutzung bestimmter Strukturen eine klare Geschlechtertrennung festzustellen ist, oder daß diese Gesellschaft unbedingt von Männern beherrscht gewesen sein muß.

Auch wenn wir Clarkes Interpretation selbst in Zweifel ziehen, sind seine Methoden und seine detaillierte Auswertung der Daten doch wegweisend für die künftige Untersuchung von Geschlechterrollen in diesen frühen Siedlungen. Seine Arbeit hat andere Archäologen dazu angeregt, über diese Frage nachzudenken, sowohl was Glastonbury als auch was andere Ausgrabungen betrifft. Mehrere Arbeiten haben versucht, ähnliche Methoden auf andere Siedlungsstätten anzuwenden. Zwei konzentrieren sich auf eine etwas frühere Periode der späteren Bronzezeit in Südengland. So wurden bei Blackpatch in Sussex, einer Siedlung aus der Zeit von 1400 bis 900 v. Chr. (4), vor kurzem einige Häuser ausgegraben. In allen konnte man verschiedene Tätigkeiten nachweisen. Ein Haus, das anscheinend als Kornspeicher und Werkstatt benutzt wurde, schrieb man dem oder der Dorfoberen zu. Der Ausgräber war mit Recht vorsichtig, dieser Person ein bestimmtes Geschlecht zuzuordnen, obwohl man in der Hütte ein Rasiermesser aus

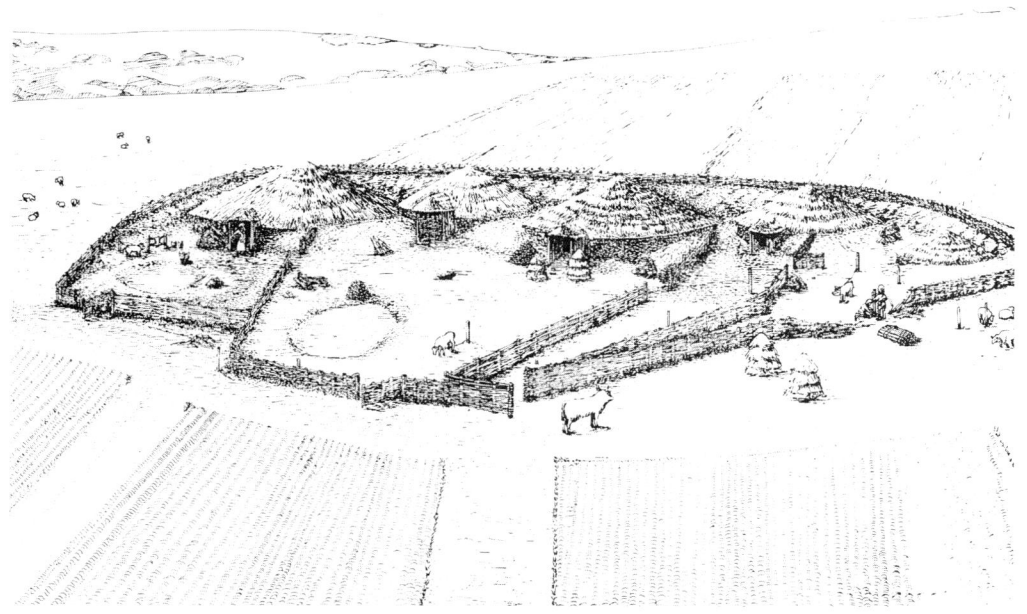

44: Rekonstruktion eines Teils der landwirtschaftli-
chen Siedlung von Blackpatch in Sussex, England,
aus der späten Bronzezeit. Zeichnung von L. Drewett.

Bronze gefunden hatte, wie es gewöhnlich Männern zugeordnet wird. In
einer anderen größeren Hütte, die zur Zubereitung von Nahrung diente,
fand man zwei Fingerringe. Der Ausgräber schloß daraus, daß die dazuge-
hörige Person »beträchtlichen Status« gehabt haben mußte und es sich
möglicherweise um das Haus der Ehefrau handelte, in dem – fern von den
handwerklichen Tätigkeiten in der anderen großen Hütte – das Essen
zubereitet und die Kinder versorgt wurden.

Die Siedlungen der späten Bronzezeit in Südengland bilden eine
zusammenhängende Gruppe und werden oft als Deverel-Rimbury Siedlungen bezeichnet. In einer Analyse aller bisherigen Ausgrabungen ist Ann
Ellison der Frage nachgegangen, welche Hinweise es darauf gibt, daß
Männer und Frauen unterschiedliche Rollen einnahmen. (5) Wie in Blackpatch konnte man Häuser verschiedener Größe unterscheiden, in denen
verschiedenartige Artefakte gefunden wurden. Ein ähnliches Muster
kehrte an allen Ausgrabungsstellen wieder. In jeder Siedlung gab es einige
größere Häuser, in denen gegessen wurde; hier wurden z. B. Lederarbeiten

und Werkzeuge aus Bein, Metall und Stein angefertigt und repariert. Diese Tätigkeiten ordnet sie Männern zu, obwohl sich in den Hütten auch »Tätigkeiten nachweisen lassen, die man meist Frauen zuschreibt, besonders Weben«. Der andere häufig vorkommende Haustyp war etwas kleiner und wurde vorwiegend zum Lagern und Zubereiten von Lebensmitteln benutzt, »was wahrscheinlich die Hauptaufgabe der Frauen war.« Jede Siedlung setzt sich aus mehreren Einheiten zusammen, die jeweils aus einem oder zwei größeren Wohngebäuden und einem oder zwei kleineren Häusern sowie manchmal einer speziellen Webhütte bestehen.

Es finden sich also zahlreiche Belege dafür, daß verschiedene Tätigkeiten innerhalb einer Siedlung an verschiedenen Orten ausgeübt wurden. Sie zeigen, daß es möglich ist, der Frage nach gesellschaftlichen Rollen und Geschlechterrollen nachzugehen, sowohl an den genannten wie vielleicht auch an anderen Ausgrabungsstellen, auch wenn die Möglichkeiten dieser Methode noch nicht voll ausgeschöpft wurden. Die bisher durchgeführten Untersuchungen stellen zum ersten Mal Modelle dafür auf, wie ein solches Muster von Tätigkeiten interpretiert werden kann, und werfen damit neues Licht auf die Rollen, die Frauen in einer späteren Periode der Vorgeschichte in Südengland gespielt haben.

Abbildungen auf Keramik und Bronzegefäßen der Hallstattkultur

Wir wenden uns jetzt einem anderen Teil Europas und einer ganz anderen Art von archäologischen Belegen zu, nämlich Abbildungen von Frauen, die sich auf Keramik und Bronzegefäßen der Hallstattzeit, der frühesten Phase der europäischen Eisenzeit, fanden. Bildliche Darstellungen, die Frauen bei alltäglichen Tätigkeiten zeigen, sind in der vorgeschichtlichen Kunst ziemlich selten. Eine bemerkenswerte Ausnahme ist eine Serie hinreißender Zeichnungen, die in Tonwaren aus Sopron in Nordwest-Ungarn eingeritzt sind und wahrscheinlich aus dem 6. Jahrhundert v.Chr. stammen. (Abbildung 45) (6) Diese Tongefäße dienten wahrscheinlich der Bestattung menschlicher Asche; sie sind einzigartig im Detailreichtum und der Klarheit ihrer Dekorationen. Andere Gefäße der Umgebung kommen aus der gleichen Tradition.

Diejenigen Figuren, die wahrscheinlich Frauen darstellen sollen, tragen weite, ausgestellte Röcke und scheinen Locken oder Löckchen zu haben – vielleicht sind es auch Ohrringe –, während die meisten oder alle Männer lange Hosen tragen. Die Frauen weben oder spinnen, eine tanzt oder betet. Eine Figur, die eine Frau sein könnte, spielt auf einer Leier, und eine andere Figur, die ebenfalls meist als Frau gedeutet wird, reitet auf einem anscheinend viel zu kleinen Pferd. Auch Männer werden reitend dargestellt: sie jagen oder treiben Tiere zusammen und kutschieren von Pferden gezogene Wagen. Manche Figuren sind paarweise angeordnet: zwei Frauen, zwei Männer sowie eine Frau mit einem Mann. Man hat diese Paare als Kämpfer interpretiert, obwohl sie genauso gut miteinander tanzen könnten. Doch auch bei diesen scheinbar sehr klaren Darstellungen ist es nicht immer ganz einfach, das Geschlecht zu identifizieren. Stellen die dreieckigen Gebilde wirklich eine Art von Kleid dar, oder sind es eher Umhänge? Das Dreieck, das die Kleidung andeutet, ist bei einigen Figuren unten breit, bei anderen schmal, und einige Archäologen nehmen an, daß

45: Ritzzeichnungen auf Töpfen aus Sopron in Ungarn, die Frauen bei verschiedenen Tätigkeiten zeigen: a. Spinnen; b. Weben an einem senkrechten Webstuhl; c. die Leier spielend; d. tanzend; e. reitend; f.-h. Frauen und Männer, die kämpfen oder tanzen? Aus: Piggott, 1965.

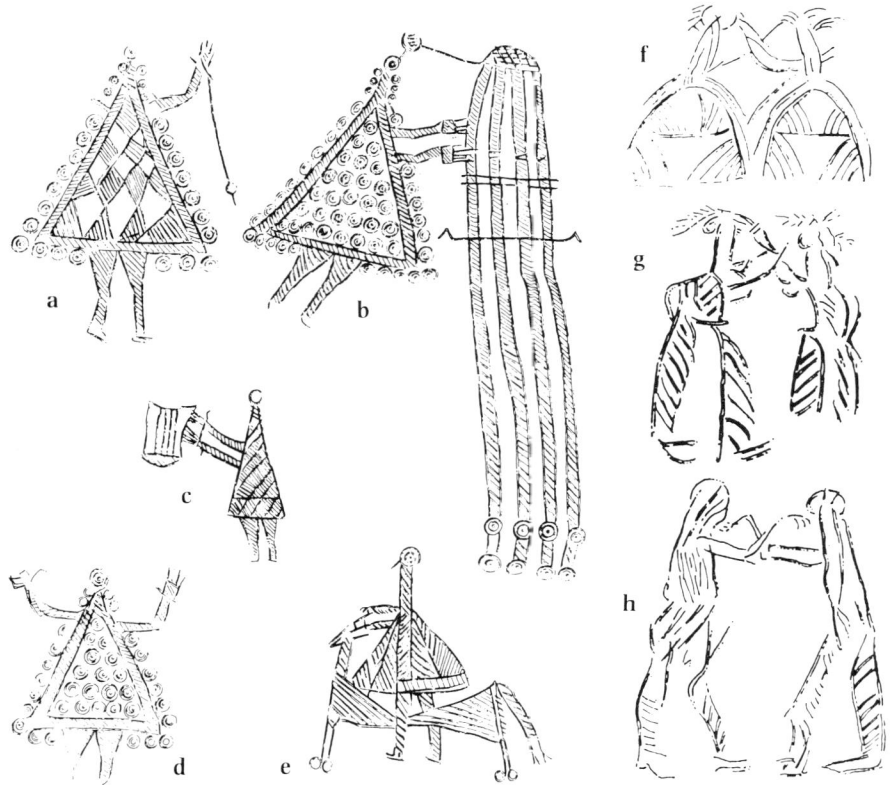

46: Die Situla von Certosa. Die zweite Reihe
scheint eine Bestattungsprozession zu zeigen;
Frauen tragen Gefäße auf dem Kopf. Bologna,
Museo Civico.

*47: Ausschnitt aus der Situla von Certosa. Frauen
tragen verschiedene große Gegenstände auf dem
Kopf. Bologna, Museo Civico.*

auf diese Weise zwischen Frauen und Männern unterschieden werden soll.
Bei einigen Figuren ragt eine Art kleiner Schnabel aus dem Gesicht heraus.
Ist dies eine Nase oder vielleicht ein Bart? Wenn es ein Bart sein soll, dann
ist die Figur, die auf einem Pferd reitet und ein breites Dreieck trägt, ein
Mann und keine Frau. Sehr klar kann jedoch nur zwischen den Figuren
unterschieden werden, die Hosen beziehungsweise Röcke tragen. Aber wir
können nicht einfach annehmen, daß dieses klassische europäische Unterscheidungsmerkmal zwischen Männern und Frauen in dieser frühen Zeit
bereits existierte. Etliche Archäologen haben dies auch bezweifelt, vermutlich, weil die Vorstellung ihnen nicht behagte, daß Frauen die dargestellten
Tätigkeiten ausübten. Es gibt jedoch genügend Beweise dafür, daß zumindest in der späteren Eisenzeit keltische Männer tatsächlich Hosen trugen
(siehe unten), auch wenn diese Beweise von außerhalb der geographischen
Grenzen des keltischen Kulturkreises stammen mögen. Vor allem aber gibt
es keine Beweise, die dagegen sprechen, daß Frauen in dieser Zeit und in
diesem Gebiet Instrumente spielten, Pferde ritten oder kämpften.

Weitere Szenen finden sich auf einer Reihe von Eimern (situlae) aus Bronzeblech, aus dem auch andere Gegenstände wie Gürtelschnallen hergestellt wurden; sie werden ebenfalls in die sogenannte Hallstätter Eisenzeit (6.–5. Jahrhundert v. Chr.) datiert und stammen aus einem kleinen Gebiet an der oberen Adria, im heutigen Jugoslawien und Norditalien. (7) Im Stil zeigen diese Gefäße griechische, etruskische und – indirekt – orientalische Einflüsse; um 500 v. Chr. bildeten sich für diese sogenannte Situlenkunst zunehmend lokale Zentren heraus. Auch in den dargestellten Szenen scheint sich dieser Übergang widerzuspiegeln: die stilisierten »importierten« Szenen treten allmählich zurück, und abgebildet werden nun charakteristische Tätigkeiten und Verhaltensweisen des jeweiligen Ortes. Das Bronzeblech wurde getrieben und mit Relieffriesen versehen, auf denen sich Menschen und Tiere tummeln. Viele dieser Szenen sind stilisiert und wiederholen sich; sie zeigen Menschen bei vielen gesellschaftlichen Zusammenkünften. Vermutlich sind die Eliten der oberen Klassen abgebildet, die die Situlae auch bei den entsprechenden Gelegenheiten benutzten. Kriegerszenen und Abbildungen wilder Tiere sind ebenfalls typisch. Andere Szenen sind individueller und zeigen Alltagstätigkeiten und landwirtschaftliche Verrichtungen. Männer scheinen wesentlich öfter abgebildet zu sein als Frauen, und die wenigen Frauen bedienen im allgemeinen die Männer. Eine Gürtelschnalle aus Norditalien zeigt eine Frau, die einem Mann aus einem spitzschnabeligen etruskischen Krug Wein ausschenkt; er ist nach etruskischer Sitte auf einer Liege ausgestreckt. Eine ähnliche Szene erscheint auf einer Situla aus Bologna. Ein Gürtelschmuck aus Brezje in Jugoslawien zeigt dagegen Frauen, die auf Stühlen sitzen, und vor ihnen knien Männer. Auf einer Situla aus Certosa in Italien findet sich eine Szene, die als Bestattungsprozession interpretiert wird. Sie zeigt sowohl Frauen als auch Männer mit verschiedenen Lasten; die Frauen tragen große Gefäße und andere Gegenstände auf dem Kopf.

Literarische Quellen

Die europäische Vorgeschichte von der Altsteinzeit bis zur Bronzezeit läßt sich nur durch archäologische Belege erschließen. Für die Eisenzeit verfügen wir über eine zusätzliche Quelle – schriftliche Zeugnisse der Griechen und Römer, die die Völker und Ereignisse nördlich ihrer eigenen Länder beschrieben. Einige dieser Schriftsteller, wie der griechische Historiker und Geograph Herodot, wollten von dem Leben aller »Barbaren« berichten, womit die Griechen alle nicht-griechisch sprechenden Völker ihrer

Zeit meinten. Für einen Autor wie Julius Caesar dagegen waren die Beschreibungen der gallischen Stämme, der Germanen und der Briten nur ein Nebenprodukt seiner Schilderungen der Kämpfe, die er gegen sie führte. Doch ebenso wie für die moderne Geschichtsschreibung und Ethnographie gilt auch hier: was Autoren auswählen und was sie weglassen, wirft gleichermaßen ein Licht auf ihre eigene Gesellschaft und ihre Interessen wie auf die, die sie beschreiben.

Auch wenn Hinweise auf das Leben der Frau in diesen Berichten relativ selten und vereinzelt auftauchen, so sind es doch wahrscheinlich mehr, als Althistoriker und Archäologen bisher eingeräumt haben. (8) Dennoch äußern sich nur wenige Autoren ausführlicher über die Frau in der Eisenzeit, darunter die Römer Julius Caesar und Tacitus und der Grieche Dio Cassius. Bei einigen Autoren finden sich nur eine oder zwei Bemerkungen, die für unser Thema überhaupt relevant sind. Außerdem dürfen wir nicht vergessen, daß auch diese Gewährsleute sich zweifellos auf die Berichte anderer Schriftsteller und Reisender stützten, deren eigene Werke nicht erhalten sind.

Die literarischen Quellen behandeln ein breites Spektrum von Themen. Oft wird von der Rolle berichtet, die Frauen im Krieg spielten, wobei dies nicht so sehr die Haltung der nordeuropäischen oder keltischen Völker zum Krieg widerspiegelt, als vielmehr die der Römer, die diesen Völkern, die sie unterwerfen wollten, nur in den Eroberungsfeldzügen begegneten. Wichtige Angaben betreffen auch die gesellschaftliche Organisation, Heiratsordnung und Abstammungssysteme. Und drittens handeln etliche Abschnitte vom Alltagsleben der Frau in verschiedenen Teilen Europas. Mehrere Aussagen deuten darauf hin, daß Frauen für einige religiöse Funktionen wie zum Beispiel Prophezeiungen zuständig waren, aus anderen geht hervor, daß sie als Heilkundige eine Rolle spielten. An anderer Stelle wird kurz erwähnt, daß die tägliche Arbeit geschlechtsspezifisch aufgeteilt war.

Archäologen haben oft gezögert, diesen literarischen Quellen allzuviel Glauben zu schenken. (9) Nur wenige Autoren hatten wohl ihr Wissen über die Völker und Sitten, die sie beschrieben, aus erster Hand. Und natürlich bestand die Gefahr, daß Gebräuche, die dem Erzähler besonders merkwürdig erschienen, übertrieben dargestellt wurden, besonders da manche Autoren die Kelten absichtlich so »unzivilisiert« und »barbarisch« wie möglich schildern wollten. Fast sicher ist, daß einige der Autoren ihre Informationen aus denselben Quellen bezogen und dadurch dieselben Geschichten wiederholten. Viele Bräuche sind jedoch in so vielen voneinander unabhängigen Versionen überliefert, daß es sich kaum um römische oder griechische Erfindungen handeln dürfte. Und obwohl etliche Gebräuche den klassischen Autoren sehr fremdartig und merkwürdig erschienen, finden sich für die meisten von ihnen Parallelen in traditionellen (»primitiven«) Gesellschaften, die von heutigen Ethnologen beschrieben wurden. In der klassischen Archäologie vertritt man die Auffassung, daß gesellschaftliche Verhaltensweisen, wie zum Beispiel Heiratsverbote, durch archäologische Befunde nicht nachweisbar sind. Deshalb müßten die schriftlichen Zeugnisse entweder so, wie sie vorliegen, akzeptiert werden, oder man muß diese reiche Informationsquelle vollständig außer acht lassen, was viele Archäologen auch getan haben. Die heutige archäologische Methode eignet sich dagegen ideal dafür, Ideen oder Informationen antiker Autoren zu überprüfen.

Eine weitere Frage ist, ob bestimmte Aussagen – ob sie nun die Frau oder andere Themen betreffen – nur für den gerade behandelten Teil Europas gelten oder auch auf andere Gebiete übertragen werden können. Manchmal bezieht sich ein Autor gezielt auf eine bestimmte Gruppe oder einen Stamm, und es mag sein, daß er spezifische Züge dieser individuellen Gruppe herausgreift. In anderen Fällen spiegeln die Sitten und Bräuche einer Bevölkerung vermutlich diejenigen eines größeren Gebiets wider: archäologische Befunde zeigen, daß Europa zu dieser Zeit viele einheitliche Züge aufwies. Dem klassischen Autor selbst mag dies nicht bewußt gewesen sein, doch auch wenn dies der Fall war, ist eine Sitte, die über ein weites Gebiet galt, für uns natürlich interessanter. Auch ist nicht immer sicher, über welchen Zeitraum eine Sitte Bestand hatte. Manche Autoren griffen auf eine frühere Information zurück; ob diese zur Zeit der Niederschrift noch Gültigkeit besaß oder nicht, wissen wir nicht. Interessant ist für uns allerdings auch, zu erfahren, wie weit eine bestimmte Tradition zurückreichte.

Eine weitere reiche Informationsquelle über das prähistorische Europa sind die irischen Sagen. Die wichtigste ist *Táin Bo Cúailnge* (Der Viehraub von Cúailnge, oft kurz *Taín* genannt). Wie die frühmittelalterlichen walisischen Quellen, zum Beispiel das *Mabinogion* und die kontinentaleuropäischen Sagen derselben Zeit wurden sie zwischen dem 9. und 12. Jahrhundert n. Chr. niedergeschrieben. Man nimmt jedoch an, daß sie Elemente aus dem Leben der Römerzeit und sogar der vorrömischen Eisenzeit enthalten. Diese Tradition wird jedoch durch die Augen der frühchristlichen Geschichtenerzähler gesehen, und ihre Interpretation der heidnischen Stammesgesellschaft ist daher problematisch.

Was erzählen uns nun die klassischen Quellen über die Frau im Europa der Eisenzeit? Zunächst beschreiben sie ihre Erscheinung und Kleidung. Die Frauen werden als groß und stark geschildert. »Die Frauen der Gallier sind nicht nur an Statur ihren Männern ebenbürtig, sie sind auch genauso kräftig (oder: mutig)«. (10) »Wenn ein Gallier Streit anfängt und seine Frau ihm zu Hilfe kommt, die bedeutend stärker als er und grauäugig ist, wird es keine Schar von Fremden mit ihm aufnehmen, besonders dann, wenn sie mit geschwollenem Nacken und zähneknirschend die schneeweißen Arme schwingt und anfängt, Faustschläge abwechselnd mit Fußtritten auszuteilen, wie Wurfgeschosse, die von gedrehten Bogensehnen geschleudert werden.« (11) Auch wenn diese Beschreibungen mit Vorsicht zu behandeln sind, geben sie doch zweifellos einen wichtigen Unterschied zwischen den römischen Frauen und denen des nordwestlichen Europas der Eisenzeit wieder. Archäologische Befunde deuten darauf hin, daß der Größenunterschied zwischen Frauen und Männern in der Eisenzeit dem heutigen entspricht, obwohl das Datenmaterial begrenzt ist. Wo Statistiken aufgestellt wurden, wie zum Beispiel in Danebury, einer eisenzeitlichen Höhensiedlung in Hampshire, England, waren fünfzehn Männer zwischen 157 und 175 cm groß, während sieben Frauen zwischen 150 und 160 cm maßen. (12) Eine umfangreichere Auswertung über die Champagne in Nordfrankreich, die die frühe Latènezeit (ca. 500–400 v. Chr.) betrifft, ergibt ähnliche Zahlen: die Männer waren im Durchschnitt 165 cm groß, die Frauen 155 cm. (13) Zum Vergleich die Durchschnittsmaße der heutigen Engländer: Männer messen 174 cm, Frauen 162 cm. (14) Nach heutigen Maßstäben waren also diese Kelten nicht besonders groß, und der Größenunterschied zwischen Frauen und Männern war vielleicht ein bißchen geringer als heute – nicht gering genug allerdings, um die Bemerkung des klassischen Autors objektiv zu rechtfertigen.

Es scheint, daß die keltischen Frauen, wie ihre Männer, langes blondes Haar hatten, das sie entweder geflochten trugen oder in Locken. Sie hatten lange Kleider, die mit einer Brosche zusammengehalten wurden, während die Männer der Eisenzeit, wie sie in der klassischen Kunst und Literatur dargestellt sind, Hosen tragen, vielleicht das erste Mal in der Menschheitsgeschichte. Über der Kleidung wurde ein wollener Umhang getragen; dieses Kleidungsstück wird in der Literatur der Antike oft mit Bewunderung erwähnt. Ferner ist von einer Vielzahl von Schmuckstücken die Rede, darunter Halsketten, Broschen und Armbänder, was durch die Ausgrabungsfunde bestätigt wird. (15)

Einige klassische Quellen sprechen vom Alltagsleben im Europa der Eisenzeit und erwähnen alltägliche Verrichtungen; zuweilen unterscheiden sie auch, welche Arbeiten von Frauen und welche von Männern geleistet wurden. Diese Angaben bestätigen das Bild, das wir in den vorangehenden Kapiteln von den Geschlechterrollen gezeichnet haben.

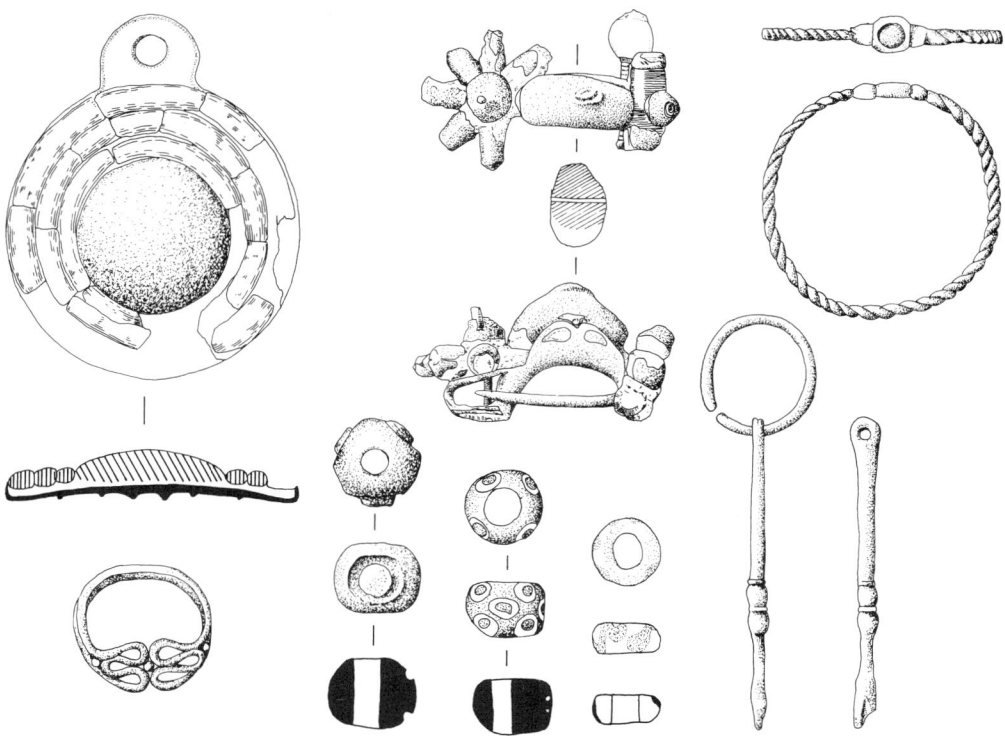

48: *Der Schmuck einer reichen Frau der Eisenzeit aus der Arras-Kultur, aus dem »Queen's Barrow« in East Yorkshire, England. Er besteht aus einem Anhänger aus Bronze, Sandstein und Korallen; einer Brosche aus Bronze und Eisen mit eingelegten Korallen; einem Armband aus Bronze; einem Fingerring; blauen und weißen Glasperlen und einem Nagelreiniger (?) aus Bronze (unterschiedliche Maßstäbe). Nach Stead, 1979.*

Strabo (16), einem Geographen, der um 20 n. Chr. unter dem Kaiser Tiberius eine langatmige Beschreibung großer Teile der damals bekannten Welt verfaßte, verdanken wir die interessante Bemerkung, daß die Rolle der Frau in Gallien, »so wie bei vielen anderen barbarischen Völkern«, genau das Gegenteil der römischen sei. Es ist leider nicht ganz klar, welche Art von Rolle er eigentlich meint. Vielleicht denkt er an landwirtschaftliche Arbeit, oder er will damit sagen, daß bestimmte Handwerke von Frauen und nicht von Männern ausgeübt wurden. Trotzdem brachte diese Bemerkung sogar den Römern die Erkenntnis, daß Geschlechterrollen nicht universell oder »natürlich« sind und weder überall in der Welt noch über alle Zeiten Gültigkeit besitzen.

Die *Germania* des Tacitus ist eine der ergiebigsten Quellen für das Leben in der späten Eisenzeit in Europa. Tacitus war ein römischer Autor und schrieb um 90 n. Chr. Zu dieser Zeit waren Gallien, Britannien und viele Gebiete Europas schon Teile des Römischen Reiches. Aber Germanien, östlich des Rheins, war es nicht, es blieb auch später unabhängig. Die *Germania* berichtet über den Charakter, die Sitten und die Geographie des Volkes in diesem Gebiet. Wo Tacitus Arbeiten des täglichen Lebens schildert, stellt er das bequeme Leben der Männer dem beschwerlichen, arbeitsamen Leben der Frauen gegenüber: »Wenn die Männer nicht gerade Krieg führen, verbringen sie ihre Zeit mit der Jagd, aber noch mehr mit Müßiggang, wobei sie an nichts anderes als Essen und Schlafen denken… Die Sorge um das Haus, den Herd und die Felder überlassen sie den Frauen, alten Männern und Schwächlingen der Familie«. (17) In seiner berühmten Geschichte des Gallischen Krieges um 50 v. Chr. schreibt Caesar über die Landverteilung bei denselben Völkern: »Bei den Germanen baden Männer und Frauen zusammen in Flüssen… Keiner besitzt ein bestimmtes Stück Land. Die Anführer teilen Familien und anderen Gruppen Land zu… und im folgenden Jahr zwingen sie sie, ein anderes Stück Land zu nehmen.« (18) Diese Beschreibungen erinnern sehr an Gartenbaugesellschaften wie die Neuguineas, Afrikas oder Südamerikas, wo die Frauen ganz oder überwiegend für die Arbeit auf dem Feld und im Haus zuständig sind, während die Männer jagen oder, wie in der obigen Beschreibung, herumsitzen und fast nichts tun. Die Frauen erzeugen den Hauptanteil der Nahrung und vieles von dem, womit getauscht wurde. Sie haben daher in der Familiengesellschaft einen erheblich höheren Status und größeres Prestige, als in Gesellschaften, in denen die Männer die Hauptversorger sind. Dieser höhere Status der Frauen wird in den meisten anderen Bemerkungen von Tacitus offenbar vorausgesetzt. Typisch für viele Gartenbaukulturen ist auch, daß das Land dem Clan, der Großfamilie oder dem Stamm als Ganzes gehört. Die Wahrscheinlichkeit, daß solche Darstellungen der Wahrheit entsprechen, bestärkt uns in unserem Vertrauen, daß andere Bemerkungen von Caesar und Tacitus, etwa über Geschlechterrollen, ebenfalls zutreffen.

Tacitus beschreibt auch die Nachbargruppen der wichtigsten germanischen Stämme. Er konzentriert sich auf die Aspekte ihrer Kultur, die sich von der anderer Germanen unterscheiden. Wichtig sind die Bemerkungen über die Frauen der Sithonen und der Fennen. Die Sithonen scheinen im heutigen Litauen gelebt zu haben, vielleicht an der Ostsee oder auch in Finnland. Tacitus schreibt über sie: »Die Sithonen ähneln den Swionen in allen Dingen außer einem – die Frau ist das herrschende Geschlecht.« (19)

Viele Altphilologen (20) tun diese Bemerkung als Fabel ab. Andere Gelehrte sehen darin eine Bestätigung der Theorie von Engels, daß das Matriarchat die ursprüngliche Form der Gesellschaft war und nehmen an, daß bei den Sithonen diese Gesellschaftsform noch erhalten war. Die anschließende Bemerkung von Tacitus: »... so weit sind sie nicht nur von der Freiheit abgekommen, sondern sogar noch in der Knechtschaft entartet...« (21) spiegelt die allgemeine römische Einstellung Frauen gegenüber und macht deutlich, wie sehr er diese Gesellschaftsform mißbilligt und verspottet. Der Bericht über die Sithonen könnte freilich unzuverlässig sein, da dieser Stamm am weitesten von den Gesellschaften entfernt lebte, über die er aus erster oder zweiter Hand berichtete. Die Aussage folgt jedoch unmittelbar auf eine ziemlich zuverlässige Beschreibung, wie Bernstein sich bildet und wie er um die Ostsee herum gewonnen wird. Aber Tacitus' Meinung und die Interpretation seiner Aussage in der neueren Literatur sind typisch für die ethnographische Literatur überhaupt: entweder nimmt man automatisch an, daß der Status der Frauen niedriger gewesen sein muß als der der Männer; wenn dagegen der höhere Status der Frau nachgewiesen werden kann, gilt die betreffende Gesellschaft in irgendeiner Form als anormal oder wird als Randgruppe bezeichnet.

Die Fennen, die ebenfalls im Nordosten Europas lebten, vielleicht an der östlichen Ostseeküste, »sind erstaunlich wild und entsetzlich arm. Sie haben keine Waffen, keine Pferde, kein Heim; ihre Nahrung: Kräuter... Männer und Frauen nähren sich gleicherweise von der Jagd; ... Doch sie halten dies Leben für glücklicher, als wenn sie über Äckern stöhnen... müßten.« (22)

Die Fennen scheinen eine klassische Jäger- und Sammlergesellschaft gewesen zu sein. Wie wir in Kapitel I gesehen haben, sammeln die Frauen in den meisten noch existierenden Jäger- und Sammlergesellschaften pflanzliche Nahrung; wo, wie in Polargebieten, wenig pflanzliche Nahrung vorhanden ist, sind sie mit der Verarbeitung tierischer Produkte beschäftigt. Dies mag auch bei den Fennen der Fall gewesen sein. Ethnologen haben jedoch auch Stämme beschrieben, bei denen die Frauen zusammen mit den Männern auf die Jagd gehen, wie zum Beispiel bei den Agta auf den Philippinen. (23)

Auch die Scrithifinnen waren eine Jäger- und Sammlergruppe, die wohl mit den späteren Lappen identifiziert werden können. Sie werden im 6. Jahrhundert n. Chr. in den *Gotenkriegen* des Prokop erwähnt: »Die Scrithifinnen bestellen das Land nicht selbst; ihre Frauen arbeiten auch nicht für sie, sondern gehen mit den Männern jagen, was ihre einzige Beschäftigung ist.« (24)

Zwar wurden Beschreibungen von Gesellschaften wie der Fennen und
Scrithifinnen oft als Phantasieprodukte antiker Autoren oder als mytholo-
gische Konstrukte abgetan, die römische Werte in ihr Gegenteil verkehren.
Genauso wahrscheinlich ist jedoch, daß sie tatsächlich als Jäger- und
Sammler existierten, denn archäologische Funde belegen, daß Jäger- und
Sammlergesellschaften in Nordskandinavien bis in diese Zeit fortbestan-
den. Es gibt also keinen Grund zu bezweifeln, daß Frauen jagten und
andere Aufgaben gleichberechtigt mit den Männer teilten.

Prophetinnen und Priesterinnen

Sowohl Tacitus als auch schon Caesar erwähnen, daß bei den Germanen
Frauen als Prophetinnen auftraten. Caesar sagt (25), es sei Sitte gewesen,
daß die matres familiae, die älteren Frauen der Hausgemeinschaft (meist
– wenn auch mit negativem Beiklang – mit »Matronen« übersetzt), das Los
warfen oder andere Wahrsagemittel benutzten, um zu entscheiden, ob es
ratsam sei, eine Schlacht zu beginnen. Tacitus verstärkt dies: »Sie glauben
sogar, daß in der Frau etwas Heiliges und Seherisches liege, daher weisen
sie auch ihren Rat nicht von sich und lassen ihre Aussprüche nicht unbe-
rücksichtigt… Lange Zeit hielten viele die Veleda für ein höheres Wesen,
und in alten Zeiten wurden die Albruna und verschiedene andere hoch in
Ehren gehalten, doch frei von Schmeichelei und ohne daß man sie förm-
lich als Göttinnen erklärt hätte.« (26) Veleda spielte auch in der Politik eine
Rolle und vertrat ihren Stamm bei politischen Schlichtungen. (27)
    Bei den Kelten waren die bekanntesten religiösen Führer zweifellos die
Druiden, die von mehreren antiken Autoren als Priester, Lehrer und Rich-
ter der Gemeinschaft erwähnt werden. Man hat vermutet, daß unter ihnen
auch Frauen waren. (28) Die bei Tacitus erwähnten Frauen (29), die, als der
römische Gouverneur Suetonius Paulinus im Jahr 61 n. Chr. versuchte, die
Insel anzugreifen, auf der Insel Anglesey »schwarz gekleidet, mit wehen-
den Haaren, brennende Fackeln schwangen«, waren eindeutig mit dem
Druidenkult im Bunde, obwohl nichts darauf schließen läßt, daß diese
Frauen selbst Druidinnen waren. Auch andere Stellen deuten darauf hin,
daß Frauen mit ähnlichen Handlungen befaßt waren wie die Druiden,
auch wenn sie nicht als solche erscheinen. Spätrömische Autoren sind hier
genauer: sie erwähnen die »dryades« als eine Klasse, der Frauen angehören; das Wort ist mit »Druiden« eng verwandt. Vopiscus, der am Ende des
4. Jahrhunderts n. Chr. schreibt, aber nicht als besonders zuverlässige
Quelle gilt, erwähnt diese Frauen zweimal als Prophetinnen.

In der irischen Sage *Táin* (vgl. S. 175) werden einer Frau namens Fedelm prophetische Fähigkeiten zugeschrieben; andere frühe irische Sagen sprechen von Druidinnen und Prophetinnen. (30) Aufgrund dieser wie auch der spätrömischen Quellen können wir vermuten, daß die Ursprünge dieser weiblichen Rolle mehrere Jahrhunderte weit zurückreichen. Vielleicht gehen sie bis in die Vorgeschichte zurück und sind eine der Wurzeln eines allgemein höheren Status und größerer Macht, wenn auch sicher nicht Herrschaft, die Frauen in der keltischen Welt innehatten.

Abstammung und Heiratsordnung

Die Heiratsordnung der Kelten und ihre Auffassung von Abstammung (Deszendenz) und Erbschaft scheinen für die Menschen der Antike die gleiche Faszination gehabt zu haben wie ähnliche Sitten und Bräuche auf die Forschungsreisenden des 18. und 19. Jahrhunderts und heutige Ethnologen. Obwohl nur wenige dieser klassischen Texte den Status der Frauen ausdrücklich erwähnen, haben zahlreiche ethnologische Studien gezeigt, daß eine enge Beziehung zwischen Deszendenzmustern und der gesellschaftlichen Stellung der Frau besteht. In Gesellschaften mit matrilinearer Deszendenz haben Frauen mehr Prestige und genießen einen höheren Status als in Gesellschaften mit patrilinearer Deszendenz. Jedoch haben ethnologische Untersuchungen heutiger Gesellschaften auch gezeigt, daß selbst dort, wo matrilineare Deszendenz die Regel ist, ausnahmslos die Männer die Führung und politische Macht innehaben.

Aus den antiken Quellen scheint hervorzugehen, daß bei Heiratsordnung und Deszendenzformen bedeutende Unterschiede in Europa bestanden. In seiner *Germania* schreibt Tacitus, daß die Germanen im wesentlichen monogam und die Ehen patrilokal waren, das heißt, die Frau folgte dem Mann in sein Haus: »... unter allen Barbarenvölkern sind fast nur sie mit einer Gattin zufrieden; nur einige wenige haben gleichzeitig mehrere Frauen, doch auch das nicht zur Befriedigung ihrer Lust, sondern weil mit vornehmen Männern von vielen Seiten Verbindung erstrebt wird. Die Mitgift wird nicht von der Frau dem Manne, sondern vom Manne der Frau zugebracht... Es handelt sich dabei nicht um Dinge, an denen sonst ein Frauenherz seine Freude hat, oder um Putz für die Neuvermählte, sondern um Rinder, ein gezäumtes Roß und einen Schild mit Speer und Schwert. Dafür nimmt man die Gattin entgegen, die nun auch ihrerseits dem Manne einige Waffen überreicht... Damit das Weib nicht glaube, es stehe außerhalb des Gedankenkreises mannhafter Tüchtigkeit und sei den Fährnissen

des Krieges entrückt, wird es durch diese Sinnbilder bei Beginn der Ehe
daran erinnert, daß es die Genossin des Mannes in Kampf und Gefahr
wird, daß es gilt, in Frieden und Krieg gemeinsam mit ihm alles zu leiden
und zu wagen…

Heimlichen Briefwechsel kennen weder Mann noch Frau. Nur selten
kommt bei diesem zahlreichen Volk ein Ehebruch vor…

Auch mit der Verheiratung der Jungfrauen hat man es nicht eilig; sie
haben dieselbe Jugendkraft und einen ähnlich hohen, schlanken Wuchs,
gleich gesellt sich zu gleich, Stärke zu Stärke… Schwesterkinder genießen
beim Oheim dieselbe Wertschätzung wie beim eigenen Vater. Manche
(Stämme) halten dieses Blutsband für noch heiliger und enger… Als Erben
und Nachfolger hat jeder seine Kinder…« (31)

Abgesehen von dieser letzten Bemerkung scheint es so, daß die Deszendenz matrilinear abgeleitet wird, auch wenn der Wohnsitz patrilokal ist –
»dafür nimmt man die Gattin entgegen« – oder vielleicht auch, wie es in
der ethnologischen Literatur genannt wird, avunkulokal, das heißt der
junge Mann zieht in das Haus des Bruders seiner Mutter, wenn er alt genug
ist, sein Elternhaus zu verlassen; seine Frau kommt dann und wohnt bei
ihm. Dies ist eine der wenigen möglichen Varianten, bei denen matrilineare Deszendenz damit vereinbar ist, daß die Frau in das Haus ihres Mannes zieht. Viele andere Textstellen stützen diese Annahme. So berichtet
zum Beispiel Livius (32), daß Ambigatus, der Herrscher der Biturigen,
eines gallischen Stammes, im späten 4. Jahrhundert v. Chr. zwei seiner
Schwestersöhne fortschickte, um eine Gruppe von Auswanderern bei der
Suche nach neuem Land anzuführen. Die Kinder eines Mannes gehören
also zur Abstammungslinie der Mutter, und als seine eigenen Abkömm-
linge gelten die Kinder seiner Schwester. Es ist auch typisch für nicht-patri-
lineare Systeme, daß Frauen etwa gleichaltrige Männer heiraten, wie es
auch das Tacitus-Zitat andeutet, wohingegen in patrilinearen Systemen
junge Mädchen im allgemeinen mit wesentlich älteren Männern verheiratet werden. Dieses Abstammungssystem ist bei Gartenbau treibenden Völkern sehr verbreitet und geht meistens mit einem relativ hohen Status der
Frau einher. Trotzdem ist es nicht unüblich, daß materielle Güter vom Vater
an den Sohn oder die Kinder vererbt werden, wie es anscheinend im Germanien der Eisenzeit der Fall war, obwohl anderes Eigentum oder Rechte,
wie zum Beispiel Landrechte oder politische Rechte, vermutlich matrilinear vererbt wurden, ein System, das auch als »doppelte Deszendenz«
bezeichnet wird.

Bestattungen auf einem Friedhof bei Mühlacker in Nordwürttemberg,
der aus der späten Hallstattzeit stammt, wurden als Beweis für eine matrili-

neare Deszendenz angeführt. Auch wenn der Friedhof einige hundert Jahre älter ist als der Bericht von Tacitus, liegt er doch innerhalb des Gebietes, das er beschreibt. (33) Mädchen waren deutlich anders gekleidet als Frauen, was Ludwig Pauli auf die Unterscheidung zwischen unverheirateten und verheirateten Frauen zurückführt. Die wichtigsten Gräber unmittelbar unter den Hügeln auf dem Friedhof waren die der verheirateten Frauen. In einem Fall waren zusammen mit der Frau vermutlich ihr Mann und ihre unverheirateten Kinder bestattet worden. Es scheint also, daß beim Tod einer verheirateten Tochter ein neuer Hügel gebaut wurde, in dem alle Mitglieder der nächsten Generation beigesetzt wurden. Daraus schließt Pauli, daß die Menschen auf diesem Friedhof eine matrilineare Deszendenz kannten.

Die Gallier wiederum scheinen nach den vorhandenen schriftlichen Zeugnissen ein anderes Erbrecht gehabt zu haben. Aber auch hier zeigt sich ein hoher Status der Frauen, besonders bei dem interessanten und ausgewogenen Mitgiftsystem: »Soviel Geld ein Mann von seiner Frau als Mitgift erhält, schätzungsweise ebensoviel legt er von seinem Vermögen dazu. Dieses gesamte Kapital wird dann gemeinsam verwaltet, und die Zinsen werden zurückgelegt. Dem überlebenden Teil fällt das ganze Kapital zusammen mit den Zinsen der Jahre vorher zu. Die Männer haben ihren Frauen und Kindern gegenüber Gewalt über Leben und Tod.« (34)

Auf ein ähnliches System von gemeinsamem Besitz bezieht sich der *Táin*. Königin Medb und ihr Gatte Ailill haben sich gestritten, und ihr ganzer Besitz wird vor sie gebracht, so daß sie entscheiden können, wem was gehört. Unter anderem gehören Medb ein schöner Widder, ein prächtiges Pferd und Stiere. Sie hatte Ailill als Teil ihres Brautpreises einen Streitwagen geschenkt, der den Wert von einundzwanzig Sklavinnen hatte. Das bedeutet, daß in den ersten paar Jahrhunderten nach Christus zumindest in Irland hochgestellte Frauen genauso wie Männer ihren eigenen Besitz hatten. Andererseits geht aus dem Táin auch deutlich hervor, daß soziale Schichtung in der frühirischen Gesellschaft eine Rolle spielte: Es gab Sklavinnen und Sklaven, und wertvolle Dinge wurden nach dem Preis einer Anzahl von Sklavinnen bemessen.

Was die Heiratsordnung betrifft, so war Monogamie die Regel bei den Galliern und Iberern wie auch in Germanien. (35) Dies widerspricht jedoch dem, was Caesar über die Briten der Eisenzeit sagt: »Ihrer zehn oder auch zwölf haben gemeinsame Frauen, zumeist Brüder mit Brüdern und Väter mit ihren Söhnen. Die Neugeborenen gelten als Kinder desjenigen, dem die betreffende Mutter jedesmal zuerst als Jungfrau zugeführt worden ist.« (36)

Obwohl die meisten Archäologen diese Bemerkung Caesars als zumindest sehr unwahrscheinlich abgetan haben, beschreibt er doch ein Verhalten, das Ethnologen auch bekannt ist. Polyandrie (das heißt eine Frau heiratet mehr als einen Mann) ist sehr viel seltener als Polygynie (ein Mann hat mehrere Frauen), und doch praktizieren beispielsweise die Toda der Nilgirihügel in Südindien die gleiche Form der Polyandrie: Wenn eine Frau heiratet, heiratet sie zugleich alle Brüder des Mannes mit. (37) Um einem Kind, dessen natürlicher oder genetischer Vater nicht eindeutig bestimmt werden kann, einen gesellschaftlich anerkannten Vater zu geben, müssen Regeln aufgestellt werden, zum Beispiel, daß der älteste Bruder grundsätzlich als Vater gilt – wie es gewöhnlich bei den Toda der Fall ist – oder, wie von Caesar beschrieben, daß der Mann als Vater gilt, »dem die betreffende Mutter jedesmal zuerst als Jungfrau zugeführt worden ist«.

Gibt es archäologische Beweise, die Caesars Behauptung stützen könnten? In vielen Einzelheiten weichen die archäologischen Befunde für Britannien und das kontinentale Europa der Eisenzeit voneinander ab, was darauf hindeutet, daß es auch in der Gesellschaftsstruktur bedeutsame Unterschiede gab. Ein Aspekt, über den sich schon Generationen von Archäologen die Köpfe zerbrochen haben, ist die unterschiedliche Form der Häuser. In Britannien sind fast alle Häuser der Eisenzeit rund und sehr groß, während sie auf dem Kontinent im allgemeinen klein und rechteckig sind. Viele dieser klassischen britischen Rundhäuser haben Durchmesser von 10 bis 15 Metern und eine Bodenfläche von über 100 Quadratmetern, obwohl es auch kleinere Rundhäuser von nur 33 Quadratmetern gibt. (38) Die rechteckigen Häuser auf dem Kontinent sind in der Größe sehr unterschiedlich; meist scheint jedoch die Wohnfläche wesentlich kleiner gewesen zu sein, als bei den britischen Rundhäusern. Beispiele aus der Hallstattzeit sind unter anderem Goldberg, eine Höhensiedlung in Süddeutschland, bei der die Durchschnittsgröße der Häuser bei 8 x 8 Meter lag; Aulnay-la-Planche, eine kleine Siedlung in Frankreich, mit 4 x 2 Meter, Kornwestheim, 3 x 2,50 Meter und die Heuneburg, ein reicher befestigter Burgberg an der Donau, 12 x 5 Meter. (39)

Woher rührt dieser deutliche Größenunterschied zwischen den Häusern der Eisenzeit in Britannien und auf dem Kontinent? Archäologen haben zwar immer wieder auf ihn hingewiesen, jedoch nur selten eine Erklärung gesucht. Nun spiegeln jedoch Größe und Form der Häuser die sozialen und häuslichen Organisationsformen einer Gesellschaft wider, wie wir in Kapitel III im Zusammenhang mit der linienbandkeramischen Kultur festgestellt haben. Dies wird durch eine Reihe von ethnologischen Studien bestätigt. Am offensichtlichsten ist vielleicht, daß eine polygame

Großfamilie im allgemeinen besser in ein großes Rundhaus passen würde (außer wenn, wie oft in Afrika, Frauen und Männer getrennte Häuser bewohnen oder der Wohnraum jedes Haushalts über mehrere Häuser verteilt ist). Ein kleineres Haus wäre dagegen eher für ein monogames Ehepaar mit einer Kleinfamilie angemessen. Ein ethnographischer Vergleich von Hausformen (40) hat einen interessanten Unterschied in den Haustypen bestimmter Gesellschaftsformen aufgezeigt. Gesellschaften mit runden Hausformen sind eher polygam, diejenigen mit rechteckigen Häusern eher monogam. Dabei wurden 136 Gesellschaften aus der ganzen Welt untersucht, die alle Formen der agrarischen Nahrungsbeschaffung repräsentieren. Natürlich gab es einen Zusammenhang zwischen der Hausform und anderen architektonischen Elementen wie zum Beispiel dem Baumaterial und der Form des Daches, aber diese Faktoren schienen für die Hausform nicht ausschlaggebend gewesen zu sein. Auch andere Gründe, wie zum Beispiel die Vorliebe für bestimmte künstlerische Formen, wurden in Erwägung gezogen, doch die wichtigste Korrelation, die man entdeckte, bestand zwischen Hausform und Heiratsordnung. Nun ist Polyandrie verhältnismäßig selten, und diese Untersuchung hat sich nur auf polygyne Gesellschaften und Hausformen bezogen. Da Polygynie und Polyandrie sich in gesellschaftlichen und wirtschaftlichen Aspekten wesentlich voneinander unterscheiden, unterscheiden sich möglicherweise die daraus resultierenden Hausformen. Darüber hinaus würde ein Zusammenhang zwischen den britannischen und kontinentaleuropäischen Häusern der Eisenzeit und der jeweiligen vermuteten Heiratsordnung sich gut in das ethnologische Modell fügen.

In den letzten Jahren wurde in mehreren Aufsätzen darauf hingewiesen, daß der Gegensatz zwischen kontinentaleuropäischen und britannischen Hausformen nicht so groß ist, wie bisher angenommen wurde. In beiden Gebieten fand man regionale Abweichungen und Ausnahmen. (41) Der Gegensatz zwischen Britannien und dem Kontinent, der sowohl in den antiken Quellen wie auch in früheren archäologischen Arbeiten festgestellt wurde, war der zwischen dem britannischen Inland der Eisenzeit, wie es Caesar beschrieb, und Mitteleuropa, wie Tacitus es sah. Die Tatsache, daß Rundhäuser auch in den Küstengebieten Kontinentaleuropas gefunden wurden, wirft jedoch einzig und allein die Frage auf, ob die gesellschaftliche oder politische Grenze nun am Ärmelkanal oder innerhalb des europäischen Festlandes verlief. Mit dieser Grenze hätten sehr wohl auch Unterschiede in der Heiratsordnung einhergehen können. Das Grenzargument widerlegt also keineswegs unsere Annahme, daß Caesars Feststellung, die Briten der Eisenzeit hätten Polyandrie praktiziert, sehr wahrscheinlich der Wahrheit entspricht und gerade dies die unterschiedlichen Hausformen der beiden Gebiete erklärt. Die These wird auch dann nicht entkräftet, wenn wir die Möglichkeit in Betracht ziehen, daß sowohl die antiken Quellen als auch die archäologischen Einwände auf groben Verallgemeinerungen beruhen und es vielleicht lokale oder individuelle Ausnahmen in der Hausform oder bei der Heiratsordnung gab.

Die Behauptung, die britannischen Kelten seien polygam gewesen, ist oft und aus verschiedenen Gründen bestritten worden: So hat man zum Beispiel argumentiert, sie könne archäologisch nicht nachgewiesen werden; Caesar könne nichts darüber gewußt haben, oder er habe nur ein Gerücht wiederholt, oder – noch schlimmer – er beschreibe einfach alle nur möglichen schlechten und »unrömischen« Handlungsweisen, die man den »Barbaren« seit jeher zuschrieb. Caesars Behauptung ist auch deshalb als ein »böses Gerücht« (42) abgetan worden, weil Herodot (43) bereits ähnliche Praktiken beschrieben hatte. Andererseits ist Polygamie in der Welt weit verbreitet, und auch in der Literatur ist nicht alles erfunden, wie Tim Champion zu Recht bemerkte. (44) Es ist deshalb wahrscheinlicher, daß Polygamie ein geographisch weit verbreitetes Phänomen war, das den Autoren der Antike als ungewöhnlich auffiel.

Eine weitere wichtige Frage ist, ob Ehen arrangiert wurden und wenn ja, von wem. Wieviel Mitspracherecht hatte die Frau, oder sogar das Paar, bei der Wahl des Partners? Wie für viele heutige und frühere Gesellschaften überall in der Welt ist auch für das Europa der Eisenzeit dokumentarisch gut belegt, daß die Ehe ein Mittel war, um Verbindungen zwischen Familien und Stämmen zu festigen. Die Textstellen betreffen Herrscherfamilien, und immer war es die Frau, gewöhnlich eine Schwester des Herrschers oder Anführers, die in einen Nachbarstamm verheiratet wurde. In wieweit auch in anderen Schichten der Gesellschaft Ehen arrangiert wurden, oder ob arrangierte Ehen sogar die Regel waren, läßt sich nicht eindeutig feststellen. Jedenfalls hinderten diese Ehen, wie wir noch sehen werden, Frauen keineswegs daran, Führungsrollen zu übernehmen und beträchtliche Macht auszuüben.

Frauen und Krieg

Über die Kriegsführung der Kelten wissen wir wahrscheinlich mehr, als über irgendeinen anderen Aspekt ihres Lebens. Das ist nicht überraschend, denn die Römer, von denen die meisten unserer schriftlichen Quellen stammen, trafen mit den Bewohnern Nordwesteuropas meist nur im

Krieg von Angesicht zu Angesicht zusammen. Archäologisch konnte man dagegen dichtbevölkerte Siedlungen nachweisen, in denen vor allem Landwirtschaft betrieben wurde; daneben blühten das Handwerk und der Tauschhandel mit anderen Siedlungen in ganz Europa. Es gibt kaum Hinweise dafür, daß Krieg oder feindselige Handlungen im täglichen Leben der Eisenzeit eine wichtige Rolle spielten. Die Voreingenommenheit der klassischen Quellen in dieser Hinsicht spiegelt zweifellos die Art des römischen Vorgehens in Nordwesteuropa wider: Es zwang die dort lebenden Völker dazu, sich zu verteidigen, und bildet für die meisten klassischen Schriftsteller, die dieses Gebiet behandeln, den Hintergrund ihrer Beschreibungen und Erörterungen.

Unsere Informationen kommen von mehreren Autoren. Von Caesar, der in *De Bello Gallico* über die Kriegskünste seines Feindes schrieb, und Tacitus, der in seiner *Germania* und den *Annalen* ebenfalls zahlreiche informative Einblicke liefert. Die Frauen waren anscheinend immer auf dem Schlachtfeld anwesend, auch wenn sie wahrscheinlich meist nicht selbst kämpften; sie schauten zu und unterstützten ihre Seite durch Zurufe, etwa wie eine Zuschauermenge bei einem Sportwettkampf heute. Doch manchmal wurden sie auch verletzt oder getötet oder vom Feind gefangengenommen, entweder als Zuschauerinnen oder weil sie doch eine aktivere Rolle spielten. »… in unmittelbarer Nähe sind ihre teuersten Angehörigen; der gellende Zuruf ihrer Weiber, das Schreien ihrer Kinder dringt ihnen unmittelbar ins Ohr. Ihrer Frauen Zeugnis gilt jedem am höchsten, niemandes Lob schätzen sie mehr. Zu ihren Müttern und Frauen tragen sie ihre Wunden, und diese schrecken nicht davor zurück, sie zu zählen und zu untersuchen, sie bringen den Kämpfern Speise und feuern sie an… Es wird berichtet, daß schon mehrmals Schlachtreihen, die ins Wanken geraten waren, von den Frauen zum Standhalten bewogen worden seien…« (45)

Ein ähnliches Bild erhalten wir auch aus etlichen anderen Quellen, die sich auf verschiedene Teile Europas beziehen. Sie lassen darauf schließen, daß Frauen sich nicht nur um die Verwundeten kümmerten und Vorräte heranschafften, sondern auch Gefangene fesselten und bewachten. (46)

Die Anwesenheit von Frauen verschiedener Stämme auf dem Schlachtfeld wird öfters erwähnt. Caesar sagt (47), daß die Gallier hinter der Schlachtreihe die Karren und Wagen aufstellten; auf dieser Barrikade standen ihre Frauen. Tacitus beschreibt die Taktik des Civilis, der die Bataver, einen Stamm aus dem Rheindelta zusammen mit anderen germanischen Stämmen anführte und mit ihnen im Jahre 69/70 n. Chr. einen Sieg über die Römer errang: »Im Hintergrund stellte er seine eigene Mutter und Schwestern auf, zusammen mit all den Frauen und kleinen Kindern seiner

Männer, die sie zum Sieg anfeuern oder sie beschämen sollten, falls sie wichen. Und als der Schlachtruf der Männer und die Schreie der Frauen aus ihren Reihen kam, wurde es nur von einem viel schwächeren Ruf der römischen Legionen und Kohorten beantwortet.« (48)

Auch die Thraker wurden »angespornt durch das Jammergeschrei ihrer Mütter und Frauen in der Nähe« (49); und die Briten »brachten ihre Frauen mit, um den Sieg zu sehen. Sie setzten sie auf Karren am Rande des Schlachtfeldes.« (50) Dieses Bild einer ganzen Bevölkerung, die gemeinsam in die Schlacht zieht, steht in scharfem Gegensatz zu der modernen, oder auch schon der römischen Kampfform, die die Soldaten alleine auf oft weit entfernte Schlachtfelder schickte.

Die Frauen der Eisenzeit nahmen nicht nur beobachtend und anspornend an Schlachten teil, sondern manchmal möglicherweise auch am Kampf, oder sie waren als Schiedsrichterinnen an Streitigkeiten beteiligt. Der griechische Schriftsteller Plutarch, der im frühen 2. Jahrhundert n. Chr. lebte, beschreibt, wieviel Einfluß keltische Frauen als Unterhändlerinnen und Schlichterinnen zwischen bewaffneten Streitkräften besaßen, noch zu der Zeit, bevor die Kelten die Alpen überquert und sich um 400 v. Chr. in Norditalien niedergelassen hatten: »Die keltischen Frauen schlichteten Streit mit solcher Gerechtigkeit, daß alle in Frieden und Freundschaft voneinander schieden. Daher besprachen die Kelten immer Fragen von Krieg und Frieden mit ihren Frauen.« (51) Als die Römer 60 n. Chr. Anglesey erobern wollten, standen sie »schwarz gekleideten Frauen gegenüber, die wie die Furien mit aufgelöstem Haar brennende Fackeln schwangen... Die römischen Soldaten ermutigten sich gegenseitig und wurden von ihrem General aufgefordert, sich nicht vor einer Horde von fanatischen Frauen zu fürchten«. (52)

Um dieselbe Zeit versuchte Suetonius Paulinus, der römische Befehlshaber, seinen Männern im Kampf gegen die Königin Boudica durch die Information Mut einzuflößen, in Boudicas Armee kämpften mehr Frauen als Männer. Dies spiegelt vermutlich die Einstellung der Römer wider, daß Männer im Kampf überlegen seien; eine Auffassung, die von den Kelten nicht geteilt wurde, die Frauen in kriegerischen Dingen eine wichtige Rolle zubilligten.

Die Frauen der Ambronen, eines teutonischen Stammes, nahmen auch direkt am Kampf teil. Als der römische General Marius am Ende des 2. Jahrhunderts v. Chr. mit diesem Stamm Krieg führte, traten die Frauen Äxte und Schwerter schwingend ihren fliehenden Männern und den sie verfolgenden Römern entgegen und versuchten, beide zu erschlagen, die einen als Verräter, die anderen als Widersacher. (53) Daraus geht anderererseits hervor, daß sie nicht in vorderster Linie kämpften, aber sie waren doch in der Nähe und bereit, auch selbst Gewalt auszuüben.

Nach anderen Quellen zu urteilen, war es im Europa der Eisenzeit jedoch wohl nicht der allgemeine Brauch, daß Frauen am Kampf teilnahmen oder auf dem Schlachtfeld anwesend waren. Caesar sagt (54), daß die Sueben ihre Frauen, Kinder und ihre Habe im Wald in Sicherheit brachten. Aber die Tatsache, daß den Frauen von den Männern befohlen werden mußte, sich in den Wald zurückzuziehen, zeigt vielleicht auch, daß dies in einer Krisensituation nicht selbstverständlich war.

Stammesführerinnen und Heerführerinnen

Frauen der Eisenzeit waren nicht nur auf dem Schlachtfeld anwesend und nahmen am Kampf teil; von einigen wissen wir auch, daß sie Kämpfe leiteten und Stämme befehligten, obwohl nicht klar ist, wie normal es war, daß Frauen in solche Positionen aufstiegen. Die berühmteste dieser Frauen war Boudica (üblicher, aber inkorrekt: Boadicea), die Anführerin der Icener, eines Stammes im Osten Englands war, und im Jahr 60 n. Chr. den Aufstand der Briten gegen die Römer befehligte. (55) Ihr Name ist abgeleitet vom keltischen Wort *bouda*, das Sieg bedeutet. Boudicas Taten wurden von zwei Historikern der Antike beschrieben, nämlich von Tacitus in seinen *Annalen* (56) und dem griechischen Schriftsteller Dio Cassius, der seine *Römische Geschichte* (57) zu Beginn des 3. Jahrhunderts n. Chr. schrieb, mehr als 150 Jahre nach Boudicas Tod. Sein Bericht muß auf einer zeitgenössischen Quelle beruhen, die aber verloren ist. Keine der beiden Darstellungen ist ganz zuverlässig, und die Eigenschaften, Taten und Worte, die Boudica zugeschrieben werden, müssen mit Vorsicht behandelt werden. Man kann sie aber auch nicht als reine Erfindung abtun, und beide Autoren hatten offenbar Zugang zu Quellen, die wir heute nicht mehr besitzen.

Die beiden Töchter Boudicas hatten das Amt, den Stamm mit anzuführen, von ihrem verstorbenen Mann geerbt. Nachdem Boudica von den römischen Beamten, die das Vermögen ihres Mannes konfiszieren sollten, brutal mißhandelt und ihre beiden Töchter vergewaltigt worden waren, lehnte sie sich gegen die Römer auf und wurde von allen britischen Stämmen als oberste Anführerin im Kampf anerkannt: »Die Person indessen, welche die Briten vor allem aufreizte und zum Krieg gegen die Römer beredete, welche ihrer Führung für würdig erachtet wurde und das gesamte Kampfgeschehen leitete, war Boudica, eine Britin aus königlichem Geschlecht und klüger als Frauen gewöhnlich sind.« (58)

Dio Cassius gibt uns auch eine Beschreibung Boudicas. Sie stützt sich wohl auf Hörensagen und vielleicht auf den römischen Stereotyp der wilden, aber erfolgreichen Keltin; dennoch mag sie ein Stück Wahrheit enthalten und ist es wert, hier wiederholt zu werden: »Sie selbst war hochgewachsen, gar furchterweckend in ihrer Erscheinung, und ihr Auge blitzte. Dazu besaß sie eine rauhe Stimme. Dichtes, hellblondes Haar fiel ihr herab bis zu den Hüften, den Nacken umschlang eine große, goldene Kette, und der Leibrock, den sie trug, war buntfarbig und von einem dicken Mantel bedeckt, der durch eine Fibel zusammengehalten wurde.« (59)

Zunächst hatte Boudica bei einem Aufstand mit ihrem Stamm und seinen Verbündeten beträchtliche Erfolge. Sie zerstörte darauf die neu

49: Statue der Boudica am Themseufer in London. Obwohl es von ihr keine zeitgenössischen Darstellungen gibt, sind im letzten Jahrhundert einige phantasievolle Portraits von ihr entstanden, wie z.B. diese bekannte Statue von T. Thornycroft, die 1902 nach einer älteren Gußform in Bronze gegossen wurde.

gebaute Kolonie ehemaliger römischer Soldaten bei Camulodunum (Colchester). Dann marschierte sie auf die römische Hauptstadt London, danach nach Verulamium (St. Albans), wo schätzungsweise 80 000 der römischen Unterdrücker und ihrer Hilfstruppen getötet und die meisten der neuen römischen Städte bis auf die Grundmauern niedergebrannt wurden. Für die patriarchalischen Römer war das schlimmste an dieser Niederlage, daß sie durch eine Frau verursacht worden war. »All das Unglück aber brachte ein Weib über die Römer, was an sich schon ärgste Schmach für sie bedeutete.« (60) Dann führte Boudica ihre Armee in den wahrscheinlich größten, bestorganisiertesten, wenn auch verhängnisvollen Aufstand der Briten gegen ihre römischen Unterdrücker. So wie Cassius den Inhalt von Boudicas Rede an ihre Truppen vor der Schlacht überliefert, hielten die Briten und insbesondere Boudica selbst die Römer für schwach und verweichlicht – sie brauchten schwere Rüstungen, aßen gesäuertes Brot, tranken Wein, badeten in warmem Wasser und schliefen auf weichen Betten – während die Römer ihrerseits die Briten als unzivilisiert und tollkühn beurteilten. Die Gesamtstärke der britannischen Streitmacht in Boudicas letzter Schlacht ist auf über 100 000 geschätzt worden (61), und man nimmt an, daß 80 000 umkamen. Tacitus schreibt, daß Boudica sich nach der Niederlage das Leben nahm. Dagegen meint Dio Cassius, sie sei krank geworden und gestorben. Ihr Tod, zusammen mit den schweren Verlusten der Briten, bedeutete das Ende der Rebellion; offensichtlich war kein anderer Anführer ihres Formates da, um an ihre Stelle zu treten.

Obwohl Boudica die bekannteste Anführerin dieser Zeit war, zeigt die Beschreibung ihrer Taten indirekt, daß sie unter den Kelten nicht einzig dastand. Römische Geschichtsschreiber pflegten Reden im scheinbaren Wortlaut wiederzugeben. Besonders Reden von Feinden der Römer konnten natürlich unmöglich aus erster Hand stammen; sie waren ein literarisches Mittel des Historikers. Da solche Texte nicht wörtlich zu nehmen sind, wurden sie als Quelle oft verworfen. Trotzdem geben sie zumindest einen Eindruck von dem, was die Römer über ihre Feinde dachten. In einer Rede vor ihrer letzten Schlacht soll Boudica ihre Truppen mit den Worten ermutigt haben: »Wir Briten sind an Frauen als Heerführerinnen gewöhnt« (62), und Tacitus wiederholt dies in seinem *Agricola* (63), wo er sagt, daß für die Briten das Geschlecht bei der Ernennung ihrer Heerführer keine Rolle spiele. Wichtig ist in diesem Zusammenhang, daß aus der späten Eisenzeit nur wenige Anführer beiderlei Geschlechts in Britannien überliefert sind. Daß nur wenige Frauen namentlich genannt werden, ist also noch kein Hinweis darauf, daß es ungewöhnlich für sie war, Machtstellungen innezuhaben. Eine der wichtigsten Quellen für die Namen von Stammesführern in der späten Eisenzeit sind Inschriften auf einigen der ältesten Münzen. Diese Inschriften geben den Namen gewöhnlich in abgekürzter Form wieder, und die Endung, die das Geschlecht des Individuums anzeigen würde, ist nicht bekannt. Die konventionelle Wissenschaft weist diese Namen männlichen Anführern zu; manche könnten aber auch Frauen gewesen sein. In der Tat erwähnt Tacitus eine weitere Anführerin. Sie hieß Cartimandua und regierte etwa um dieselbe Zeit wie Boudica in den späten 50er Jahren n.Chr. Sie wird als die Königin der Brigantes bezeichnet (64), eines großen Stammes, der weite Teile Nordenglands besiedelte. Sie muß schon vor 57 n.Chr. an der Macht gewesen sein, während der Boudica-Ereignisse in Südengland weiterregiert haben, und war um 69 n.Chr. immer noch Anführerin der Brigantes, was eine Regierungszeit von über zwölf Jahren ergibt. Zweimal während dieser Zeit hatte sie Probleme mit ihrem antirömisch eingestellten Ehemann Venutius und die Römer unterstützten sie; ihre Opposition gegen weibliche Anführer war also offenbar nicht grundsätzlich. Ihre lange Regierungszeit und ihr riesiges Königreich rechtfertigen es, Cartimandua für eine wesentlich mächtigere Figur als Boudica zu halten.

Tacitus »zitiert« die Rede eines anderen britannischen Anführers, Calgacus, der von einer Anführerin der Brigantes spricht, die eine römische Siedlung in Brand gesteckt und ein Lager gestürmt habe, wahrscheinlich zwischen 71 und 83 n.Chr. (65) Cartimandua war zweifellos eher pro-

50: Ein goldener Halsring aus Snettisham, Norfolk, England, 1. Jahrhundert v. Chr. (Durchmesser 19,5 cm). Vielleicht ähnelt er dem Goldring, den Boudica um den Hals trug. British Museum.

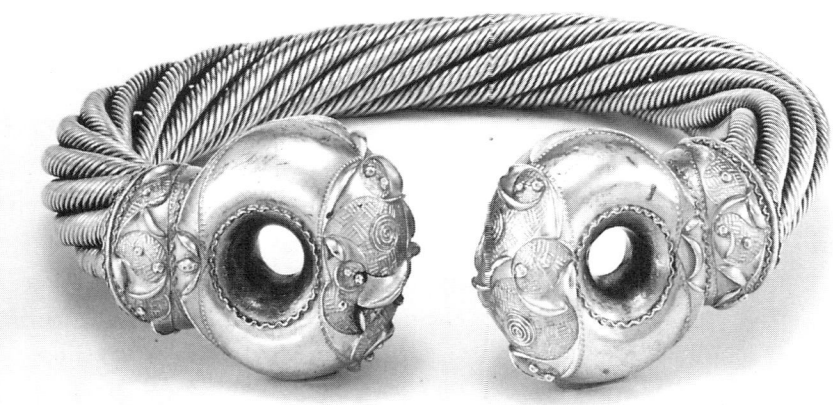

römisch, und der Zwischenfall kann sich kaum vor ihrer Zeit ereignet haben, da es unwahrscheinlich ist, daß Rom dem Gebiet danach den Status eines Vasallenstaates gelassen hätte. Man hat auch schon angenommen, daß Tacitus Cartimandua und ihre Brigantes mit Boudica und den Icenern verwechselt und daß er eigentlich von der Rebellion der Boudica berichtet. (66) Auf jeden Fall waren die Brigantes ein sehr großer und zersplitterter Stamm, der den Römern die Kontrolle schwer machte, und wir wissen wenig Einzelheiten über seine Geschichte im dritten Viertel des 1. Jahrhunderts. Es ist also durchaus möglich, daß eine andere weibliche Anführerin gemeint ist.

Die literarischen Quellen lassen sich durch archäologische Daten untermauern, die wir als Beweis dafür interpretieren können, daß es Frauen von äußerst hohem Status gab, möglicherweise sogar Stammesherrscherinnen. In Mitteleuropa zieht eine kleine Anzahl außerordentlich reicher Gräber die Aufmerksamkeit auf sich, die aus der frühen Eisenzeit (6. und 5. Jahrhundert v.Chr.) und der frühen Latènezeit (4. Jahrhundert) stammen. Bestattungswagen, sehr kostbarer Schmuck, importierte Gegenstände aus der griechischen Welt und andere Artefakte, die nur als Luxusartikel bezeichnet werden können, wurden der Leiche unter einem oft sehr hohen Hügel beigegeben. In der frühesten Phase, Hallstatt D, sind solche Gräber besonders selten. Von den reichsten sind insgesamt nur etwa zwanzig in einem Gebiet bekannt, das sich von Süddeutschland bis nach Ostfrankreich erstreckt. Sie liegen in der Nähe von Höhensiedlungen, in denen ebenfalls importierte Gegenstände gefunden wurden und die man für die früheren Wohnsitze dieser reichen Toten hält. Diese Gräber interessieren hier besonders, weil einige der Toten Frauen sind.

Das reichste und berühmteste dieser Gräber liegt in Vix an der Saône, am Fuß der Höhensiedlung von Mont Lassois. Es handelt sich wahrscheinlich um das Grab einer Frau, obwohl das Geschlecht des Skelettes nicht zweifelsfrei feststeht. Zunächst wurde es als weiblich bestimmt, aber es gibt immer wieder Skelette, die zwischen die für das jeweilige Geschlecht typischen Maße fallen, zum Beispiel bei Hüften und Schädel. Leider gehört das Skelett von Vix zu dieser Kategorie; außerdem ist es schlecht erhalten, was die Entscheidung noch schwerer macht. Die neuesten Untersuchungen neigen zu der Ansicht, daß es sich doch um die Leiche einer Frau handelt. (67) Die Grabbeigaben scheinen – wenn auch nicht mit letzter Sicherheit – für eine Frau zu sprechen. Gefunden wurden unter anderem die Reste eines Wagens und einer Reihe einzigartiger Artefakte, darunter ein riesiges griechisches Bronzegefäß oder »Krater«, 1,64 cm hoch, das wahrscheinlich zum Weinmischen benutzt wurde, sowie eine Vielzahl persönli-

cher Schmuckstücke, unter denen ein gedrehter Halsring (Torques) aus
Gold ins Auge fällt. Waffen fehlen, obwohl sie in Männergräbern der Zeit
oft vorkommen. Dies schien zunächst die Annahme zu bestätigen, daß es
sich um eine Frau handelt, doch wurden keine Gegenstände gefunden, die
bei Gräbern der Hallstattzeit normalerweise dem einen oder dem anderen
Geschlecht zugeschrieben werden. Wenn diese Person wirklich eine Frau
war, welchen Status hatte sie dann? Man hat diese Frage bisher meist
umgangen oder angenommen, daß sie die Frau des Stammesfürsten oder
eine Priesterin war. Das letztere ist eher unwahrscheinlich, da wir keinerlei
Hinweise dafür besitzen, daß Frauen in der Hallstattzeit als Priesterinnen
an heiligen Handlungen teilnahmen; und bisher wurde auch noch nie
angenommen, daß reich ausgestattete Männergräber religiöse Funktionen

51: Der Plan des Grabes von Vix. Nach Piggott, 1965.

widerspiegeln. Der Reichtum ist jedoch außergewöhnlich, und in unmittelbarer Umgebung wurde auch kein Grab gefunden, das man als dasjenige ihres Mannes interpretieren könnte. Warum sollte diese Frau also nicht selbst die Stammesfürstin gewesen sein? Wie wir gesehen haben, ist die Existenz von Stammesherrscherinnen einige Jahrhunderte später in schriftlichen Quellen dokumentiert. René Joffroy (68), der Ausgräber des Grabes von Vix, räumt immerhin ein, daß das Grab den Eindruck einer Person von sehr hohem gesellschaftlichem Rang vermittelt und daß die Art der Bestattung zeigt, daß am Ende der ersten Periode der Eisenzeit Frauen eine sehr wichtige gesellschaftliche Rolle gespielt haben müssen. Außerdem weist er darauf hin, daß zumindest eines von zwei viel früher entdeckten Gräbern in Vix das einer Frau war und schließt daraus, daß »in dieser keltischen Gesellschaft Frauen nicht nur respektiert wurden, sondern auch in der Lage waren, ihre Macht zu behaupten.«

Ein anderes reiches Grab aus derselben Zeit am Hohmichele, einem Grabhügel in der Nähe der Heuneburg, einer wichtigen Höhensiedlung an der Donau, enthielt in der Hauptkammer die Leiche einer Frau; sie lag mit Tüchern umhüllt auf einem Wagen. Unter dem Hügel fanden sich zwei weitere Kammern, in der einen eine männliche und eine weibliche Leiche Seite an Seite, in der anderen eine männliche. (69) Bei Kleinaspergle, einem dritten Grab derselben Gruppe, wurde eine Frau mit einem goldverzierten Kleid, einer silbernen Kette, etruskischen Gefäßen und anderen importierten Gütern bestattet. (70)

Diese und andere Beispiele von sehr reichen Frauengräbern zeigen, daß zu Beginn der Eisenzeit in Mitteleuropa reiche Frauen, vermutlich von hohem Stand, mit ebenso großem Reichtum bestattet wurden wie Männer. Das Grab von Vix ist besonders bedeutsam, da sein Reichtum so außerordentlich ist, daß man annehmen kann, die Tote sei selbst die Herrscherin gewesen und nicht nur die angesehene Frau eines männlichen Herrschers.

In den späteren Phasen der europäischen Eisenzeit, von etwa 400 v. Chr. an, änderte sich die Bestattungsweise, und die Gräber von Frauen und Männern sind an den Beigaben meist eindeutig zu unterscheiden. Nur in wenigen Friedhöfen aber wurden die Skelettreste genügend untersucht, um mit Sicherheit sagen zu können, daß spezifisch »männliche« Grabbeigaben niemals weiblichen Skeletten zugeordnet wurden und umgekehrt, oder ob man aus bestimmten »Prestigeobjekten« – Amts- oder Statussymbolen – schließen kann, daß es neben Boudica noch andere Anführerinnen gab.

Es gibt jedoch noch weitere Gräber der Eisenzeit, in denen vielleicht herausragende Frauen bestattet worden sind. So unterscheidet sich eine

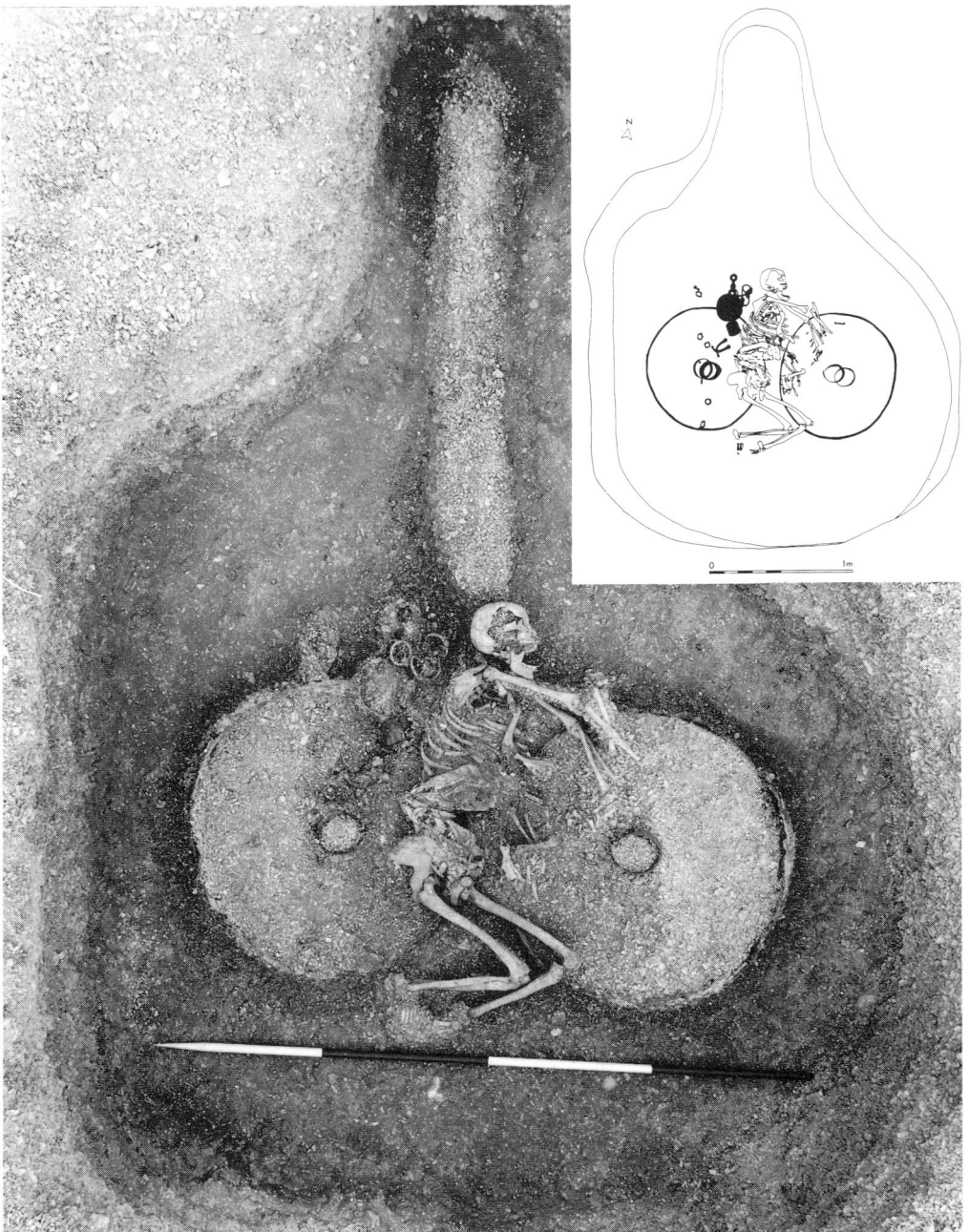

52: Photographie und Plan des Grabes einer Frau aus dem eisenzeitlichen Friedhof von Wetwang, Humberside in England. Ihr Körper lag auf einem Wagen, umgeben von reichen Grabbeigaben. Photo. Bill Marsden, Humberside County Archaeology Unit; Zeichnung nach Dent, 1985.

Gruppe von drei Gräbern auf dem Friedhof von Wetwang in Yorkshire, England, von den anderen durch den Reichtum ihrer Ausstattung; sie werden zwischen das 4. und 2. Jahrhundert v. Chr. datiert. Unter den Beigaben fanden sich Wagen, eine Seltenheit in Gräbern der Eisenzeit in Europa; selbst wo diese gehäuft auftreten, wie zum Beispiel in Ost-Yorkshire, ragen aus der Masse der einfacheren Gräber nur wenige außergewöhnlich ausgestattete heraus. Die drei Gräber bilden eine Linie, mit dem ältesten und reichsten in der Mitte. Unter den Beigaben sind ein eiserner Spiegel, eine Gewandfibel aus Eisen und Gold und ein einzigartiges Bronzegefäß. Alle drei Gräber waren von Erdhügeln bedeckt, und der mittlere war der größte, was oft als ein Zeichen von Reichtum und Status angesehen wird. Bemerkenswert ist, daß das reichste Grab in der Mitte das einer jungen Frau war, während die seitlichen die Skelette von Männern enthielten. (71) Ob hier noch eine Herrscherin begraben liegt?

Schlußwort

Wir haben wichtige Abschnitte der europäischen Vorgeschichte betrachtet: Das erste Auftreten des Menschen, die Entdeckung des Ackerbaus, und der Einfluß der Bronze als Statussymbol bis hin zu den Berichten von Autoren der Antike über die letzten vorgeschichtlichen Völker Europas vor ihrer Eroberung durch die Römer und über die Veränderungen, die diese Eroberung in großen Teilen Europas bewirkte. Ich folgte zwar dem chronologischen Ablauf der Ereignisse, aber ich habe nicht versucht, einen fortlaufenden Bericht der Veränderungen im Leben der Frauen zu geben. Ich sehe meine Darstellung eher wie ein Photoalbum, die Bilder zeigen Episoden und Ereignisse, die nicht immer direkt verbunden sind. Jedes Photo erzählt seine eigene Geschichte, doch sie stehen in einem zeitlichen Zusammenhang, auch wenn andere, ebenso wichtige Episoden nicht dokumentiert sind. Ich habe also Themen herausgegriffen und so weit entwickelt, wie es der heutige Forschungsstand erlaubt; und wie in dem Photoalbum habe ich sie chronologisch angeordnet. Zweifellos hätten viele andere Themen auch gewählt werden können. Darum will ich hier nicht Bilanz ziehen oder eine zusammenhängende Geschichte vortäuschen. Dies würde wesentlich umfangreichere und detailliertere Studien voraussetzen. In der Tat ist eine zusammenhängende und umfassende Darstellung wohl zum gegenwärtigen Zeitpunkt noch nicht möglich. Zunächst sind die Fachwissenschaftler aufgerufen, das Material zum Leben der Frau in den jeweiligen Perioden und Gebieten Europas auszuwerten und zu diskutieren. Aber hoffentlich konnte ich zeigen, daß es Wege und Möglichkeiten gibt, das Leben der Frau in der Vorgeschichte zu untersuchen.

Ein immer wiederkehrendes Thema war die Beziehung zwischen der Rolle der Frau in der Produktion und Verteilung von Gütern einerseits und ihrem gesellschaftlichen Status andererseits. Es ist anzunehmen, daß bei den Wildbeutern des Paläolithikums und Mesolithikums die von Frauen beschaffte pflanzliche Nahrung den Hauptteil der Ernährung darstellte. Das führte vermutlich dazu, daß Frauen und ihre Arbeit in der Gesellschaft hoch geschätzt wurden, besonders dort, wo die Nahrung innerhalb der Gemeinschaft getauscht wurde. Dies blieb so bis in die Anfangszeit des Ackerbaus im Frühneolithikum, als die Frauen den Anbau von Nutzpflanzen entdeckten und die ersten Getreidesorten zogen und ernteten. Doch mit den zunehmenden Viehherden, die von Männern gehütet wurden, und ihren verschiedenen Sekundärprodukten sowie mit der Einführung des Pfluges wurden Männer immer mehr an der Landwirtschaft und an der Nahrungsmittelproduktion beteiligt. Der Anteil der Frau an der Nahrungsbeschaffung ging zurück; dies ließ möglicherweise ihren Status innerhalb der Familie sinken. Aber natürlich ist die Geschichte nicht ganz so einfach. Zum einen verlief die Entwicklung in Europa sicher nicht geradlinig oder einheitlich. Alte Verhaltensweisen überdauerten in manchen Gebieten lange, während sie in anderen schon lange aufgegeben waren, und nicht alle gesellschaftlichen Veränderungen setzten sich überall durch. Produktionskraft und Status sind nicht immer gleichzusetzen; ihr komplexes Verhältnis kann man aufgrund archäologischer Daten kaum bestimmen. Sicher haben auch andere Faktoren eine Rolle gespielt. (1) Einige Wissenschaftler (2) vertreten die Meinung, wichtiger als die Rolle der Frau bei der Lebensmittelproduktion sei die Beteiligung am Tauschhandel außerhalb ihrer Kernfamilie, durch den sie sich andere verpflichtet. Dies scheint wiederum von der gesellschaftlichen Organisation abzuhängen: ob man der Frau ein Eigentumsrecht an den Gütern zubilligt, die sie produziert, ob sie diese selbst zum Tausch bringt, ob sie Güter oder Dienstleistungen als Entgelt erhält. Frauen, die einen großen Teil ihrer Arbeit innerhalb der Familie verrichten und dabei Nahrungsmittel und anderes produzieren, genießen nicht immer einen hohen Status, besonders wenn das Produkt nur dazu dient, die unmittelbare Familie zu unterhalten. Andererseits wird eine Frau, die an der Produktion nicht beteiligt ist und keine Möglichkeit hat, Beziehungen und wechselseitige Verpflichtungen zu schaffen, nie einen hohen Status in ihrer Gesellschaft erwerben.

In den Hirtengesellschaften der frühen Bronzezeit hatten die Frauen wahrscheinlich einen geringen Anteil an der Produktion primärer Nahrungsmittel und wurden daher von den Männern als untergeordnet angesehen. Von der Bronzezeit an waren Frauen vielleicht immer »Bürger zweiter Klasse«. Aber ihr Ansehen hing wohl eher von Ort und Zeit und zum Teil wohl auch von der jeweiligen wirtschaftlichen Aufgabenverteilung ab. Aufstieg und Niedergang sollten wir uns jedenfalls nicht als geradlinige Entwicklungen vorstellen.

Vor allem in späteren Gesellschaften müssen wir zwischen gewöhnlichen Frauen und einer kleinen Zahl von wohlhabenden Frauen der »Oberklasse« unterscheiden, die individuelle Machtpositionen erlangten oder die Rolle religiöser Würdenträger ausfüllten. Dies gilt nicht nur für das minoische Kreta, sondern insbesondere auch für die Eisenzeit, in der wir zwar Frauen wie Boudica als Herrscherinnen nachweisen können, ohne jedoch zu wissen, wieviel Einfluß die Masse der Frauen innerhalb ihrer Familien oder ihres Dorfes hatte.

Zwar hatten die Frauen lange Zeit eine niedrigere Position als die Männer; wir müssen jedoch auch bedenken, daß die Wildbeuter-Gesellschaften des Paläolithikums und Mesolithikums über eine ungeheuere Zeitspanne hinweg existierten, die viele hundert Male länger war als die lediglich etwa 12 000 Jahre vom Neolithikum bis zur Gegenwart, und daß viele Menschen auf der Erde noch Wildbeuter blieben, lange nachdem im Nahen Osten der Ackerbau entdeckt worden war. Während des größten Abschnitts der Menschheitsgeschichte hatten also die Frauen einen viel höheren Status als in der Neuzeit und waren den Männern wahrscheinlich gleichberechtigt.

Ich habe hier nur einige der Möglichkeiten gestreift, das Leben der Frau in der Vorgeschichte zu untersuchen. Viele weitere Themen, auch aus anderen Perioden und Gebieten Europas (vom Rest der Welt ganz abgesehen), könnten in Angriff genommen werden, indem man bereits vorhandene Ergebnisse der Archäologie nutzt. Doch ein noch weiteres Feld eröffnet sich der neuen Grundlagenforschung. Immer wieder stieß die Interpretation auf die Unzulänglichkeit des Datenmaterials. Sicher können neue Ausgrabungen uns noch weitere Erkenntnisse darüber vermitteln, welche pflanzliche Nahrung verzehrt wurde und wie und wo innerhalb der Siedlungen sie verarbeitet wurde. Werkzeuge müßten genauer untersucht werden, um herauszufinden, wofür sie wirklich benutzt wurden. Besonders in Verbindung mit Grabbeigaben könnten sie direkte Hinweise darauf liefern, welche Tätigkeiten Frauen ausübten. Skelettuntersuchungen ermöglichen ebenfalls weitreichende Schlußfolgerungen. Viele neue Untersuchungsmethoden wurden hier erwähnt, die bisher nur auf eine oder zwei Datengruppen angewandt wurden. Dies muß noch in viel größerem Umfang geschehen.

Neben dem Leben der Frau in der Vorgeschichte können auch traditionellere archäologische Themen aus feministischer Perspektive neu beleuchtet werden. Obwohl es in den letzten Jahrzehnten immer mehr Archäologinnen gibt, haben wir doch alle innerhalb männerbestimmter Institutionen gelernt und gearbeitet und uns daran gewöhnt, Themen wie Waffen, Kriegsführung und Invasionen unter den traditionellen männlichen Kategorien von Sieg, Eroberung und Triumph zu betrachten. Aber viele Frauen (und natürlich auch Männer) ändern ihren Blickwinkel und stellen neue Fragen. Was haben Kriege und Schlachten in der Vorgeschichte die Gesellschaft insgesamt gekostet? War Krieg in der Eisenzeit wirklich so verbreitet und wurde er allgemein so verherrlicht, wie einige Schriftsteller uns glauben machen wollen? Oder stand nicht doch der Frieden höher im Kurs? Gab es zwischen Menschen verschiedener Herkunft in der Bronzezeit schon Rassismus, oder lebten Menschen mit verschiedenen religiösen Ansichten einträchtig zusammen? Diese Fragen können von der Archäologie alleine nicht leicht beantwortet werden, aber angesichts der Bandbreite der heutigen archäologischen Fragestellungen sind sie durchaus legitim. Die Belege, auf die sich die üblichen Interpretationen aus männlicher Machtperspektive stützen, müssen ebenfalls sorgfältig gesichtet werden, ehe man sie unreflektiert übernimmt.

Ich wollte die Probleme aufzeigen, die bei der Interpretation des archäologischen Materials aus der Vorgeschichte auftauchen, besonders wenn es um ein Thema wie das Leben der Frau geht. Jeder einzelne Aspekt läßt oft mehrere Deutungen zu. In vielen Fällen hängt die Interpretation davon ab, welche Belege herangezogen werden, das heißt, welchen Interpretationsansatz der individuelle Autor oder Archäologe bevorzugt. So haben in der Vergangenheit viele Archäologen in Europa, wenn auch unbewußt, die prähistorischen Frauen außer acht gelassen. Aber wir können uns ein Bild von ihnen machen. Es ist möglich, eine Vorgeschichte der Frau zu schreiben.

Anhang

Glossar

Abstammungsformen (Deszendenz): Die Regeln, nach denen eine Gesellschaft Geburt, Verwandtschaft und Erbschaft anerkennt. In den meisten Gesellschaften wird die Abstammung von der Mutter (matrilinear) oder von dem Vater abgeleitet (patrilinear) und nicht von beiden Eltern (bilateral). Matrilineare und patrilineare Abstammung führen zu bestimmten Abstammungsgruppen, d. h. mehrere Menschen haben einen gemeinsamen Vorfahren.

Absolute Datierung: Gibt das Alter in Kalenderjahren an, nicht als früher oder später im Vergleich zu einem anderen Datum (relative Datierung).

Anthropologie: Beschäftigt sich mit dem Menschen. Die Sozialanthropologie ist das vergleichende Studium von menschlichen Gesellschaften und Institutionen sowie Arten des menschlichen Verhaltens innerhalb einer Gesellschaft. Die physische Anthropologie beschäftigt sich mit der körperlichen Entwicklung des Menschen.

Artefakt: Ein Gegenstand, der von Menschen gemacht, verändert oder benutzt wird oder wurde.

Bronzezeit: Die Periode der europäischen Vorgeschichte, in welcher Bronze, eine Legierung von Kupfer und Zinn, das hauptsächliche anorganische Material für die Herstellung von Werkzeugen und Waffen war. Sie umfaßt die Zeit von etwa 2000 v. Chr. bis 700 v. Chr.

C₁₄-Datierung (Radiocarbondatierung): Eine absolute oder chronometrische Datierungsmethode, die auf der Messung von Spuren von Radioaktivität in organischen Materialien der Vergangenheit beruht. Die bei weitem am meisten gebrauchte absolute Datierungsmethode für die europäische Vorgeschichte.

Eisenzeit: Die letzte Phase der europäischen Vorgeschichte, in welcher Eisen das hauptsächliche Material für die Herstellung von Werkzeugen und Waffen war. Etwa 700 v. Chr. bis zur römischen Eroberung.

Ethnoarchäologie: Untersucht die materiellen Aspekte einer bestimmten Tätigkeit oder Handlungsweise, gewöhnlich in einer traditionellen Gesellschaft, wobei das Verhältnis einer Tätigkeit und den materiellen Spuren, die sie hinterläßt, bestimmt werden kann.

Ethnologie: Untersucht und beschreibt alle Aspekte einer bestimmten Gesellschaft aufgrund eigener Forschungen.

Gesellschaft: Eine Gruppe von Menschen, die sich von anderen Gruppen durch ihren Lebensstil, Verhalten, Ideologie und oft geographische Lage unterscheidet.

Grabbeigaben: Gegenstände, die bei der Bestattung der oder dem Toten ins Grab mitgegeben werden. Man nimmt an, daß sie für das Individuum von einer bestimmten Bedeutung sind, möglicherweise für sein Wohlergehen im Jenseits.

Hackbau: Pflanzenanbau mit primitiver Technik, ohne Pflug, Zugtiere oder Bewässerung. Die Stücke Land liegen oft lange Zeit brach, um ihre Fruchtbarkeit wieder herzustellen.

Hallstatt: Friedhof und Salzbergwerk in Österreich, die der frühen Phase der europäischen Eisenzeit ihren Namen gegeben haben, ca. 700 v. Chr. bis 475 v. Chr.

Hominide: Ein Mitglied der menschlichen und nah verwandten Art der Hominidae. Zu den Hominiden gehören auch der moderne Mensch, der Homo sapiens und frühere Formen.

Jäger und Sammler: Menschen, die ihren Lebensunterhalt finden, ohne Pflanzen anzubauen oder Tiere zu halten. Sie sammeln pflanzliche Nahrung, sowie Insekten, Eier und kleine Tiere und jagen Tiere. Dieser Lebensstil war vorherrschend im Paläolithikum und Mesolithikum.

Matriarchat: Eine Gesellschaft, in welcher Frauen alle Aspekte des Lebens beherrschen, und Macht und Autorität über die Männer ausüben. (Vgl. Kapitel 2)

Matrilokale Wohnform: Nach der Heirat lebt das Ehepaar in dem Haus oder dem Dorf der Ehefrau. (Gegenteil: patrilokal)

Mesolithikum: Die Mittelsteinzeit, zwischen dem Paläolithikum und dem Neolithikum in Nordwesteuropa, charakterisiert durch gesellschaftliche und wirtschaftliche Anpassung an die nacheiszeitliche waldreiche Umgebung. Etwa 13000 bis 6000 v.Chr.

Neolithikum: Die Jungsteinzeit, die Periode, in der in Europa die Landwirtschaft eingeführt wurde. Das Neolithikum begann um 7000 v.Chr. im Nahen Osten, in Europa im vierten Jahrtausend v.Chr. und endete mit dem Beginn der Bronzetechnologie um 2000 v.Chr. Es ist auch charakterisiert durch den erstmaligen Gebrauch von Keramik und geschliffenen Steinwerkzeugen, sowie einen seßhaften Lebensstil.

Paläolithikum: Die Altsteinzeit, die früheste Phase der Menschheitsgeschichte, in der erstmals Werkzeuge benützt werden. Charakteristisch ist die Lebensform der Jäger- und Sammlergesellschaft (Wildbeutergesellschaft).

Paläopathologie: Die Beschäftigung mit Skelettresten zur Bestimmung von Krankheiten in der Vorzeit.

Patriarchat: Eine Gesellschaftsform, in der Männer herrschen und die meisten oder alle Schlüsselstellungen innehaben.

Rolle: Die Pflichten und das Verhalten, welche eine Gesellschaft von einem Individuum mit einem bestimmten Status erwartet.

Status: Die mit einer Reihe von Rechten, Pflichten und Verhaltenserwartungen (Rollen) verknüpfte gesellschaftliche Stellung, welche ein Individuum in Bezug auf andere Menschen dieser Gesellschaft einnimmt.

Theoretische Archäologie: Eine neuere Entwicklung innerhalb der Archäologie, deren Schwerpunkt die Interpretation der materiellen Funde ist und nicht nur die Beschreibung und Datierung, sowie das Erstellen und Prüfen von theoretischen Modellen der vergangenen Gesellschaften.

Tumulus: Ein oft mehrere Gräber enthaltender Grabhügel, meistens aus Erde.

Vorgeschichte: Die Periode der Vergangenheit vor dem Auftauchen schriftlicher Zeugnisse. In Nordwesteuropa ist dies gewöhnlich die Zeit bis zur römischen Eroberung, die aber von Gebiet zu Gebiet variiert, besonders wenn andere Teile der Welt herangezogen werden.

Wildbeuter: Siehe Jäger und Sammler.

Anmerkungen

Einleitung

1. Die Archäologie und Anthropologie stehen
   darin keineswegs allein. Die Stellung der
   Frau und ihre Aussichten sind in den letzten Jahren in fast jedem akademischen Gebiet diskutiert worden. Für eine vollstän-
   dige Darstellung siehe Spender, 1981.

Auf der Suche nach der vorge-
schichtlichen Frau

1. Viele Beispiele aus fast allen Gebieten
   könnten angeführt werden, die erst in der
   letzten Zeit bekannt geworden sind. So
   zum Beispiel waren in der Literatur und
   den Künsten viele Frauen, wie etwa die
   Schriftstellerin Aphra Behn praktisch vergessen. George Eliot gelangte nur dadurch
   zu Ruhm, daß sie unter einem männlichen
   Pyseudonym schrieb. Vergleiche auch
   Spender, 1981; Spender, 1982.
2. Piggott, 1959, S. 14. Einige Archäologen,
   besonders Ian Hodder, haben dies in den
   letzten Jahren in Frage gestellt. Jede
   menschliche Handlung werde durch ein
   unbewußtes oder erlerntes Verhalten bestimmt. Aber Mitteilungen, die auf eine solche Weise in einer gesellschaftlichen oder
   ethnischen Gruppe weitergegeben werden,
   unterscheiden sich stark von dem bewußten, absichtlichen Akt des Schreibens.
3. Die Vorgänge, die zu einem archäologischen Beleg führen, werden in allen Einzelheiten bei Schiffer, 1976 dargestellt.
4. Dieses umfassendere Verständnis der Archäologie wurde in England zuerst von David Clarke vorgestellt und von ihm die
   »Neue Archäologie« genannt. In den Vereinigten Staaten hat dies Lewis Binford getan. Jetzt wird diese Arbeitsweise oft
   »Theoretische Archäologie« genannt.
5. Randsborg, 1984, ist einer der wenigen Artikel, der das Thema Frauen in der Vorgeschichte diskutiert und zum selben Ergeb-

nis kommt. Er stützt sich auf dänische Befunde.
6. Mehr Material über Gebrauch und Miß-
   brauch der Ethnologie durch Archäologen
   findet sich bei Hodder, 1982 und Binford,
   1983.
7. Eine unterhaltsame Darstellung der ethnologischen Feldarbeit gibt Barley, 1983.
   Aber obwohl dies eine neuere Darstellung
   ist, wird der kritische Leser die durchaus
   männlichen Voreingenommenheiten sowohl der Beobachtungen als auch der Interpretationen des Autors feststellen können.
8. Die Literatur über Frauen innerhalb des
   Gebietes der Ethnologie ist inzwischen um-
   fangreich. Wichtige Werke sind z.B. Rosaldo und Lamphere, 1974; Reiter, 1975;
   Martin und Voorhis, 1975; Friedl, 1975;
   Dahlberg, 1981.
9. Siehe zum Beispiel Binford, 1983.
10. Spector, 1982; Conkey und Spector, 1984.
11. Goodall, 1971; Goodall, 1986; Fossey,
    1983.
12. Beispiele dafür finden sich im Táin und
    im Mabinogion.
13. Ross, 1986, S. 124.
14. Brothwell, 1981; Manchester, 1983.
15. Merbs, 1983.
16. Dutour, 1986.
17. Als Beispiele Artikel in Gilbert and
    Mielke, 1985.
18. Wing and Brown, 1979, Kapitel 5; Sillen
    and Kavanagh, 1982.
19. Wing and Brown, 1979, S. 76.
20. McHenry, 1968.
21. Molnar, 1971.
22. Der klassische Artikel, der vor dieser Ge-
    fahr warnt, ist Ucko, 1969.
23. Conkey und Spector, 1984, II; Winters,
    1968, 206, der frühere Berichte zitiert.
    Winters selbst erkennt es als eine Mög-
    lichkeit an, »daß manche Frauen das eine
    oder andere Wild gejagt haben können.«
24. Z. B. Shennan, 1975, s. auch Kapitel IV.
25. Dies wird z.B. diskutiert bei Binford,
    1972, 6off; Hodder, 1982, S. 128.
26. Whiting and Ayres, 1968.

27. Ember, 1973.
28. Krzywinski, Fjelldal and Soltvedt, 1983, S. 156.

Die frühesten Gemeinschaften

1. Für weitere Einzelheiten s. Wymer, 1982; Leakey, 1981; Dennell, 1983; Gamble, 1986.
2. Zihlman, 1981.
3. Slocum, 1975.
4. Z. B. Tanner, 1981; Martin and Voorheis, 1975.
5. Zihlman, 1981; Isaac and Crader, 1981.
6. Zihlman, 1978; die selben Argumente werden von Friedl 1975 und 1978 benutzt, der mit mehr Einzelheiten als in dem vorliegenden Buch erklärt, warum heutige Wildbeuter die Aufgaben der Nahrungsbeschaffung geschlechtsspezifisch aufteilen.
7. Dennell, 1983, S. 55.
8. McGrew, 1981; Goodall, 1986.
9. Tanner and Zihlman, 1976.
10. MacGrew, 1981, S. 47.
11. Lee, 1968.
12. Martin and Voorheis, 1975, S. 181.
13. Rohrlich-Leavitt, Sykes and Weatherford, 1975.
14. Goodale, 1971.
15. Estioko-Griffin and Bio Griffin, 1981.
16. Goodale, 1971, S. 55.
17. Clarke, 1952, S. 86; Clarke, 1948.
18. Clarke, 1952, S. 34, obwohl die Lage der Fundstelle nicht übereinstimmt mit Obermaier, 1925, Abb. 116; Beltran, 1982.
19. Gamble, 1984; Isaac, 1971.
20. Péquart u.a., 1937.
21. Keeley and Toth, 1981.
22. Clarke, 1976.
23. Lee, 1984.
24. Lumley, 1969.
25. Harrold, 1980; Gamble, 1984, S. 108.
26. Sahlins, 1972.
27. Childe, 1951.
28. Bachofen, 1861.
29. Morgan, 1877; Engels, 1884.
30. Sanday, 1981; seine These ist, daß Frauen in der Mythologie von solchen Gesellschaften vorherrschend sind, wo sie einen überdurchschnittlichen Status haben.
31. z.B. Leacock, 1978; Fluehr-Lobban, 1979; Rohrlich-Leavitt, Sykes and Weatherford, 1975.
32. Siehe z.B. Friedl, 1975.
33. Diese Figurinen werden oft erwähnt, sowohl in der feministischen als auch in der archäologischen Fachliteratur. Es ist wichtig, in den meisten Fällen zwischen diesen beiden zu unterscheiden. Archäologische Darstellungen des Themas bei Wymer, 1982, S. 246–7, 261–2; Champion u.a., 1984; Ucko and Rosenfeld, 1967; Powell, 1966; Sandars, 1985.
34. Gamble, 1986.
35. Leakey, 1981.
36. Ucko, 1962; Ucko, 1968.
37. Mellaart, 1967.
38. Mellaart, 1975, S. 111–19.
39. Ucko, 1962.
40. Doumas, 1968; Renfrew, 1972.
41. Ucko, 1962; Ucko, 1968.
42. Leakey, 1981, S. 180.
43. Vergl. Ucko, 1968.
44. Sandars, 1985, S. 69.
45. Leacock, 1977, S. 24.
46. Ucko, 1962; Ucko, 1968, Kap. 16.
47. Gamble, 1986.

Die ersten Bauern

1. Neuere Diskussionen über die Ursprünge der Landwirtschaft bei Mellaart, 1975; Bender, 1975.
2. Jarman, 1972; Bender, 1975, S. 94ff.
3. Mellaart, 1975, S. 42–8.
4. Hillman, 1975; Moore, 1979, S. 54.
5. Martin and Voorheis, 1975; Friedl, 1975; Boserup, 1970.
6. Martin and Voorheis, 1975, Kap. 8.
7. Moore, 1979, S. 54.
8. Stanley, 1981.
9. Vgl. Mellaart, 1975; Moore, 1979.
10. Flannery and Winter, 1976, diskutieren und benutzen diese Methode. In einer klassischen Studie über eine prähistorische mesopotamische Siedlungsstelle versuchen sie, »männliche« und »weibliche« Arbeitsgebiete zu bestimmen. Es ist auch die Grundlage für Jane Spectors Methode der geschlechtsbezogenen Aufgabendifferenzierung, die in Kapitel I beschrieben wird.

11. Flannery, 1969, S. 80.
12. Einige Archäologen sind der Ansicht, daß Seßhaftigkeit oder Bevölkerungswachstum den Übergang zur Landwirtschaft verursacht hat und nicht umgekehrt. Siehe Bender, 1978; Binford, 1968.
13. Mellaart, 1975, S. 44–7.
14. Stanley, 1981, S. 291–3.
15. Binford, 1972, ist der Ansicht, daß das Bevölkerungswachstum mit der Einführung der Landwirtschaft und der Seßhaftigkeit zu tun hat.
16. Früher auch bekannt unter der Bezeichung Donauländischer Kreis.
17. Sherratt, 1981.
18. Milisauskas, 1978, S. 71.
19. Whittle, 1985, S. 90.
20. Milisauskas, 1978, S. 71.
21. Whittle, 1985, S. 88.
22. Ember, 1973; Whiting and Ayres, 1968.
23. Milisauskas, 1978, S. 99–105.
24. Soudsky, 1964.
25. Divale, 1974.
26. Hodder, 1984.
27. Brown, 1970.
28. Sherratt, 1981.
29. Siehe z. B. Boserup, 1970.
30. Stanley, 1981.
31. Sherratt, 1983.
32. Sherratt, 1981.
33. Sherratt, 1981, 280.
34. Z. B. Boserup, 1970, 24ff; Martin and Voorheis, 1975.
35. Sherratt, 1983, S. 100.
36. Vgl. z. B. Champion u. a., 1984, S. 160.
37. Dieses Argument wurde im Zusammenhang mit der Entwicklung megalithischer Gräber in Westeuropa und der Siedlungsausdehnung auf ärmere Böden im späteren Neolithikum vorgebracht. s. Renfrew, 1973, und andere.
38. Die Ursprünge der gesellschaftlichen Schichtung und ihre Beziehung zu dem Status und der Unterdrückung der Frauen sind Schlüsselfragen sowohl in der marxistischen als auch in der feministischen anthropologischen Literatur. Die Frage nach der Wichtigkeit der jeweils beitragenden Faktoren ist offensichtlich sehr komplex und heftig umstritten. Z. B. Engels, 1884; Sacks, 1974; Leacock, 1978, S. 255; Reiter, 1978.

Quinn, 1977, gibt eine Zusammenfassung der verschiedenen Meinungen.

Die Bronzezeit

1. Für eine detaillierte Erörterung der Archäologie der Bronzezeit siehe Coles and Harding, 1979.
2. Evans, 1921–4.
3. Über die Minoer, siehe u.a. Cadogan, 1976; Hood, 1971.
4. Thomas, 1973; Immewahr, 1985.
5. Evans, 1921–4.
6. Pomeroy, 1984.
7. Z. B. Willets, 1977, S. 78.
8. Thomas, 1973.
9. Immewahr, 1985.
10. Graham, 1962.
11. Pomeroy, 1984, 348.
12. Gesell, 1985.
13. Es existieren einige Unterschiede in mehr oder weniger gleichzeitigen Bestattungsriten, die noch nicht hinreichend erklärt sind, wie z.B. das Nebeneinander von verschiedenen Typen von Begräbnisurnen in der frühen Britischen Bronzezeit.
14. Glob, 1974.
15. Coles and Harding, 1979, 329, Nr. 84.
16. Zitiert bei Glob, 1974, S. 64.
17. Broholm and Hald, 1940, S. 150.
18. Shennan, 1975.
19. Shennan, 1982.
20. Piggott, 1938; eine Erörterung der neueren Arbeiten über die Wessex-Kultur findet sich bei Burgess, 1980, S. 98–111.
21. Bradley, 1981, S. 97.
22. Siehe z. B. Burgess, 1980, S. 199–209; Ellison, 1981.

26. Bradley, 1981, S. 103, nach Goody, 1976.
27. Larsson, 1986.
28. Randsborg, 1974.
29. Larsson, 1986.
30. Levy, 1982.
31. Kristiansen, 1984.
32. Kristiansen, 1984.

33. Kristiansen, 1984; Larsson, 1986.
34. Randsborg, 1974.
35. Kristiansen, 1984, S. 94.
36. Larsson, 1986, S. 65.
37. Levy, 1982; Kristiansen, 1984, S. 86.
38. Gibbs, 1987, S. 86; Coles and Harding, 1979, S. 519.
39. Randsborg, 1984, S. 150.
40. Kristiansen, 1984.
41. Kristiansen, 1981.
42. Gelling and Davidson, 1969, S. 76.
43. Anati, 1961.

Die keltische Eisenzeit

1. Weitere Erörterungen zu diesem Thema bei Powell, 1980 oder Ross, 1986.
2. Clarke, 1972, basierend auf Bullied and Gray, 1911 und 1917.
3. Coles and Coles, 1986, S. 169.
4. Drewett, 1982.
5. Ellison, 1981.
6. Piggott, 1965, S. 198f; Gallus, 1934; Dobiat, 1982.
7. Collis, 1984, S. 69–73; Kastelic, 1965.
8. Aber siehe Rankin, 1987, Kap. 13.
9. Eine neuere Erörterung der Probleme und Möglichkeiten bei der Benutzung dieser Quellen siehe Champion, 1985.
10. Diodorus Siculus, V, 28.
    Zitate aus klassischen Quellen nach den in der Bibliographie angegebenen Ausgaben.
11. Ammianus Marcellinus, XV, 12.I. Ammianus war ein spätrömischer Historiker des vierten Jahrhunderts n. Chr.
12. Hooper, 1984, S. 465.
13. Rozoy, 1987. Zwei etwas verschiedenartige Methoden wurden benutzt, um die Größe von Individuen aus den Skelettresten zu bestimmen, wobei die zweite Methode bei Männern und Frauen im Durchschnitt 4 cm mehr ergab als die im Text zitierte erste Methode.
14. Angaben nach der New Encyclopedia Britannica, 15. Ausg. 1986, Vol. 20, S. 446, für 18 Jahre alte (ausgewachsene) britische Männer und Frauen für das Jahr 1965.
15. Ross, 1986, S. 32–9.
16. Strabo, *Erdbeschreibung*, IV, 4, 3.
17. Tacitus, *Germania*, 15.
18. Caesar, *Gallischer Krieg*, VI, 21.
19. Tacitus, *Germania*, 45.
20. Z. B. Anderson, 1938, 215.
21. Tacitus, *Germania*, 45.
22. Tacitus, *Germania*, 46.
23. Estioko-Griffin and Bion Griffin, 1981.
24. Procop, *Der Gotenkrieg*, VI, XV, 16–17.
25. Caesar, *Gallischer Krieg*, I, 50, 4.
26. Tacitus, *Germania*, 8.
27. Chadwick, 1966, S. 80.
28. Chadwick, 1966, S. 78–83; Ross, 1986.
29. Tacitus, *Annalen*, XIV, 30.
30. Rankin, 1987, S. 253.
31. Tacitus, *Germania*, 18 – 20.
32. Livius, *Römische Geschichte*, V, 34.
33. Pauli, 1985, 37.
34. Caesar, *Gallischer Krieg*, VI, 19.
35. Anderson, 1938, 109.
36. Caesar, *Gallischer Krieg*, V, 14.
37. Rivers, 1906, S. 515.
38. Guilbert, 1981.
39. Harke, 1979.
40. Whiting and Ayres, 1968.
41. Harding, 1973; Champion, 1975.
42. Thomson, 1948, S. 193.
43. Herodot, IV, 104; IV, 172; IV, 180. Alle diese Fälle unterscheiden sich in Einzelheiten; im Rahmen unserer ethnologischen Kenntnisse sind sie alle durchaus möglich.
44. Champion, 6
45. Tacitus, *Germania*, 7 und 8.
46. Anderson, 1938, S. 70.
47. Caesar, *Gallischer Krieg*, I, 51, 3.
48. Tacitus, *Historien*, IV, 18.
49. Tacitus, *Annalen*, IV, 51, 2.
50. Tacitus, *Annalen*, XIV, 3, 2.
51. Plutarch, *De Virtute Mulierum*, 6.
52. Tacitus, *Annalen*, XIV, 30.
53. Plutarch, *Marius*, 19.
54. Caesar, *Gallischer Krieg*, IV, 1.
55. Webster, 1978.
56. Tacitus, *Annalen*, XIV, 30–5.
57. Dio Cassius, *Römische Geschichte*, LXII, 1 ff.
58. Dio Cassius, *Römische Geschichte*, LXII, 2, 2.
59. Dio Cassius, *Römische Geschichte*, LXII, 2, 4.
60. Dio Cassius, *Römische Geschichte*, LXII, 1, 1.

61. Webster, 1978, S. 99.

62. Tacitus, *Annalen*, XIV, 34.

63. Tacitus, *Agricola*, 16.

64. Tacitus, *Annalen*, XII, 35 und 40; Richmond, 1954, S. 53.

65. Tacitus, *Agricola*, 31.

66. Hanson, 1987, S. 21; Burn, 1969, S. 40.

67. Sauter, 1980; Langlois, 1987.

68. Joffroy, 1962, S. 126.

69. Filip, 1977, S. 43.

70. Filip, 1977, S. 45.

71. Dent, 1985.

Schlußwort

1. Einen Überblick über dieses Thema gibt Quinn, 1977.

2. Z. B. Friedl, 1975 und 1978.

Bibliographische Hinweise

AMMIANUS MARCELLINUS: *Römische Geschichte*. Übs. W. Seyfarth; Darmstadt, Wiss. Buchgemeinschaft, 1968–71

ANATI, E., 1961. *Val Camonica*, Knopf, New York.

ANDERSON, J. (ed. and trans.), 1938. *Tacitus' Germania*. Oxford UP, Oxford.

BACHOFEN, J., 1861. *Das Mutterrecht*, Benno Schwabe, Basel.

BARLEY, N., 1983. *The Innocent Anthropologist*. British Museum Publications, London.

BELTRAN, A., 1982. *Rock Art of the Spanish Levant*, Cambridge UP, Cambridge.

BENDER, B., 1975. *Farming in Prehistory*, John Baker, London.

BENDER, B., 1978. »Gatherer-hunter to farmer: a social perspective«, *World Archaeology* 10, 204–22.

BINFORD, L.R., 1968. »Post-pleistocene adaptations«, in Binford, S.R. and Binford, L.R. (eds), *New Perspectives in Archaeology*, Aldine, Chicago.

BINFORD, L., 1972. *An Archaeological Perspective*, Seminar Press, New York.

BINFORD, L., 1983. *In Pursuit of the Past*, Thames and Hudson, London.

BOSERUP, E., 1970. *Women's Role in Economic Development*, Allen and Unwin, London.

BRADLEY, R., 1978. *The Prehistoric Settlement of Britain*, Routledge and Kegan Paul, London.

BRADLEY, R., 1981. »Various styles of urn', in Chapman, R., Kinnes, I. and Randsborg, K. (eds), *The Archaeology of Death*, Cambridge UP, Cambridge.

BRAIDWOOD, R.J., 1967. *Prehistoric Men*, Scott, Foresman and Co., Glenview, Ill.

BROHOLM, H.C. and HALD, M., 1940. *Costumes of the Bronze Age in Denmark*, Nyt Nordisk Forlag, Copenhagen.

BROTHWELL, D., 1981. *Digging up Bones*, Oxford UP, Oxford.

BROWN, J., 1970. »Economic organization and the position of women among the Iroquois«, *Ethnohistory* 17, 151–67.

BULLIED, A.H. and GRAY, H.ST G., 1911 and 1917. *The Glastonbury Lake Village*. Glastonbury Antiquarian Society, Wessex Press, Taunton.

BURGESS, C., 1980. *The Age of Stonehenge*, Dent. London.

BURN, A.R., 1969. »Tacitus on Britain« in Dorey, T.A. (ed.) *Tacitus*. Routledge and Kegan Paul, London.

CADOGAN, G., 1976. *Palaces of Minoan Crete*, Barrie and Jenkins, London.

CAESAR: *Der Gallische Krieg*. Übs. Curt Woyte; Stuttgart, Reclam, 1951.

CHADWICK, N., 1966. *The Druids*. University of Wales Press, Cardiff.

CHAMPION, T.C., 1975. »Britain in the European Iron Age«, *Archaeologica Atlantica* 1, 127–45.

CHAMPION, T.C. 1985. »Written sources and the study of the European Iron Age«, in Champion, T.C. and Megaw, J.V.S. (eds), *Settlement and Society: Aspects of West European Prehistory in the First Millennium BC*, Leicester UP, Leicester.

CHAMPION, T.C., GAMBLE, C., SHENNAN, S. and WHITTLE, A. 1984. *Prehistoric Europe*. Academic Press, London.

CHILDE, V.G., 1951. *Social Organization*. Watts. London.

CLARKE, D.L., 1972. »A provisional model of Iron Age society and its settlement system« in Clarke D.L. (ed.), *Models in Archaeology*, Methuen, London.

CLARKE, D.L., 1976. »Mesolithic Europe, the economic basis«, in Sieveking, G. *et al.* (eds), *Problems in Economic and Social Archaeology*. Duckworth, London.

CLARKE, G. 1948. »The development of fishing in prehistoric Europe«, *Antiquaries Journal* 28, 45–84.

CLARKE, G., 1952. *Prehistoric Europe, The Economic Basis*, Methuen, London.

CLARKE, G., 1977. *World Prehistory in New Perspective*, Cambridge UP, Cambridge.

COLE, S., 1963. *The Neolithic Revolution*. British Museum (Natural History), London.

COLES, J.M. and COLES, B., 1986. *Sweet Track to Glastonbury*, Thames and Hudson, London.

COLLIS, J., 1984. *The European Iron Age*, Batsford, London.

CONKEY, M. and SPECTOR, J., 1984. »Archaeology and the study of gender«, *Advances in Archaeological Method and Theory* 7, 1–38.

DAHLBERG, F. (ed.), 1981. *Woman the Gatherer*, Yale UP, New Haven.

DENNELL, R., 1983. *European Economic Prehistory*. Academic Press, London.

DENT, J., 1985. »Three cart burials from Wetwang, Yorkshire', *Antiquity* 59, 85–92.

DIO CASSIUS: *Römische Geschichte*. Übs. Otto Veh; Zürich, Artemis, 1987

DIODORUS SICULUS, trans. C.H. Oldfather *et al.*, Loeb Classical Library, Heinemann, London, 1933–67.

DIVALE, W., 1974. »Migration, external warfare and matrilocal residence«, *Behaviour Science Research* 9, 173–203.

DOBIAT, C., 1982. »Menschendarstellungen auf Ostalpiner Hallstattkeramik«, *Acta Archaeologica* 34, 279–322.

DOUMAS, C., 1968. *Early Cycladic Art*, Praeger, New York.

DREWETT, P., 1982. »Later Bronze Age downland economy and excavations at Black Patch. East Sussex', *Proceedings of the Prehistoric Society* 48, 321–400.

DUTOUR, O., 1986. »Enthesopathies (lesions of muscular insertions) as indicators of the activities of Neolithic Saharan populations«, *American Journal of Physical Anthropology* 71, 221–4.

ELLISON, A., 1981. »Towards a socioeconomic model for the Middle Bronze Age in southern England«, in Hodder, I. *et al.* (eds), *Pattern of the Past*, Cambridge UP, Cambridge.

EMBER, M. 1973. »An archaeological indicator of matrilocal versus patrilocal residence«, *American Antiquity* 38, 177–82.

ENGELS, F., 1884. *The Origins of the Family: Private Property and the State*, ed. E. Leacock, International, New York, 1972.

ESTIOKO-GRIFFIN, A. and BION GRIFFIN, P., 1981. »Woman the hunter: the Agta«, in Dahlberg, 1981.

EVANS, A., 1921–4. *The Palace of Minos*, Macmillan, London.

FILIP, J., 1977. *Celtic Civilization and its Heritage*. Acedemia, Prague.

FLANNERY, K., 1969. »Origins and ecological effects of early domestication in Iran and the near East«, in Ucko, P.J. and Dimbleby, G.W. (eds), *The Domestication and Exploitation of Plants and Animals*, Duckworth, London.

FLANNERY, K. and WINTER, M., 1976. »Analysing household activities«, in Flannery, K.

(ed.), *The Early Mesoamerican Village*, Academic Press, New York.

FLEMING, A., 1971. »Territorial patterns in Bronze Age Wessex«, *Proceedings of the Prehistoric Society* 37, 158–66.

FLUEHR-LOBBAN, C., 1979. »A Marxist reappraisal of the matriarchate«, *Current Anthropology* 20, 341–53.

FOSSEY, D., 1983. *Gorillas in the Mist*, Houghton Mifflin, Boston.

FRIEDL, E., 1975. *Women and Men: An Anthropologist's View*, Holt, Rinehart and Winston, New York.

FRIEDL, E., 1978. »Society and sex roles«, *Human Nature* 1, 68–75.

GALLUS, S., 1934. »Die figuralverzierten Urnen von Soproner Burgstall«, *Archaeologica Hungarica* 15.

GAMBLE, C., 1984. »Subsistence and society in Palaeolithic Europe«, in Champion *et al.*, 1984.

GAMBLE, C., 1986. *The Palaeolithic Settlement of Europe*, Cambridge UP, Cambridge.

GELLING, P. and DAVIDSON, H., 1969. *The Chariot of the Sun*. Dent, London.

GERLOFF, S., 1975. *The Early Bronze Age Daggers in Great Britain with a Reconsideration of the Wessex Culture*, Prähistorische Bronzefunde 6, 2. C.H. Beck, München.

GESELL, G. 1983. »The place of the goddess in Minoan society«, in Krzyskowska, O. and Nixon, L. (eds), *Minoan Society*, Bristol Classical Press, Bristol.

GIBBS, L., 1987. »Identifying gender representations in the archaeological record: a contextual study«, in Hodder, I. (ed.), *The Archaeology of Contextual Meaning*, Cambridge UP, Cambridge.

GILBERT, R. and MIELKE, J. (eds) 1985. *The Analysis of Prehistoric Diets*, Academic Press, London.

GLOB, P., 1974. *The Mound People*, Faber, London.

GOODALE, J., 1971. *Tiwi Wives*, University of Washington Press, Seattle.

GOODALL, J. VAN LAWICK, 1971. *In the Shadow of Man*, Houghton Mifflin, Boston.

GOODALL, J., 1986. *The Chimpanzees of Gombe: Patterns of Behaviour*, Harvard UP, Cambridge, Mass.

GOODY, J., 1976. *Production and Reproduction*, Cambridge UP, Cambridge.

GRAHAM, J.W., 1962. *The Palaces of Crete*, Princeton UP, Princeton, New Jersey.

GUILBERT, G., 1981. »Double-ring roundhouses probable and possible in prehistoric Britain«, *Proceedings of the Prehistoric Society* 47, 299–317.

HANSON, W.S., 1987. *Agricola and the Conquest of the North*, Batsford, London.

HARDING, D.W., 1973. »Round and rectangular: Iron Age houses, British and foreign« in Hawkes, C.F.C. and Hawkes, S.C. (eds), *Greeks, Celts and Romans: studies in venture and resistance*, Dent. London.

HARKE, H., 1979. *Settlement Types and Patterns in the West Hallstatt Province*, British Archaeological Reports S57, Oxford.

HARROLD, F.B., 1980. »A comparative analysis of Eurasian Palaeolithic burials«, *World Archaeology* 12, 195–211.

HERODOT: *Historien*. Übs. J. Feix; München, Heimeran, 1963

HILLMAN, G., 1975. The plant remains«, in Moore A. *et al.*, »The excavation of Tell Abu Hureya in Syria: a preliminary report«, *Proceedings of the Prehistoric Society* 41, 50–77.

HODDER, I., 1982. *The Present Past*, Batsford, London.

HODDER, I., 1984. »Burials, houses, women and men in the European Neolithic«, in Miller, D. and Tilley, C. (eds), *Ideology, Power and Prehistory*, Cambridge UP, Cambridge.

HOOD, S., 1971. *The Minoans*, Thames and Hudson, London.

HOOPER, B., 1984. »Anatomical considerations«, in Cunliffe, B. (ed.). *Danebury: The Excavations 1969–78*, Council for British Archaeology, London.

IMMEWAHR, S., 1983. »The people in the frescoes«, in Krzyszkowska, O. and Nixon, L. (eds), *Minoan Society*, Bristol Classical Press, Bristol.

ISAAC, G., 1971. »The diet of early man: aspects of archaeological evidence from lower and middle Pleistocene sites in Africa«, *World Archaeology* 1, 1–28.

ISAAC, G. and CRADER, D., 1981. »To what extent were early hominids carnivorous?«, in Teleki, G. (ed.), *Omnivorous Primates: Gathering and Hunting in Human Evolution*, Columbia UP, New York.

JARMAN, H., 1972. »The origins of wheat and barley cultivation«, in Higgs, E. (ed.), *Papers in Economic Prehistory*, Cambridge UP, Cambridge.

JOFFROY, R., 1962. *Le Trésor de Vix*, Fayard, Paris.

KASTELIC, J., 1965. *Situla Art*, Thames and Hudson, London.

KEELEY, L.H. and TOTH, N., 1981. »Microwear polishes on early stone tools from Koobi Fora. Kenya«, *Nature* 293, 464–5.

KRISTIANSEN, K., 1981. »Economic models for Bronze Age Scandinavia – towards an integrated approach«, in Sheridan, A. and Bailey, G. (eds), *Economic Archaeology*, British Archaeological Reports 96, Oxford.

KRISTIANSEN, K., 1984. »Ideology and material culture: an archaeological perspective« in Spriggs, M. (ed.), *Marxist Perspectives in Archaeology*, Cambridge UP, Cambridge.

KRZYWINSKI, K., FJELLDAL, S. and SOLTVEDT, E., 1983. Recent palaeobotanical work at the medieval excavations at Bryggen. Bergen Norway«, in Proudfoot, B. (ed.), *Site, Environment and Economy*, British Archaeological Reports S173, Oxford.

LANGLOIS, R., 1987. »Le visage de la dame de Vix«, *Trésors de Princes Celtes*, Editions de la Réunion des musées nationaux, Paris.

LARSSON, T., 1986. *The Bronze Age Metalwork in Southern Sweden*, University of Umeå. Umeå.

LEACOCK, E., 1977. »Women in egalitarian societies«, in Bridenthal, R., and Koonz, E. (eds), *Becoming Visible: Women in European History*, Houghton Mifflin, Boston.

LEACOCK, E., 1978. »Women's status in egalitarian society: implications for social evolution«, *Current Anthropology* 19, 247–75.

LEAKEY, R., 1981. *The Making of Mankind*, Michael Joseph, London.

LEE, R., 1968. »What hunters do for a living or how to make out on scarce resources«, in Lee, R. and DeVore, I. (eds). *Man the Hunter*, Aldine, New York.

LEE, R., 1984. *The Dobe !Kung*, Holt, Rinehart and Winston, New York.

LEVY, J., 1982. *Social and Religious Organization in Bronze Age Denmark: An Analysis of Ritual Hoard Finds*, British Archaeological Reports S124, Oxford.

LIVIUS: *Römische Geschichte*. Übs. H.J. Hillen; Darmstadt, Wiss. Buchgemeinschaft, 1987–91.

LUMLEY, H. DE, 1969. »A Palaeolithic camp at Nice«. *Scientific American* 220, 42–50.

Mabinogion, trans. G. and T. Jones, Dent, London, 1976.

MANCHESTER, K., 1983. *The Archaeology of Disease*, University of Bradford, Bradford.

MARTIN, M.K. and VOORHEIS, B. 1975. *Female of the Species*, Columbia UP, New York.

McGREW, W., 1981 »The female chimpanzee as a human evolutionary prototype«, in Dahlberg, 1981.

McHENRY, H., 1968. »Transverse lines in long bones of prehistoric Californian Indians«. *American Journal of Physical Anthropoly* 29, 1–17.

MELLAART, J., 1967. *Çatal Hüyük, a Neolithic town in Anatolia*, Thames and Hudson, London.

MELLAART, J., 1975. *The Neolithic of the Near East*, Thames and Hudson, London.

MERBS, C.F., 1983. *Patterns of Activity Induced Pathology in a Canadian Inuit Population*. National Museum of Canada. Ontario.

MILISAUSKAS, S., 1978. *European Prehistory*, Academic Press, London.

MOLNAR, S., 1971. »Human tooth wear, tooth function and cultural variability«, *American Journal of Physical Anthropology* 34, 175–90.

MOORE, A., 1979. »A pre-Neolithic farmers« village on the Euphrates«, *Scientific American* 241, 50–8.

MORGAN, L.H. 1877. *Ancient Society*. World Publishing, New York.

OBERMAIER, H., 1925. *Fossil Man in Spain*, Yale UP, New Haven.

PAULI, L., 1985. »Early Celtic society: two centuries of wealth and turmoil in central Europe«, in Champion, T. and Megaw, V. (eds), *Settlement and Society: Aspects of West European Prehistory in the First Millennium BC*, Leicester UP, Leicester.

PÉQUART, M., ST-J., BOULE, M. and VALLOIS, H., 1937. *Téviec – Station-Nécropole Mésolithique du Morbihan*, Archives de l'Institut de paléontologie humaine, mémoire 18, Paris.

PIGGOTT, S., 1938. »The early Bronze Age in Wessex«, *Proceedings of the Prehistoric Society* 4, 52–106.

PIGGOTT, S., 1959. *Approach to Archaeology*, A. and C. Black, London.

PIGGOTT, S., 1965. *Ancient Europe*, Edinburgh UP, Edinburgh.

PLUTARCH. »De virtute mulierum«, in *Moralia* 111, trans F.C. Babbitt, Loeb Classical Library, Heinemann, London 1931

PLUTARCH: *Große Griechen und Römer* (darin: Marius). Übs. Konrat Ziegler; Zürich, Artemis, 1955.

POMEROY, S., 1984. »Selected bibliography on women in classical antiquity« in Peradotto, J. and Sullivan, J.P. (eds), *Women in the Ancient World – The Arethusa Papers*, State University of New York Press, Albany.

POWELL, T.G.E., 1966. *Prehistoric Art*, Thames and Hudson, London.

POWELL, T.G.E., 1980. *The Celts*. Thames and Hudson, London.

PROKOPIOS VON KAISAREIA: *Vandalenkrieg und Gotenkrieg*. Übs. D. Coste; München, Winkler, 1966.

QUINN, N., 1977. »Anthropological studies on women's status«, *Annual Review of Anthropology* 6, 181–225.

RANDSBORG, K., 1974. »Social stratification in early Bronze Age Denmark: a study in the regulation of cultural systems«, *Praehistorische Zeitschrift* 49, 38–61.

RANDSBORG, K., 1984. »Women in prehistory: the Danish example«, *Acta Archaeologica* 55, 143–55.

RANKIN, H.D., 1987. *Celts and the Classical World*, Croom Helm, London.

REITER, R. (ed.), 1975. *Towards an Anthropology of Women*, Monthly Review Press, New York.

REITER, R., 1978. »The search for origins: unraveling the threads of gender hierarchy«, *Critique of Anthropology* 3, 5–24.

RENFREW, C., 1972. *The Emergence of Civilization*. Methuen, London.

RENFREW, C., 1973. *Before Civilization*, Jonathan Cape, London.

RICHMOND, I., 1954. »Queen Cartimandua«, *Journal of Roman Studies* 44, 43–52.

RIVERS, W.H.R., 1906. *The Toda*. Macmillan, London.

ROHRLICH-LEAVITT, R., SYKES, B. and WEATHERFORD, E., 1975. »Aboriginal women: male-female anthropological perspectives«, in Reiter, 1975.

ROSALDO, M. and LAMPHERE, L. (eds), 1974. *Women, Culture and Society*, Stanford UP, Stanford.

ROSS, A., 1986. *The Pagan Celts*, Batsford, London.

Rozoy, J.-G., 1987. *Les Celtes en Champagne: Les Ardennes en Second Age du Fer, le Mont Troté, les Railier*, Société Archéologique Champenoise 4, Charleville-Mézières.

Sacks, K., 1974. »Engels revisited: women, the organization of production and private property«, in Rosaldo and Lamphere, 1974.

Sahlins, M., 1972. *Stone Age Economics*, Aldine, Chicago.

Sandars, N. K., 1985. *Prehistoric Art in Europe*, Penguin, Harmondsworth.

Sanday, P., 1981. *Female Power and Male Dominance*, Cambridge UP, Cambridge.

Sauter, M. R. 1980. »Sur le sexe de la dame de Vix«, *L'Anthropologie* 84, 89–103.

Schiffer, M. J., 1976. *Behavioural Archaeology*. Academic Press, New York.

Sellevold, B. J., Hansen, V. L. and Jorgensen, J. B., 1984. *Iron Age Man in Denmark*. Det kongelige Nordiske Oldskriftselskab. Copenhagen.

Shennan, S. E., 1975. »The social organization at Branč«, *Antiquity* 49, 279–88.

Shennan, S. E., 1982. »From minimal to moderate ranking«, in Renfrew, C. and Shennan, S. J. (eds), *Ranking, Resource and Exchange*, Cambridge UP, Cambridge.

Sherratt, A. (ed.), 1980. *Cambridge Encyclopedia of Archaeology*, Cambridge UP, Cambridge.

Sherratt, A., 1981. »Plough and pastoralism: aspects of the secondary products revolution«, in Hodder, I., Isaac, G. and Hammond, N. (eds), *Pattern of the Past*. Cambridge UP, Cambridge.

Sherratt, A., 1983. »The secondary exploitation of animals in the Old World«, *World Archaeology*, 15, 90–104.

Sillen, A. and Kavanagh, M., 1982. »Strontium and paleodietary research: a review«, *Yearbook of Physical Anthropology* 25, 67–90.

Slocum, S., 1975. »Woman the gatherer: male bias in anthropology«, in Reiter, 1975.

Soudsky, B., 1964. »Sozialökonomische Geschichte des älteren Neolithikums in Mitteleuropa«. *Aus der Ur- und Frühgeschichte* 2, 62–81.

Spector, J., 1982. »Male/female task differentiation among the Hidatsa: toward the development of an archaeological approach to gender«, in Albers, P. and Medicine, B. (eds), *The Hidden Half: Studies of Plains Indian Women*. University Press of America, Washington.

Spender, D. (ed.), 1981. *Men's Studies Modified*. Pergamon, Oxford.

Spender, D., 1982. *Women of Ideas*. Ark, London.

Stanley, A., 1981. »Daughters of Isis, daughters of Demeter: when women sowed and reaped«. *Women's Studies International Quarterly* 4, 3, 289–304.

Stead, I. M., 1979. *The Arras Culture*, Yorkshire Philosophical Society, York.

Strabo: *Erdbeschreibung (Geographia)*. Übs. C. G. Groskurd; Berlin, Nicolai, 1831–34.

Tacitus: *Die Germania*. Übertr. von Johannes Bühler; Leipzig, Insel, 1939.

Tacitus: *Das Leben des Julius Agricola*. Übs. R. Till; Darmstadt, Wiss. Buchgemeinschaft, 1961.

Tacitus: *Historien und Annalen*. Übs. K. F. Bahrdt; München, Müller, 1918.

Tacitus. *The Annals of Imperial Rome*, trans. M. Grant. Penguin, Harmondsworth, 1971.

Tacitus. *Histories*, trans. C. H. Moore, Loeb Classical Library. Heinemann, London, 1962.

Táin bó Cuailnge, ed. and trans. C. O'Rahilly, Dublin Institute for Advanced Studies. Dublin, 1976.

Tanner, N., 1981. *On Becoming Human*, Cambridge UP, Cambridge.

Tanner, N. and Zihlman, A. 1976. »Women in evolution. Part I: Innovation and selection in human origins«, *Signs* 1, 3, 585–608.

Thomas, C. G., 1973. »Matriarchy in early Greece: The Bronze Age and Dark Ages«, *Arethusa* 6, 2, 173–96.

Thomson, J. O., 1948. *History of Ancient Geography*. Cambridge UP, Cambridge.

Ucko, P. J., 1962. »The Interpretation of prehistoric anthropomorphic figurines«, *Journal of the Royal Anthropological Institute of Great Britain and Ireland* 92, 38–54.

Ucko, P. J., 1968. *Anthropomorphic Figurines*. Andrew Szmidla, London.

Ucko, P. J., 1969. »Ethnography and archaeological interpretation of funerary remains«, *World Archaeology* 1, 262–77.

Ucko, P. J. and Rosenfeld, A., 1967. *Palaeolithic Cave Art*. Weidenfeld and Nicolson, London.

Webster, G., 1978. *Boudica: The British Revolt Against Rome AD 60*. Batsford, London.

Whiting, J. and Ayres, B., 1968. »Inferences from the shape of dwellings«, in Chang, K.

(ed.), *Settlement Archaeology.* National Press, Palo Alto.

WHITTLE, A.W.R., 1985. *Neolithic Europe: A Survey,* Cambridge UP, Cambridge.

WILLETTS, R., 1977. *The Civilization of Ancient Crete.* University of California Press, Berkeley.

WING, E.S. and BROWN, A.B., 1969. *Paleonutrition.* Academic Press, New York.

WINTERS, H.D., 1968. »Value systems and trade cycles of the late Archaic in the Mid-west«, in Binford S.R. and Binford L.R. (eds). *New Perspectives in Archaeology.* Aldine, Chicago.

WYMER, J., 1982. *The Palaeolithic Age.* Croom Helm, London.

ZIHLMAN, A., 1978. »Women in evolution. Part II: Subsistence and social organization among early hominids«. *Signs* 4, 4–20.

ZIHLMAN, A., 1981. »Woman as shapers of human adaptation«, in Dahlberg, 1981.

Register

Erste Auflage 1992
Erstes bis drittes Tausend
© der deutschen Ausgabe: Verlag Antje Kunstmann GmbH, München 1992
© der Originalausgabe: Margaret Ehrenberg 1989
Die Originalausgabe erschien unter dem Titel *Women in Prehistory*
bei British Museum Publications, London 1989
Umschlaggestaltung: Michel Keller, München
Satz: Fotosatz Reinhard Amann, Aichstetten
Druck und Bindung: Kösel, Kempten
ISBN 3-88897-057-1